A LA DÉCOUVERTE DE LA TERRE

A LA DÉCOUVERTE DE LA TERRE

DIX SIÈCLES DE CARTOGRAPHIE

Trésors du Département des Cartes et Plans

mai-juillet 1979

BIBLIOTHÈQUE NATIONALE

Le catalogue a été établi par les conservateurs au Département des Cartes et Plans :

Monique Pelletier, *Conservateur en chef*, nos 1-12
Monique de La Roncière, nos 13-22
Edwige Archier, nos 23-41
Henriette Ozanne, nos 42-55
Marie-Antoinette Vannereau, nos 56-99
Lucie Lagarde, nos 100-149
Françoise Lapadu-Hargues, nos 150-229

La décoration a été conçue par Michel Brunet *et réalisée par les ateliers de la Bibliothèque Nationale.*

Jean-Paul Chadourne, *conservateur, chef du Service des expositions et ses collaborateurs se sont chargés de l'organisation technique.*

Les clichés des illustrations ont été réalisés par le Service photographique de la Bibliothèque Nationale.

Cette exposition a été réalisée avec le concours de la Délégation générale aux célébrations nationales.

ISBN 2-7177-1485-5

© Bibliothèque Nationale, Paris, 1979

PRÉFACE

C'est en mars 1828 que Charles X institua à la Bibliothèque Royale le « Dépôt de Géographie », désigné dans l'ordonnance de novembre 1828 sous le nom de « Département des Cartes géographiques et Plans », et c'est le 1er janvier 1829 que Edme-François Jomard prit officiellement ses fonctions de conservateur du nouveau Département.

Pour commémorer cet anniversaire, les organisateurs de l'exposition ont voulu montrer un choix très large et le plus représentatif possible des richesses de leurs collections. Ils y ont ajouté des pièces importantes provenant d'autres départements de la Bibliothèque Nationale. Ainsi, depuis les mappemondes médiévales illustrant les ouvrages savants d'Isidore de Séville ou de Macrobe jusqu'au « Planisphère terrestre » de J.-D. Cassini et au « Publicateur officiel de l'omnibus », ce sont dix siècles de cartographie que pourra parcourir le visiteur.

La confrontation des documents montre combien furent vivaces les mythes médiévaux et les figures établies à partir de connaissances anciennes. Le premier atlas de poche édité en 1607 d'après l'*Atlas major* de Mercator place encore au pôle Arctique un continent imaginaire du centre duquel partent les quatre fleuves du Paradis. Et sur les portulans l'expérience du navigateur ne modifia que lentement des tracés fidèles à l'autorité de Ptolémée. C'est à partir des révolutions opérées dans l'astronomie par Tycho Brahé, Képler et Galilée que furent recherchées de nouvelles méthodes de mesure de l'espace. Avec elles se rectifiaient les tracés cartographiques, comme le montre cette « Carte de France corrigée par ordre du Roi » qui, en 1679, redessinait la côte de Gascogne « en la rendant droite de courbe qu'elle était auparavant et en la faisant rentrer dans les terres ».

Il se trouve que l'année 1979 correspond au 250e anniversaire de la naissance de Bougainville. On a pris soin dans l'exposition de réserver une place particulière à celui qui fut reconnu officiellement comme le premier

Français à avoir accompli le tour du Monde. Son arrivée à Tahiti, le 6 avril 1768, est rappelée par un dessin à la plume, dû à l'ingénieur cartographe Charles Routier de Romainville, de cette île qu'il nomma la Nouvelle-Cythère et dont ses descriptions enchantèrent les salons. Les Archives Nationales ont bien voulu nous prêter le manuscrit du *Journal* et la copie du *Voyage*. Une suite de cartes et de relevés militaires situent les étapes de sa carrière, ses débuts au régiment de Picardie, son action en Nouvelle-France auprès de Montcalm jusqu'à la bataille de Québec, sa tentative d'implantation aux Iles Malouines, puis, après le Voyage, la part qu'il prit en Amérique à la guerre d'Indépendance, sous les ordres de l'amiral d'Estaing et du comte de Grasse.

Tous les documents montrés dans cette exposition ont été réunis et décrits par Monique Pelletier, Conservateur en chef du Département, et ses collaboratrices Monique de La Roncière, Edwige Archier, Henriette Ozanne, Marie-Antoinette Vannereau, Lucie Lagarde, Françoise Lapadu-Hargues. Je les félicite de nous avoir présenté ces objets avec un soin si attentif et d'avoir rédigé les notices du catalogue avec tant de science et de précision.

Des prêts nous ont été consentis par les Archives Nationales, le Conservatoire national des Arts et Métiers, l'École navale de Brest, l'Institut de France, l'Observatoire de Paris, la Société de Géographie de Paris. Je les en remercie vivement. J'exprime aussi toute ma reconnaissance au Comte de Bougainville, qui a mis à notre disposition le portrait de son aïeul.

GEORGES LE RIDER
Administrateur général
de la Bibliothèque Nationale

LISTE DES PRÊTEURS

Paris :

M. le Comte de Bronac-Bougainville.

Archives Nationales.

Bibliothèque de l'Institut de France.

Musée de la Marine.

Musée National des Techniques. Conservatoire National des Arts et Métiers.

Observatoire de Paris.

Service Historique de la Marine.

Société de Géographie.

Province :

Brest : École Navale.

Pl. I. — Mappemonde du Beatus de Saint-Sever, xiᵉ siècle, notice nº 3.

Pl. II. — Globe vert, vers 1515, notice nº 18.

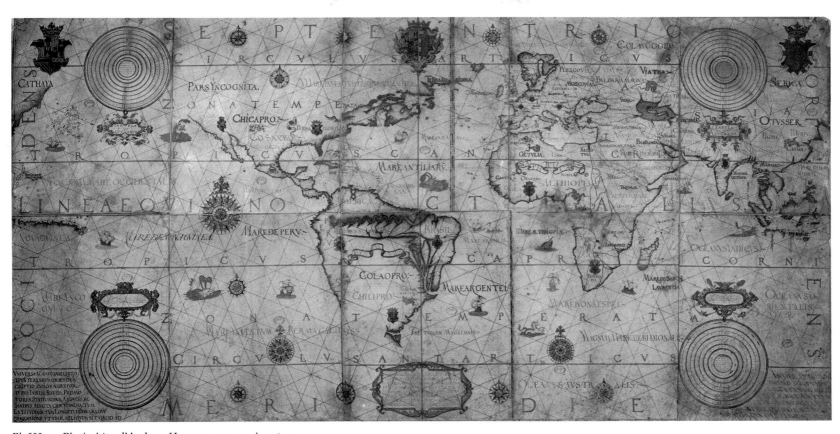

Pl. III. — Planisphère d'Andreas Homem, 1559, notice n° 21.

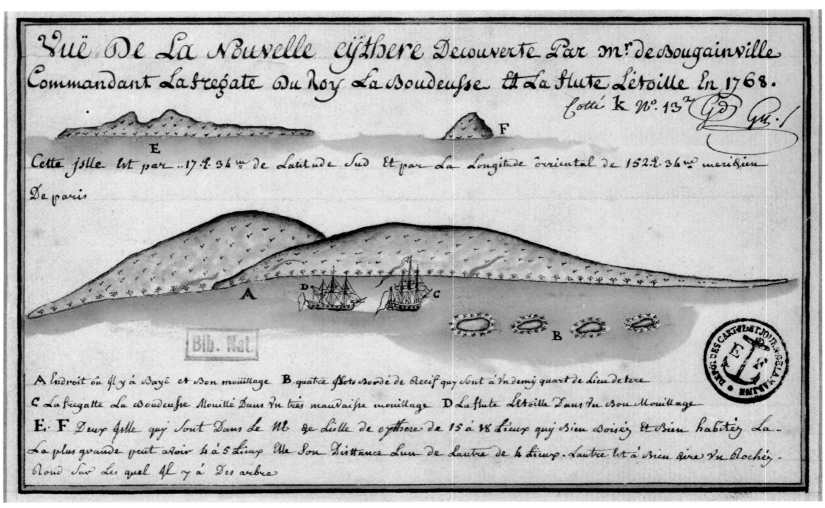

Pl. IV. — *Vuë de la Nouvelle Cythere*, 1768, notice nº 24.

Pl. V. — L'*Astrolabe* devant la côte de Nouvelle-Guinée, 1827, notice n° 38.

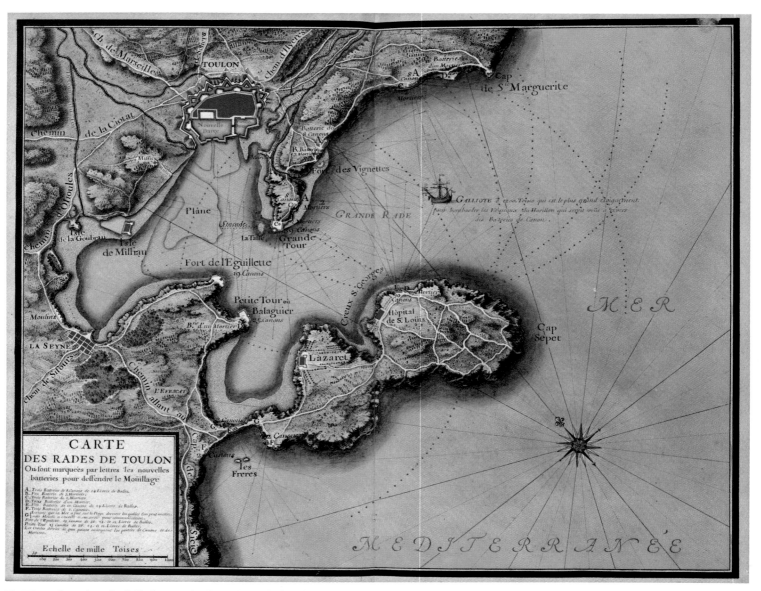

Pl. VI. — *Carte des rades de Toulon*, extraite des volumes de la collection de Louis XIV, notice n° 68.

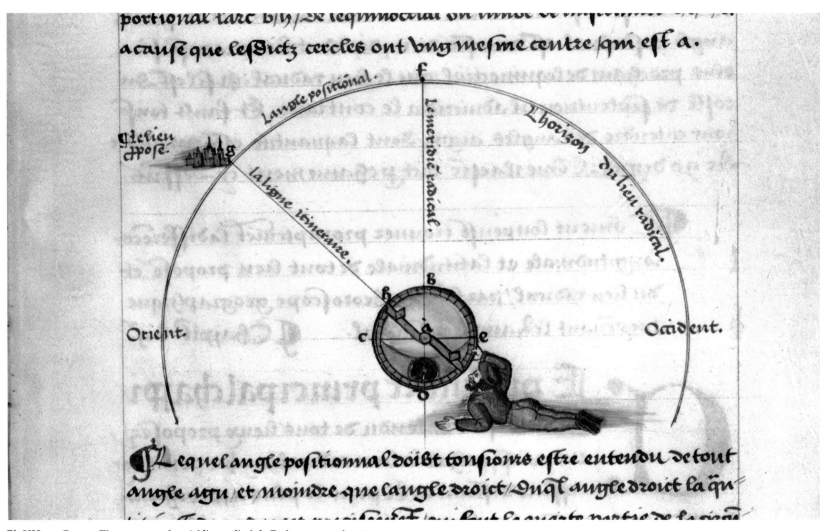

portional tart b/y/ De leqūnoctial on viusc...

acause que lesdictz cercles ont vng mesme centre/qui est a.

Langle positional.

Le meridie radial.

L'horizon du lieu radial.

Le lieu apose.

la ligne itineraire.

Orient.

Occident.

Lequel angle positional doibt tousiours estre entendu de tout angle agu/et moindre que langle droict/Du ql angle droict la qu...

Pl. VII. — Oronce Fine mesurant le méridien radical de Paris, 1543, notice n° 101.

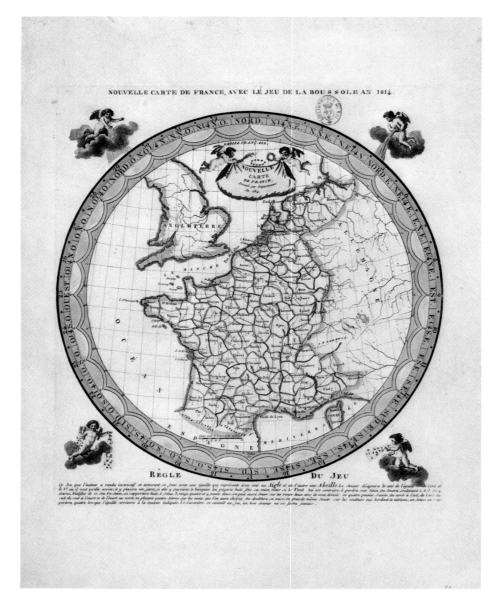

Pl. VIII. — *Jeu de la boussole*, 1814, notice nº 183.

INTRODUCTION

Il y a un siècle et demi un nouveau département se créait à la Bibliothèque royale, il allait recueillir les cartes et plans conservés jusque là par les Estampes, les Imprimés et les Manuscrits. Son premier conservateur, Jomard, avait souligné l'utilité d'une telle création pour l'avenir de la géographie. Après avoir été capitaine ingénieur-géographe à l'Expédition d'Egypte, Jomard avait fait partie de la commission chargée de publier les résultats de cette grande entreprise avec les levés de la carte dont il a lui-même signé huit feuilles. Pendant sa longue carrière au Département des Cartes et Plans (1828-1862), il a mené une politique d'acquisition intensive et enrichi les collections de documents anciens et modernes. Il fut en 1821 l'un des fondateurs de la Société de géographie. Une exposition intitulée *La Terre et son image* a été organisée en 1971 à la Bibliothèque Nationale pour célébrer le cent cinquantenaire de cette illustre institution. On avait à cette occasion réuni des pièces importantes qui figuraient déjà dans les fonds du Département du temps de Jomard. Nous présentons aujourd'hui des documents choisis indépendamment de leur date d'acquisition, mais il n'a pas été possible, faute de place, de consacrer une section aux cartes et plans modernes qui constituent pourtant l'élément essentiel des nouveaux enrichissements.

L'objet de cette exposition est de révéler au public l'intérêt et la beauté de documents cartographiques qui, dans d'autres manifestations, sont généralement utilisés comme pièces annexes et perdent ainsi une partie de leur intérêt. La sélection s'est faite autour de quelques grands thèmes : évolution de la représentation du monde du Moyen âge au xviiie siècle, richesse et variété des cartes et plans militaires de Louis XIII à Napoléon, participation des astronomes et cartographes français aux progrès dans les levés de cartes pendant les xviie et xviiie siècles, diffusion des connaissances géographiques grâce notamment aux cartes et atlas. Pour chacun de ces thèmes on a retenu des documents importants ou représentatifs de leur catégorie. Certaines pièces majeures souvent uniques — beaucoup sont en effet manuscrites — n'ont pas atteint la notoriété d'autres œuvres graphiques, elles seront donc une révélation pour la plupart des visiteurs.

La cartographie maritime et les cartes et plans militaires ont permis d'évoquer la figure de Bougainville né il y a maintenant deux cent cinquante ans. On a trouvé de nombreuses pièces qui illustrent les campagnes auxquelles il participa, en particulier au Canada avec Montcalm. Colonel avant d'être nommé capitaine de vaisseau, il est surtout célèbre par son tour du monde et le récit qu'il en a publié. On ne conserve malheureusement pas de cartes manuscrites contemporaines de cet exploit à l'exception de quelques rares documents. Deux manuscrits prestigieux en dépôt aux Archives Nationales ont pu être exposés : celui du *Journal* et une copie du *Voyage*. Le portrait resté dans la famille du grand navigateur vient compléter cette évocation en la rendant vivante.

Par ses fonds anciens le Département des Cartes et Plans est l'une des cartothèques les plus riches du monde. Deux collections qui ont été largement utilisées pour cette exposition l'ont aidé à atteindre ce niveau : la collection du géographe d'Anville (1697-1782) qui a été versée en 1924 à la Bibliothèque Nationale par le Ministère des Affaires étrangères, et une partie importantes des cartes manuscrites du Service hydrographique de la Marine antérieures à 1800. L'apport de la Bibliothèque de la Société de géographie : éditions anciennes, globes, documents iconographiques, est un complément de haute qualité.

Les autres départements de la Bibliothèque Nationale ont été également sollicités, ils ont mis à notre disposition de nombreuses pièces, certaines assez exceptionnelles comme les mappemondes aux couleurs éclatantes peintes dans des manuscrits du Moyen âge et de la Renaissance, ou les cartes d'une très belle qualité d'exécution qui composent les volumes aux armes du marquis de Paulmy et illustrent les épisodes de la guerre de la Succession d'Autriche.

L'épopée française des voyages de circumnavigation du XVIIIe siècle revit grâce aux deux modèles de frégate et de corvette prêtés par le Musée de la Marine. Les instruments scientifiques des collections de l'Observatoire et du Conservatoire National des Arts et Métiers accompagnent les cartes qui rendent compte des efforts des scientifiques français vers une plus grande précision.

On déplore parfois la modicité des réalisations françaises dans le domaine de l'histoire de la cartographie, les rédacteurs des notices qui vont suivre, n'en sont pas persuadés. Si les études de base sur les mappemondes médiévales ont été écrites en allemand, l'ouvrage de référence qui les recense, classifie et décrit, a été édité par un chercheur français, Marcel Destombes, avec la collaboration de spécialistes étrangers (cf. *Mappemondes A.D. 1200-1500*, catalogue préparé par la Commission des cartes anciennes de l'Union géographique internationale, Amsterdam, 1964). Si l'on attend impatiemment que soit publiée une étude globale sur les portulans, la splendide collection du Département a été minutieusement cataloguée et les notices sont accompagnées de bibliographies importantes (cf. M. Foncin, M. Destombes et M. de La Roncière, *Catalogue des cartes nautiques sur vélin conservées au Département des Cartes et Plans*, Paris, 1963). Il faudrait également citer d'autres travaux non moins utiles, notamment ceux du regretté Père de Dainville, on trouvera quelques-unes de ces références à la fin de la présente publication.

MONIQUE PELLETIER
Conservateur en chef
du Département des Cartes et Plans

CHAPITRE I

Visions médiévales du monde

Hérodote écrivait : « Je ris quand je vois que beaucoup déjà ont dessiné les contours de la Terre sans qu'aucun en ait donné une explication raisonnable, ils représentent l'Océan enveloppant de son cours la Terre qui serait toute ronde, comme si elle était faite au tour » (IV,36). En Occident, pendant tout le Moyen âge, cet héritage gréco-latin va survivre aussi bien dans les représentations schématiques qui ornent les manuscrits que sur les grandes figures illustrées conçues pour une décoration murale. C'est donc cette vision de la surface de la Terre qu'on sait habitée qui va l'emporter dans l'esprit de l'homme du Moyen âge. Pourtant les géographes grecs confrontés au double problème de la figuration de l'œkoumène (monde exploré et connu) et de celle de la totalité de la Terre qu'Anaximandre (c. 610-540 av. J.-C.), élève de Thalès, savait déjà sphérique, avaient finalement pensé que le monde habité était allongé dans le sens Est-Ouest et pouvait donc s'inscrire dans un rectangle. C'est ainsi que l'aurait dessiné Eratosthène (c. 275-193 av. J.-C.) dont l'œuvre est connue par la critique qu'en a faite Strabon. Le monde d'Eratosthène se déploie de Gibraltar à la pointe orientale de l'Inde, de Thulé à la côte des Somalis, Ptolémée le prolongera au delà de l'équateur, jusqu'à 16º de latitude Sud.

Le « fond de carte » de certaines mappemondes médiévales suffisamment détaillées pour que l'on puisse analyser leur contenu, remonte au ive siècle, au temps de la réorganisation de l'Empire romain par Dioclétien. A la puissance de l'Empire déclinant se substitue celle de l'Église et les auteurs des mappemondes médiévales vont donner une interprétation religieuse des données transmises par les géographes latins et les compléter par des éléments de l'histoire biblique. C'est ainsi qu'à la division latine de l'œkoumène en trois parties : Asie, Europe et Afrique schématisée par un T qui s'inscrit dans un O (Orbis Terrarum) se superpose l'histoire du peuplement du monde par Sem, Cham et Japhet. « Ces trois-là étaient les fils de Noé, et à partir d'eux se fit le peuplement de toute la Terre » (Genèse, 9, 19). Sur ces cartes orientées le Nord à gauche, le jambage vertical du T figure la Méditerranée qui sépare l'Europe (à gauche) de l'Afrique (à droite) et le jambage horizontal correspond au fleuve Tanaïs (Don) qui sert de frontière entre l'Europe et l'Asie (en haut), et au Nil qui marque la limite entre l'Asie et l'Afrique. Quant à la lettre O elle représente l'Océan circulaire qui enclôt cette Terre plate divisée en trois continents.

Saint Augustin dans le De Doctrina Christiana définit des modes de pensée qui peuvent expliquer cette transformation chrétienne de la représentation du monde habité : il incite les hommes à tirer parti des sciences que leur a transmises l'Antiquité profane, à les connaître pour les mettre au service d'une culture proprement chrétienne, à être assez instruits pour atteindre à une meilleure interprétation de l'Écriture Sainte, de la Parole de Dieu.

Deux caractéristiques des mappemondes médiévales leur donnent définitivement un sens religieux : la représentation du Paradis à l'extrême Est, c'est-à-dire en haut de ces cartes, et la position de Jérusalem au centre du monde.

C'est Isidore de Séville qui dans les Etymologies (XIV, 3, 11) plaça le Paradis aux confins de l'Asie. Dans ce lieu planté d'arbres il ne fait ni froid ni chaud, mais il règne un éternel printemps. La fontaine qui jaillit du milieu du jardin donne naissance à quatre fleuves : le Gange (Pishôn), le Nil (Gihôn), l'Euphrate et le Tigre qui par des parcours souterrains rejoignent le lieu géographique où leur source est située. « Un fleuve sortait d'Eden pour arroser le jardin et de là, il se divisait pour former quatre bras. Le premier s'appelle le Pishôn : il contourne tout le pays de Havila où il y a l'or; l'or de ce pays est pur et là se trouvent le bdellium (gomme aromatique) et la pierre de cornaline. Le deuxième fleuve s'appelle le Gihôn, il contourne tout le pays de Kush. Le troisième fleuve s'appelle le Tigre : il coule à l'orient d'Assur. Le quatrième fleuve est l'Euphrate » (Genèse, 2, 10-14). Cet Eden que son entourage (hauts rivages, murs de feu...) rend inaccessible rappelle les beaux vergers imaginaires de la littérature courtoise. Il y a en outre sur les cartes médiévales des pseudo-Paradis : le jardin des Hespérides que la mappemonde d'Ebstorf représente au Sud-Ouest gardé par un dragon vigilant, les îles Fortunées dont la légende née au début du xie siècle attribue la découverte à Saint Brandan, moine irlandais du vie siècle.

C'est à partir seulement de 1110, en conformité avec Saint Jérôme, que le centre du monde est occupé par Jérusalem qui gardera cette position jusqu'au xve siècle. « Ainsi par le Seigneur Yahvé : C'est Jérusalem que j'ai placée au milieu des nations, environnée de pays étrangers » (Ezéchiel, 5, 5).

Aux lieux bibliques s'ajoutent les lieux de l'histoire et de la légende. On peut suivre sur les mappemondes médiévales les épisodes du Roman d'Alexandre dont le héros suscita une vive admiration au Moyen âge. Déjà les historiographes anciens exaltaient le caractère surhumain du roi et de l'expédition indienne pour laquelle le Macédonien se serait inspiré des actions de Dionysos et d'Héraclès. Et la légende païenne rejoint la Bible, on voit en effet sur les cartes le mur dressé par Alexandre pour enclore la race maudite de Gog et Magog qu'il avait reconduite dans son pays d'origine, dans les plaines froides qui bordent l'Océan du Nord. C'est ce peuple qui, à la fin du monde déferlera sur la Chrétienté (*Ezéchiel*, 39). Ce singulier mélange apparaît dans le *Pseudo-Methodius* qui fit une profonde impression, spécialement au début du XIIIᵉ siècle, au moment des invasions mongoles.

Le merveilleux occupe une large place sur les « cartes imagées ». En Asie et particulièrement en Inde, on trouve des hommes qui se nourrissent du seul parfum des pommes, des adorateurs du soleil qui peuvent connaître l'avenir, des femmes qui accouchent à cinq ans, mais qui ne dépassent pas la septième année, des hommes qui vivent de poissons et d'eau de mer, des peuplades sauvages qui tuent et mangent leurs parents et amis pour leur éviter une mort par maladie, et toutes sortes d'animaux. C'est là tout ce qui subsiste de l'héritage scientifique du monde hellénistique, ces anecdotes curieuses recueillies par Pline l'Ancien et reprises par ses imitateurs tel Solinus.

A partir du XIVᵉ siècle on note un réel progrès du tracé géographique des mappemondes dont les auteurs assimilent les données portées sur les cartes marines conçues pour la navigation. Ces cartes-portulans donnent d'abord une excellente représentation des côtes méditerranéennes que l'on retrouve notamment sur les mappemondes qui accompagnent les œuvres de deux auteurs vénitiens : le *Secreta fidelium Crucis* de Marino Sanudo (l'auteur de la carte du monde de 1321 est le Gênois Pietro Vesconte) et la dernière rédaction de la *Chronique universelle* du franciscain Paolino Veneto.

Enfin, la *Géographie* de Ptolémée déjà connue des Arabes, mais pratiquement ignorée en Occident pendant le Moyen âge est introduite à la fin du XIVᵉ - début du XVᵉ siècle dans le cercle des savants florentins et Jacopo d'Angelo en exécute la première traduction latine qu'il présente au pape Alexandre V (1409-1410). Ptolémée (90-168) avait utilisé les connaissances de ses prédécesseurs, notamment celles de Marin de Tyr. A la fois mathématicien et astronome, il donna à la cartographie une base scientifique en s'efforçant de calculer exactement les coordonnées des lieux à représenter. Mais ses informations avaient leurs limites et les cartes d'origine ptoléméenne (nous ne conservons pas celles que Ptolémée a pu dresser) contiennent deux erreurs caractéristiques : une Méditerrannée de forme allongée, un océan Indien fermé par une excroissance de l'Afrique. Comme Ptolémée devint rapidement une autorité en matière géographique, ces erreurs se perpétuèrent en se propageant largement grâce à l'invention de l'imprimerie et ce malgré les nouvelles connaissances dont faisaient état les cartes marines.

I

BÈDE LE VÉNÉRABLE. Traités sur les temps et la nature des choses, précédés d'un calendrier auxerrois et accompagnés d'opuscules relatifs au comput. Ms. latin. IXᵉ s. Parch., 193 ff., 320 × 230 mm. — B.N., Mss., Nouv. acq. lat. 1615.

F. 170 vᵒ : Mappemonde entourée d'un calendrier des marées. Diam. 188 mm. Orienté Nord à gauche. En dessous, diagrammes sur les saisons et les éléments. — Manuscrit provenant de l'abbaye de Saint-Benoît-sur-Loire. — Reliure en bois avec dos en cuir.

Né en Angleterre, Bède (673-735) fut chargé à l'âge de 19 ans de la bibliothèque de l'abbaye bénédictine de Yarrow (Écosse). Il excella dans la science du comput qui, à l'aide de l'astronomie, de la cosmographie et du calcul, fixait les dates des fêtes religieuses.

Cette représentation schématique de l'œkoumène en TO est complétée par la répartition autour de la Terre des douze vents : huits noms figurent et quatre espaces sont laissés en blanc pour le *Subsolanus*, l'*Auster*, le *Zephirus* et le *Septentrio*.

Le calendrier qui entoure le schéma des continents rappelle l'origina-

lité de l'œuvre de Bède. Vivant à proximité de la mer, il a observé attentivement le phénomène des marées et a parfait les connaissances de ses prédécesseurs qui admettaient déjà l'influence de la lune mais n'avaient pas noté que le retard entre le méridien de la lune et la haute mer suivante variaient d'un lieu à l'autre.

Dans le *De Natura rerum* Bède écrivait : « Le cours de la marée se partage en *ledones* et *malinæ*, c'est-à-dire en marées plus faibles et marées plus fortes. Un *ledo* afflue pendant six heures et reflue pendant le même temps; au contraire le flot d'une *malina* dure cinq heures et le jusant sept heures » (cap. IV, *De Elementis*). De chaque côté du calendrier sont précisées les dates du début des *ledones* (5ᵉ et 20ᵉ jours de la lune) et des *malinae* (13ᵉ et 28ᵉ jours de la lune).

Les deux diagrammes qui figurent en dessous illustrent la théorie énoncée par les Pères de l'Église : Dieu a créé les éléments et la lumière, et les phénomènes sont les combinaisons des éléments « qui se peuvent mélanger par l'effet d'une certaine proximité entre leurs natures. La terre sèche et froide peut s'unir à l'eau qui est froide; l'eau froide et humide se mêle à l'air humide; l'air humide et chaud s'unit au feu chaud; enfin le feu chaud et sec se combine à la terre sèche » (*De Natura rerum liber*, cap. IV, *De Elementis*).

2

ISIDORE de SÉVILLE. Étymologies. Ms. latin. Xe s. Parch., 205 ff., 315 × 245 mm. — B.N., Mss., Lat. 10293.

F. 139 ro : Mappemonde coloriée entourée de cercles exprimant la pluralité des cieux. Diam. 72 mm. Orienté Nord à gauche. En dessous, représentation carrée de l'œkoumène partagé par un V entre la descendance des trois fils de Noé.

Les sujets géographiques sont traités dans les livres XIII et XIV des *Étymologies* où Isidore (c. 560-636), évêque de Séville en 600, rassembla les connaissances les plus variées tirées des Écritures, des Pères de l'Église et des auteurs profanes. Le succès d'Isidore ne fut pas immédiat, il ne s'affirma que dans les siècles ultérieurs.

Les Pères de l'Église considéraient les cieux comme autant d'hémisphères concentriques qui venaient s'appuyer sur la Terre. La représentation la plus simple de ce système se faisait par des cercles concentriques ne portant aucun nom comme autour du présent schéma de l'œkoumène.

3

BEATUS de LIEBANA. Commentaire sur l'Apocalypse. Ms. latin. Milieu du XIe s. Parch., 290 ff., 365 × 280 mm. — B.N., Mss., Lat. 8878.

F. 45 ter : Mappemonde ovale coloriée. Diam. 550 mm. Orienté Nord à gauche. — Reliure aux armes du cardinal de Sourdis.

Ce splendide manuscrit à la décoration extrêmement abondante a été exécuté à l'abbaye de Saint-Sever en Gascogne. Il est dédié à l'abbé Grégoire Muntaner (1028-1072) qui devint en 1060 évêque de Lescar et de Dax. Comme la dédicace ne mentionne que sa qualité d'abbé, le manuscrit est certainement antérieur à 1060. La proximité de l'Espagne y est très sensible : motifs inspirés de l'art arabe, richesse et éclat des coloris, animation des personnages en sont le témoignage, mais l'ensemble est fortement francisé. Le peintre est peut-être Stephanus Garsia qui a signé sur une colonne au f. 6. Les deux feuillets de la mappemonde avaient été arrachés, retrouvés en 1867, ils ont été remis en place.

L'auteur du commentaire, Beatus qui vivait dans la deuxième moitié du VIIIe siècle était moine à San Martin de Liebana (Province de Santander). La lecture de l'Apocalypse avait été recommandée en 633 par le 4e Concile de Tolède. Au moment des grandes crises, ce texte étayait une certaine philosophie de l'histoire : sur les ruines du persécuteur triomphent les Justes. D'où le grand succès qu'il remporta en Espagne dès le Xe siècle.

Le *Commentaire* de Beatus a été reproduit dans de nombreux manuscrits dont les plus anciens sont les manuscrits mozarabes du Léon (Xe siècle), notamment ceux de Tabára illustrés par Maio venu du Sud avec une nouvelle technique d'enluminure.

La mappemonde est présente dans treize manuscrits, mais celle de Saint-Sever est parmi les plus intéressantes, son auteur est un homme savant qui a enrichi la copie qu'il a faite. Cette carte a été exécutée pour illustrer la glose de Beatus sur le partage du monde entre les Apôtres chargés de l'évangéliser. C'est bien en effet une œuvre d'inspiration chrétienne avec le Paradis en haut, à l'extrême Est, et une Terre Sainte qui occupe une large place. On retrouve la répartition classique des parties de l'œkoumène : une Asie qui correspond à peu près au champ d'action d'Alexandre le Grand, une Afrique limitée par la mer Rouge (qui correspond en fait à tout l'Océan Indien avec le golfe Persique et le golfe Arabique, ou mer Rouge proprement dite, mentionnés par Isidore de Séville) et par l'Océan, une très grande Europe. On remarquera le cours du Nil qui prend sa source près de l'Atlas et après un parcours souterrain se dirige vers l'Est à travers un marécage entouré de montagnes, puis vers le Nord en contournant l'île de Méroé. Sur l'Océan qui entoure la carte, sur la mer Rouge et sur la Méditerranée placée au centre, sont figurées des îles aux formes régulières et arrondies, la plus grande est l'*Insula Brittannia*. Les fleuves dont le dessin exagère la largeur ont des cours parallèles (Sud-Nord ou Nord-Sud), leur rôle était important au Moyen âge puisqu'ils servaient de voies de communication et de frontières.

Les légendes sont nombreuses en Asie et en Afrique, les noms des peuples y sont également donnés (à l'extrême Est les *Seres, Bactriani, Gandari Indi*, etc.). L'auteur vante les richesses de l'Inde.

Au-delà de la mer Rouge l'auteur indique par une légende l'existence d'un continent inconnu : « *quarta pars trans Oceanum interior* », soumis à l'ardeur du soleil, on dit qu'y habitent les antipodes « fabuleux ». Le texte provient de l'œuvre d'Isidore de Séville.

Douze noms de vents suivent le contour elliptique de la mappemonde.

Le P. de Dainville a spécialement étudié la représentation de la France, la plus ancienne dessinée dans notre pays. Il la rapproche des productions du Bas Empire et lui trouve une ressemblance avec la table de Peutinger. La toponymie est en partie celle de Grégoire de Tours enrichie par des itinéraires contemporains qui n'auraient pas été nécessairement écrits.

Cette mappemonde symbolique aurait donc également une fonction utilitaire qui ne l'éloignerait pas de sa vocation première si, comme l'affirme le P. de Dainville, on peut y lire « les étapes des lieux où reposent les corps des saints, pierres vivantes de la Jérusalem céleste ».

REPROD. EN COUL. PL. I

4

MACROBE. Macrobii Ambrosii Theodosii in « Somnium Scipionis » commentarii. Ejusdem Saturnalium libri septem. Ms. latin. XIᵉ s. Parch., 84 ff., 307 × 252 mm. — B.N., Mss., Lat. 6371.
F. 20 v° : Mappemonde coloriée. Diam. 173 mm. — Manuscrit provenant de la Bibliothèque de Colbert.

Macrobe (c. 395-436), philosophe latin d'origne étrangère, probablement grecque, est l'auteur d'une grammaire et de deux ouvrages philosophiques dont le *Commentaire sur le « Songe de Scipion »*. C'est ainsi que nous a été conservée cette œuvre de Cicéron, fragment du livre VI de la *République*. Le *Commentaire* de Macrobe forme deux livres qui résument les théories astronomiques et géographiques du monde néoplatonicien du Vᵉ siècle.

Nous voyons ici la représentation schématisée d'un hémisphère divisé en cinq zones dont deux seulement sont habitables : l'une (la boréale) occupée par les habitants de l'œkoumène, l'autre par des hommes d'une espèce inconnue, des antipodes. Cette représentation est liée au principe de la sphéricité de la Terre qui comprendrait quatre masses habitables, deux par hémisphère dont les occupants ne peuvent communiquer entre eux à cause de l'existence de la zone torride centrale, la plus étendue, qui est infranchissable (en orange sur la carte). Sont également inhabitables à cause du froid qui y règne, les zones extrêmes situées au Nord et au Sud (en pourpre violacé sur la carte). Les auteurs de l'Antiquité considéraient les zones terrestres comme les projections des zones célestes, limitées par les cercles fondamentaux, tropiques et cercles arctiques. C'est grâce à Macrobe et à Martianus Capella (fin du Vᵉ s.) que le concept de la sphéricité de la Terre resta présent dans les manuscrits médiévaux.

Macrobe explique le phénomène des marées par le choc entre les courants opposés des deux ceintures océaniques qui entourent la Terre à l'équateur et aux pôles. La direction des courants est indiquée ici par les légendes situées à l'extérieur de l'Océan : de l'Ouest au Nord, de l'Est au Nord, de l'Ouest au Sud, de l'Est au Sud.

5

AL-IDRISI. Délassement pour qui désire parcourir les différentes parties du monde. Ms. arabe. XIIIᵉ siècle. Parch., 352 ff., 260 × 210 mm. — B.N., Mss. or., Arabe 2221.
F. 3 v°-4 : Mappemonde. Diam. 230 mm. Orienté Nord en bas.— Manuscrit acquis au Caire par le consul français Asselin, entré en 1831 dans les collections de la Bibliothèque Nationale.

Ce manuscrit dont les soixante-neuf cartes ont été dessinées et coloriées avec un grand soin reproduit l'œuvre du géographe arabe al-Idrisi. Issu

de la famille princière des Alides-Idrisides il serait né à Ceuta en 1100 et fit des études à Cordoue. Il a connu l'Espagne et le Maroc, mais il a aussi visité Lisbonne, les côtes de France, l'Angleterre et en 1116 l'Asie Mineure. En 1138. il s'installa à la cour du roi normand de Sicile, Roger II, qui lui confia l'élaboration d'une description de l'œkoumène pour « non seulement connaître d'une manière positive les limites dans lesquelles ils (ses états) étaient circonscrits, les routes de terre et de mer qui les traversaient, les climats dans lesquels ils se trouvaient situés, les mers qui baignaient leurs rivages, les canaux et les fleuves qui les arrosaient, mais encore ajouter à cette connaissance celle des pays autres que ceux qui dépendaient de son autorité, dans tout l'espace qu'on s'est accordé à diviser en sept climats » (Préface du *Délassement* dans la traduction de Jaubert).

La documentation qui, réunie pendant quinze ans, servit de base à ce recensement, comprenait les œuvres de géographes arabes, celles de Ptolémée et d'Orose. Elle fut enrichie par les témoignages des voyageurs que l'on vérifiait en les comparant. Tous les renseignements recueillis furent reportés sur un planisphère d'argent qui aurait été brisé en 1160 au moment du sac du palais de Palerme. Le texte du *Délassement* fut composé pour expliquer le dessin du planisphère et décrire les régions cartographiées, il fut achevé en 1154. al-Idrisi divisa la Terre en sept climats ou zones latitudinales qui partaient de l'équateur et chaque climat, ce qui était une innovation, en dix parties transversales qu'il décrivit séparément en allant de l'Ouest à l'Est. Chaque description est assortie d'une carte. L'ensemble des cartes a été reproduit au XIXᵉ siècle sur plusieurs feuilles qui ont ensuite été assemblées. Ce travail manuscrit (cf. notice suivante) a été effectué à partir des cartes de l'exemplaire du *Délassement* exposé ici.

L'œuvre d'al-Idrisi décrit excellement presque toute l'Europe et l'Afrique du Nord, les renseignements sont importants, mais un peu moins exacts pour l'Allemagne, la Pologne et la Russie, ils sont d'un grand intérêt pour les régions baltiques et d'une grande précision pour la péninsule balkanique. La toponymie des pays non-musulmans d'Asie et d'Afrique s'inspire de Ptolémée comme le dessin de l'extrémité Sud de l'Afrique qui se prolonge vers l'Est. En fait Ptolémée avait déjà influencé les géographes arabes antérieurs à al-Idrisi dont l'œuvre s'inscrit en fin d'évolution.

La carte du monde, de forme ronde, exposée ici, reprend la tradition de l'Atlas de l'Islam de l'époque classique avec, en plus de l'Océan circulaire, deux grandes mers : l'océan Indien, et la Méditerranée dont les contours ont été bien améliorés. Il est difficile de savoir laquelle des deux cartes du monde, mappemonde ou carte des climats est la plus proche du planisphère d'argent disparu depuis plus de huit siècles.

L'influence d'al-Idrisi sur la cartographie occidentale est contestée. Si la première traduction latine du *Délassement* date de 1619 et a été établie sur l'édition arabe de Rome de 1592 qui reproduit un texte tardif et abrégé, il n'est pas moins certain que la Sicile fut un lieu privilégié de rencontres entre les civilisations byzantine, arabe, et européenne, et qu'elle joua un rôle important dans la naissance de la cartographie marine. D'ailleurs l'œuvre d'al-Idrisi n'est pas la seule à mettre en cause. Dès le XIIᵉ siècle des cartes à climats ont été exécutées en Occident lorsque des savants chrétiens aidés par les Arabes d'Espagne et les Juifs eurent traduit un grand nombre d'œuvres scientifiques arabes.

6
Carte Générale du globe tirée de la Géographie d'el-Edrisi, milieu du XIIᵉ siècle de l'ère vulgaire. Reprod. ms. coloriée, 1 335 × 3 230 mm. — B.N., C. et pl., Ge. AA. 2004.

Fac-similé de la carte des climats acheté par la Bibliothèque Nationale en 1844. Voir la notice précédente.

7
Monialium ebstorfensium mappammundi quæ exeunte sæculo XIII. videtur picta, Hannoveræ nunc adservatur, edidit Conradus Miller. Stuttgart, J. Roth, (1898). Reprod. en coul., 1010 × 1060 mm. — B.N., C. et pl., Ge. AA. 2177.

Orienté Nord à gauche.

Ce fac-similé reproduit en la réduisant une très grande carte murale. Composée de trente feuilles de parchemin, elle mesurait 3 580 × 3 560 mm. Elle a été détruite en 1943 à Hanovre où elle avait été transportée au XIXᵉ siècle après avoir été retrouvée dans l'abbaye bénédictine d'Ebstorf.
On pense que cette œuvre d'art a été exécutée en 1235 dans la région de Lünebourg en Basse-Saxe. Son dessin est à rapprocher de celui de la carte du monde du Psautier de Londres (B.L. Add. Ms. 28 681).
La représentation de l'œkoumène est construite sur une crucifixion : on voit en haut la tête du Christ, en bas les pieds et de chaque côté les mains. Pour l'auteur, la création visible est le symbole de Dieu, elle repose sur le corps du Christ dont la tête figure ce qui était avant le commencement des temps, les pieds ce qui doit venir à la fin des temps. « Je suis l'Alpha et l'Oméga, dit le Seigneur Dieu », « Il est, Il était et Il vient », le Maître-de-Tout » (Apocalypse, 1, 7).
A la différence de la carte de Beatus, le Nil a une direction Est-Ouest avant de se jeter dans la Méditerranée et la mer Rouge (golfe Arabique) une direction Ouest-Est, alors que le Pont Euxin (mer Noire) et le Tanaïs (Don) ont les mêmes orientations. On note également la place très importante occupée par l'Asie où le Tigre et l'Euphrate se rejoignent au Nord et où la chaîne du Caucase est interrompue par les portes caspiennes tandis que le Gange a onze sources disposées en éventail. La Caspienne se jette encore dans l'Océan et les proportions de l'Afrique sont toujours réduites. Au sud du Nil coule une très longue rivière qui lui est parallèle et que l'on retrouve sur la mappemonde d'Hereford, Orose la nomme Nuchul.

La représentation de l'Allemagne est intéressante, c'est en effet la première carte dressée par un auteur probablement d'origine germanique et les noms de lieux qui figurent en allemand peuvent être datés du XIᵉ au XIIIᵉ siècle.
On trouve évidemment le Paradis à l'extrême Est, mais un peu décentré à cause de la place occupée par la tête du Christ, et Jérusalem au centre avec une enceinte carrée formée de douze tours qui enclôt une Résurrection.
La très riche iconographie de cette « carte moralisée » puise ses sources dans la Bible, l'histoire de l'Antiquité et l'histoire légendaire. On y voit en effet l'Arche de Noé sur le mont Ararat, Sodome et Gomorrhe recouvertes par les flots de la mer Morte, les greniers de Joseph, le Sinaï. L'auteur a une bonne connaissance de la Palestine, surtout des environs de Jérusalem. On relève encore sur cette carte du XIIIᵉ siècle des traces de l'organisation de l'Empire romain avec les noms des provinces qui sont juxtaposées aux noms d'abbayes médiévales : renseignements périmés et informations contemporaines. Les évocations d'histoires légendaires sont nombreuses, elles illustrent le Roman d'Alexandre, l'Histoire de la Toison d'or, etc. Le bestiaire est important, environ soixante-dix représentations d'animaux, l'auteur s'est inspiré des Étymologies d'Isidore de Séville et du Physiologus. Aux animaux extraordinaires s'ajoutent des hommes fabuleux regroupés pour la plupart au delà du Nil, à l'extrême Sud. Leurs descriptions sont extraites de l'œuvre de Solinus. Il y a en outre des peuplades dans le voisinage de l'Océan du Nord-Est dont les mœurs barbares ne manquent pas d'être inquiétantes.
L'Océan circulaire est étroit, les douze cercles qui y figurent représentent les vents.
Les textes qui encadrent la carte sont extraits d'Isidore de Séville. Gervais de Tilbury dans les Otia Imperialia (1214) puis dans le De Mirabilibus mundi sive Descriptio totius orbis dédié à l'Empereur Otton IV semble avoir suivi de très près le modèle de la Mappemonde d'Ebstorf.
Nous sommes certainement en présence d'une œuvre symbolique dont la destination première est la décoration, mais l'auteur dans une légende en propose l'utilisation aux voyageurs qui ont besoin d'un guide géographique.

8

LAMBERT de SAINT-OMER. Liber Floridus. Ms. latin. (Vers 1260.)
Parch., 270 ff., 460 × 300 mm. — B.N., Mss., Lat. 8865.

F. 62 v° : Mappemonde coloriée intitulée *Spera geometrica*. Diam. 220 mm.
Orienté Nord à gauche.

Le *Liber Floridus* est un recueil de textes extraits de l'œuvre de divers
auteurs que Lambert (c. 1050-1125 ?), chanoine de Saint-Omer, composa
en 1120 pour susciter l'étonnement et l'admiration. Pour lui en effet,
décrire les œuvres merveilleuses de Dieu, c'était augmenter l'amour
de la créature envers le Créateur. C'est ainsi qu'il a réuni des textes de
toute nature : théologiques, historiques, littéraires et scientifiques
et qu'il les a présentés sous forme d'analyses ou d'extraits.

La mappemonde, dessinée sur le f. 62 v° au-dessus d'un lion écrasant
un porc qui illustre le chapitre *De Naturis bestiarum* extrait des *Etymologies* d'Isidore de Séville, est précédée au f. 62 r° par deux textes, l'un
emprunté à Orose, l'autre à Martianus Capella. Cette représentation
d'un hémisphère dont une moitié est occupée par l'œkoumène est
intéressante quant à sa conception bien qu'il ne s'agisse pas d'une bonne
copie : les noms de mers manquent, la Méditerranée est figurée par une
rivière, les noms de lieu ont été mal transcrits... Elle est l'expression
des théories de Macrobe sur l'incommunicabilité des deux moitiés Nord
et Sud de l'hémisphère à cause d'une zone centrale torride qui est entourée ici par l'Océan principal. Une inscription recouvre la moitié Sud,
elle indique son caractère tempéré qui la rend habitable et l'impossibilité
qu'ont eu les fils d'Adam à la peupler puisqu'ils ne pouvaient franchir
la barrière formée par la zone équatoriale. La ligne qui passe au centre
et qui relie les trois étoiles figure l'écliptique avec le parcours du soleil.
Aux deux extrémités Sud de l'œkoumène sont dessinées deux îles rondes,
à l'Est le Paradis, à l'Ouest une île peuplée par nos antipodes illustrant
peut-être des informations recueillies sur les voyages des Normands dans
le Nouveau Monde.

La théorie de quatre mondes habités symétriques avait été émise par
les Grecs et matérialisée en 150 av. J.C. par Cratès de Pergame qui avait
construit un globe de grandes dimensions, ancêtre du globe à bandes
croisées qui servira d'emblème au pouvoir impérial.

9

HANC QUAM VIDETIS TERRARUM ORBIS TABULAM descripsit deline-
avitque Ricardus de Haldingham sive de Bello dictus A.S. circa
MCCC. Fac simile made at Hereford in 1869. Editor Rev. F.T.
Havergal. London, E. Stanford, 1872. Reprod. en coul., 1600 ×
1300 mm. — B.N., C. et pl., Ge.A.688.
Orienté Nord à gauche

L'original conservé dans la cathédrale d'Hereford probablement
depuis le début du XIVe siècle est peint sur un parchemin de 1626 ×
1346 mm constitué par une seule peau, le cou de l'animal en haut. Nous
avons ici la deuxième reproduction en fac-similé faite d'après la photo-
graphie prise à Hereford par Francis Havergal, elle n'est pas cependant
exacte et pour une étude sérieuse on lui préférera le fac-similé publié
en 1954 par la Royal Geographical Society.

L'auteur de la mappemonde d'Hereford se nomme sur la carte Richard
de Haldingham et de Lafford, il s'agit de Ricardus de Bello, chanoine
de Lafford à la cathédrale de Lincoln de 1276 à 1283 au moins, puis
chanoine de Norton à la cathédrale de Hereford en 1305.

Au dessus de la mappemonde est figuré le Jugement Dernier, car la
Terre c'est le royaume de la Mort et cette carte du monde avec ses
continents et toutes ses races d'habitants exprime le caractère transitoire
de l'existence terrestre qui s'achemine vers l'universalité du Jugement
Dernier.

En bas à gauche est évoqué l'ordre qu'aurait donné Jules César de
mesurer le Terre avec les noms de trois géomètres : Nicodoxus pour
l'Est, Teodocus pour le Nord et l'Ouest, Policlitus pour le Sud. On lit
en effet dans Aethicus (c. 500) que Jules César fit commencer cette opération en 44 av. J.-C. et qu'il fallut vingt-deux ans pour la terminer, mais
on n'a gardé aucune trace de cet ouvrage de longue haleine. Or depuis
la fin de l'Antiquité les notions proprement scientifiques de la mesure
de la Terre sont pratiquement oubliées, la mappemonde médiévale
exécutée en Occident n'est pas du domaine des sciences exactes, mais
de celui de la décoration, de l'image, de l'histoire, Richard de Haldingham lui-même qualifie son œuvre d'« Estorie ». Pourtant on y trouve
des mentions de distances et de dimensions venant d'Agrippa par l'inter-
médiaire de Pline.

La conception générale de la mappemonde d'Hereford ressemble à
celle de la carte d'Ebstorf avec toutefois des différences substantielles :
position plus centrale de la Méditerranée, position plus orientale de la
mer Rouge et des bassins de l'Euphrate et du Tigre, disposition différente des îles Britanniques entre elles, etc.

Il semble que le prototype de la mappemonde d'Hereford soit une
représentation de l'Empire romain après sa réorganisation au IVe siècle
par Dioclétien sur laquelle se seraient ensuite greffées des informations
concernant les itinéraires des Apôtres et l'histoire biblique. La carte
d'Hereford indique en outre les étapes des principales routes de l'Europe
romaine et médiévale, du proche Orient et de l'Egypte, elle a donc pu
servir (elle-même ou la carte qui l'a précédée) de guide pour les voyageurs qui traversaient l'Europe en direction de la Terre Sainte ou de
l'Egypte comme l'*Itinerarium Burdigalense* montrait les étapes de Bordeaux
à Jérusalem en prenant pour base l'*Itinéraire Antonin*. On peut également
y trouver des traces des itinéraires vers Saint Jacques de Compostelle.

La représentation des îles Britanniques est moins succincte que sur la mappemonde d'Ebstorf, elle a quelques traits communs avec les cartes de Matthieu Paris.

Comme l'indique l'inscription portée sur la carte : *Descriptio Orosii de ornesta Mundi*, la source principale utilisée par Richard de Haldingham est Paul Orose, historien du début du v⁰ siècle dont l'œuvre avait été introduite en Angleterre par le roi Alfred (871-901). Orose s'est posé le problème de la description du monde en termes plus littéraires que géographiques, il s'inspira de la double tradition chronologique chrétienne et romaine.

10

MACROBE. Liber Macrobii De « Sompnio Scipionis » expositio. Liber ejusdem de Saturnalibus. Ms. latin. XIV⁰ s. Parch., 119 ff., 307 × 205 mm. — B.N., Mss., Lat. 6367.

F. 2 r⁰, partie inférieure : Mappemonde coloriée. Diam. 114 mm. Orienté Nord à gauche.

Dans ce manuscrit plus tardif de Macrobe se trouvent quelques données géographiques sur l'œkoumène qui s'inscrit dans un hémisphère divisé en cinq zones, la zone centrale étant interrompue par l'*Oceanus Magnus*. L'Océan circulaire est plus large que sur les autres mappemondes. L'œkoumène a une forme trapézoïdale avec de chaque côté deux échancrures : la mer Caspienne et la Méditerranée auxquelles correspondent respectivement sur l'Océan circulaire les colonnes d'Alexandre et les colonnes d'Hercule qui marquent les limites orientales et occidentales de la zone tempérée boréale. On voit également deux échancrures à l'extrémité des zones froides boréale et australe.

Les figures illustrant ce manuscrit ont été réunies sur les feuillets de tête.

11

PAOLINO VENETO. Chronologia magna. Ms. latin. (Vers 1330.) Parch., 116 ff., 525 × 403 mm. — B.N., Mss., Lat. 4939.

F. 9 r⁰ : Mappemonde coloriée. Diam. 327 mm. Orienté Nord à gauche. — Manuscrit provenant de la Bibliothèque de Colbert.

La *Chronologia magna* est une chronique universelle, de la Création à 1328, précédée d'un tableau synchronique étendu à la fois dans l'espace et le temps.

Sur le folio qui fait face à l'histoire du Déluge est dessinée une mappemonde d'un grand intérêt; orientée à l'Est et centrée sur Jérusalem, elle

est pourtant en net progrès par rapport aux mappemondes médiévales qui l'ont précédée. On est surtout frappé par l'amélioration de la représentation des côtes de la Méditerranée et de la mer Noire, amélioration due à l'influence des cartes-portulans. Il faut d'ailleurs rapprocher le type de cette mappemonde de celui de la carte de 1320 qui figure dans un recueil de cartes manuscrites conservées à la Bibliothèque vaticane dont une est signée par le Génois Pietro Vesconte, auteur de cartes nautiques, ce qui explique la présence de lignes de rumb sur la mappemonde vaticane.

Sur la carte du monde de la *Chronologia magna* le dessin des côtes et des îles de l'océan Indien ressemble à celui des cartes arabes.

Après la mappemonde suit une description de la Terre illustrée par deux cartes : une représentation des royaumes de Syrie et d'Egypte et une autre de la Terre Sainte. Plus loin dans le manuscrit figurent également plusieurs plans de villes.

Les sources de Paolino sont celles de ses prédécesseurs : Isidore, saint Jérôme, Orose, Solinus, Gervais de Tilbury, Bède, etc., complétées par des informations plus récentes sur l'Asie provenant du voyage de Guillaume de Ruysbroeck envoyé par saint Louis au pays des Mongols. Le Franciscain avait démenti l'information reprise par Isidore de Séville d'après laquelle la Caspienne était une baie ou un golfe de l'Océan circulaire. Dans son journal il rapporte que cette mer est indépendante de l'Océan puisqu'elle est entourée de tous côtés par la terre.

12

CLAUDE PTOLÉMÉE. In hoc ornatissimo codice continetur Cosmographia Ptolemæi Alexandrini de situ orbis terrarum ex græco in latinum per Jacobum Angelum Florentinum traducta. (Vers 1470.) Parch., 595 × 440 mm. — B.N., Mss., Lat. 4802.

F. 74 : Mappemonde coloriée sur double page. — Manuscrit provenant de la Bibliothèque des rois aragonais de Naples. — Reliure aux armes d'Henri II.

Astronome et géographe grec, Ptolémée (90-168) vécut au II⁰ siècle, siècle des Antonins. D'après des observations qu'il fit à Alexandrie, il a rédigé un traité astronomique connu sous le nom d'*Almageste*. Il a également composé une *Géographie*, mais il est difficile de dire dans quelle mesure il s'agit d'une œuvre originale ou de vulgarisation. C'est une sorte de lexique cartographique énumérant les positions en longitude et latitude des endroits connus : villes, fleuves, monts, caps, etc. Dans le livre I Ptolémée dit avoir utilisé les travaux de Marin du Tyr qu'il critique, corrige et complète. Les sources autres que les œuvres de ses prédécesseurs sont les observations astronomiques et les itinéraires maritimes et terrestres.

D'après les positions données dans la *Géographie* ont été dressées vingt-six cartes annexées au texte, le livre VIII en fait une description sommaire. Les cartes figurent dans un petit nombre de manuscrits dont les plus anciens sont des manuscrits grecs du XIIIe siècle. Les difficultés rencontrées pour leur reproduction a peut-être freiné la diffusion de la *Géographie* au Moyen âge.

La Bibliothèque Nationale possède six manuscrits de la traduction latine de Jacopo d'Angelo dont le plus beau, exposé ici, a été copié par « Ugo Comminelli », de Mézières. Il renferme vingt-sept cartes d'origine ptoléméenne : une carte du monde construite avec le premier système de projection proposé par Ptolémée (livre I, chap. IV) et utilisé par un certain Agathodæmon qui est l'auteur d'une mappemonde jointe aux manuscrits grecs de la *Géographie* (ce système de projection n'avait pas la préférence de Ptolémée), et vingt-six cartes particulières. Le Florentin Pietro del Massaio a signé ces cartes contenues dans le livre VIII. S'y ajoutent sept cartes modernes et dix plans de villes.

Il est facile de relever sur les cartes ptoléméennes des inexactitudes dans le dessin des côtes, conséquences de mauvaises appréciations de navigateurs (orientation erronée des côtes de la Tunisie et de l'Écosse, de la côte septentrionale de la Sicile, etc., erreurs de position des îles) alors que la sucession des noms le long des rivages est généralement bonne. En outre, Ptolémée se plait à inventer des golfes — le *Magnus sinus* oriental est l'exemple le plus célèbre — qui s'enfoncent entre deux promontoires dont la saillie est créée par une faute d'observation sur la direction angulaire de la côte.

A première vue la graduation de la carte de Ptolémée semble surtout exagérée dans le sens de la longueur, il y a en effet des erreurs dans le nombre des degrés de longitude séparant des points extrêmes ou intermédiaires, mais on constate aussi des inexactitudes, moins fréquentes toutefois, dans le sens de la largeur. Les latitudes des villes sont justes dans la mesure où elles ont pu être directement mesurées, c'est le cas notamment de celles des grandes villes de la zone méditerranéenne.

CHAPITRE II

L'Autorité et l'Expérience

Cartographie du monde, de la Renaissance à la fin du XVIIIe siècle

La cartographie de la Renaissance semble marquée par deux influences majeures, l'une intellectuelle, l'autre pragmatique, qui coexistent, s'interfèrent ou s'affrontent, nous voulons parler de la *Géographie* de Ptolémée, dont l'« Autorité » s'imposera pendant plus d'un siècle et demi, et des grandes navigations au long cours fondées sur l'« Expérience » du marin.

L'œuvre géographique de Ptolémée, réintroduite en Occident dans le premier quart du xve siècle, connut à partir de 1477 jusqu'à la fin du xvie siècle un très grand nombre d'éditions; elle fut pour la cartographie à la fois un stimulant et un élément perturbateur. Un stimulant parce qu'elle admet sans discussion la sphéricité de la Terre et entraîne par là même, la recherche d'un système mathématique de projection; un stimulant encore parce qu'elle insiste sur la nécessité de fixer la position des lieux par rapport à l'équateur et à un méridien d'origine. Un élément perturbateur, en revanche, parce qu'elle introduit dans une cartographie nautique encore empirique mais plus exacte, les tracés géographiques, sans doute savants, mais encore archaïques, de la fin du monde antique. Les grands cosmographes des xive et xve siècles, Nicolas Oresme, le cardinal d'Ailly, Toscanelli, Martin Behaim... acquièrent la conviction de la sphéricité de la Terre et par voie de conséquence, préconisent l'idée d'atteindre le Japon, les côtes de Chine et les Moluques tant convoitées, par la route de l'Ouest.

La renaissance de la cartographie, à cette époque, correspond aussi à la grande expansion maritime outre-mer qui, en moins de trente-cinq ans, nous fait assister, avec l'ouverture d'espaces océaniques souvent insoupçonnés, à un véritable éclatement du monde. On s'en rappelle les grandes étapes : Barthélémy Diaz contourne le cap de Bonne Espérance en 1487; Ch. Colomb atterrit aux Indes occidentales en 1492; John Cabot parvient en Nouvelle-Écosse en 1497; Vasco de Gama touche l'Inde en 1498; Cabral découvre le Brésil en 1500; Albuquerque prend Malacca en 1511; Balboa aperçoit le Pacifique en 1513; le compagnon de Magellan réussit le tour du monde en 1521. L'horizon géographique s'est donc considérablement élargi, et l'on peut dire qu'après la première circumnavigation du monde, la configuration des principaux continents est pratiquement fixée. Les cartes nautiques se multiplient, enregistrant les progrès de la connaissance de la Terre, presqu'année par année; elles font apparaître des découvertes réelles, et pour les régions où manquent encore des renseignements récents, le cartographe fait alors appel à la géographie traditionnelle du grand Alexandrin.

Un certain nombre de documents exposés ici sont représentatifs de cette dualité. On constatera toutefois que la cartographie maritime, fondée sur l'« Expérience » du navigateur a su se dégager très tôt (c. 1530) de l'« Autorité » ptoléméenne. Sans aucune prétention à l'exhaustivité, les quelques spécimens, italiens, portugais, hollandais, français, sortis des fonds de la Bibliothèque Nationale, permettront de saisir d'un simple regard, cette évolution de la carte nautique depuis Christophe Colomb jusqu'à Lapérouse*. Nous avons pris plaisir à y adjoindre de très beaux levés cartographiques des xviie et xviiie siècles, illustrant les progrès de la pénétration européenne à l'intérieur des continents. Là encore, la marque du géographe alexandrin n'est pas toujours absente, puisque dans sa carte de 1798, le major Rennell se réfère encore à son « Autorité » pour situer en Afrique les sources du Nil.

Cet ensemble de prestigieux documents, peints et enluminés, restés en grande majorité manuscrits, a aussi pour objet de mettre en lumière, la lente élaboration de la science cartographique qui n'atteindra son plein épanouissement qu'avec l'usage du chronomètre et le perfectionnement de la triangulation. Les grands levés officiels du xixe siècle, topographiques et hydrographiques, pourraient en témoigner. Mais avec la précision scientifique s'efface le rêve, car bien des illustrations de nos cartes anciennes qui les haussent parfois au niveau de l'œuvre d'art, ne sont là bien souvent que pour masquer les incertitudes du cartographe.

---

* Orthographe adoptée par l'amiral de Brossard dans son ouvrage sur Lapérouse publié en 1978.

13

CLAUDE PTOLÉMÉE. Claudii Ptolemaei Cosmographia. Jacobi Angeli versio latina, cura Domitii Calderini revisa. Romae, A. Bucking imp., 1478. 410 × 290 mm. — B.N., Impr., Rés. G. 38.

Parue un an après celle de Bologne (1477), cette seconde édition de Ptolémée est souvent considérée comme la meilleure. Les vingt-six cartes régionales gravées sur cuivre en projection trapézoïdale s'inspirent de celles dessinées douze ans plus tôt par le moine bénédictin allemand, Donnus Nicolaus Germanus, pour le duc Borso d'Este. Christophe Colomb en possédait un exemplaire qu'il avait, selon son habitude, couvert d'annotations.

L'ouvrage est ouvert sur la carte de l'oekoumène tel que le concevait le géographe alexandrin du IIe siècle de notre ère, dans sa projection dite homéothère.

14

GLOBE DE MARTIN BEHAIM. 1492. Fac-similé ms. colorié. 1847. Diam. 507 mm. — B.N., C. et pl., Ge.A. 276.

Copie manuscrite faite en 1847 pour E.F. Jomard, du globe original offert en 1492 par l'homme d'affaires nurembergeois, Martin Behaim, au conseil municipal de Nuremberg où il existe encore. La part de Behaim dans l'établissement du globe lui-même est discutable, car on sait qu'il fut construit par Glokengiesser et Kalperger, et enluminé par Georg Holzschuler. Une carte du monde, sans doute celle d'Henricus Martellus Germanus, maintenant conservée à la Bibliothèque de Yale a servi de prototype.

Ce globe, immédiatement antérieur à la découverte de l'Amérique, matérialise la conception que se faisaient du monde, le cosmographe florentin Paolo Toscanelli et le navigateur gênois, Christophe Colomb. La même mer borde les colonnes d'Hercule (Gibraltar) et le Cathay (la Chine). Une importance démesurée est accordée au continent eurasiatique qui recouvre 230 degrés de la surface terrestre, faisant de l'Atlantique une grande mer intérieure de 130 degrés de longitude. Dans cette vision du monde, le continent américain et le Pacifique, méconnus des Européens, sont gommés de la carte. Dans l'Atlantique, figurent l'île mythique d'*Antillia* et l'île de *Zipangu*, le Japon aux toits d'or de Marco Polo, que Christophe Colomb s'attendait à rencontrer lors de son premier voyage. En Afrique est donnée une mauvaise représentation des découvertes portugaises; la côte occidentale africaine s'étend insuffisamment en latitudes et s'arrête au cap de Bonne Espérance reconnu par Barthélémy Diaz en 1487. L'océan Indien et

l'Extrême Orient reposent encore sur les tracés ptoléméens, avec des légendes empruntées au *Livre des Merveilles*.

Le globe de Martin Behaim reste aujourd'hui la plus ancienne sphère terrestre occidentale connue; il témoigne avec éclat de la prise de conscience européenne de la rotondité de la Terre, laquelle fut à l'origine de la découverte de l'Amérique.

15

CARTE dite de CHRISTOPHE COLOMB. (1492.) 1 flle vélin ms. enluminée, 700 × 1 110 mm. — B.N., C. et pl., Rés. Ge.AA. 562.

Cette feuille de vélin enluminée porte un curieux document anonyme. Deux cartes, séparées par un trait rehaussé d'or, sont juxtaposées, paraissant étrangères l'une à l'autre. A droite, figure une carte-portulan classique de la mer Méditerranée et des côtes de l'Atlantique depuis le sud de la Norvège jusqu'à l'embouchure du Congo. A gauche, une petite mappemonde entourée des sphères célestes (lune, mercure, vénus, soleil, mars, jupiter, saturne, le zodiaque) symbolise la conception géocentrique que l'on a de l'Univers dans le dernier quart du XVe siècle; sur l'une et l'autre, présence de nombreuses inscriptions latines. Comme sur toutes les cartes marines occidentales depuis la fin du XIIIe siècle, la carte de droite est recouverte d'un réseau de lignes — ou rumbs de vent — inscrites dans un cercle; elles correspondent aux lignes de direction de la rose des vents; le marin, muni de sa boussole, les utilisait pour prendre son cap et calculer la distance à parcourir; connaissant approximativement la vitesse de son navire, elles lui permettaient aussi de mesurer le chemin parcouru.

Dater le document est possible puisque la mappemonde comprend le cap de Bonne Espérance et pas encore les Antilles, donc se situe entre 1488 et 1492, le retour de B. Diaz en Europe et le départ de C. Colomb pour l'Amérique. On peut même préciser davantage puisque dans la péninsule ibérique de la carte-portulan, le pavillon de Castille flotte sur la ville de Grenade reprise aux Musulmans le 2 janvier 1492; la carte lui serait donc un peu postérieure.

Son attribution à Christophe Colomb par Ch. de La Roncière en 1925 a été plus contestée. Divers indices permettent toutefois d'envisager la célèbre signature. En effet, Ch. Colomb possédait comme livre de chevet le traité cosmographique du cardinal d'Ailly, l'*Imago Mundi*, dont sont donnés autour de la mappemonde de nombreux passages. Bien mieux, l'exemplaire personnel de Colomb toujours conservé à la « Bibliothèque Colombine » de Séville porte dans ses marges de multiples annotations du Découvreur dont l'une concernant la traversée de la mer Rouge figure intégralement — avec le même solécisme — sur la carte de la Bibliothèque Nationale. En outre, toujours dans les marges de son *Imago Mundi* Colomb fait allusion par deux fois, aux cartes qu'il a dessinées et qui, dit-il, portent toutes une sphère, chose insolite dans la cartographie nautique du xvᵉ siècle. L'on peut donc considérer aujourd'hui que le problème de la prestigieuse attribution reste toujours posé.

16

Opus Nicolay de Caverio Iannensis. (Vers 1505.) 10 flles vélin mss enluminées assemblées en une carte, 1 150 × 2 250 mm. — B.N., C. et pl., S.H. Archives nº 1.

Ce grand planisphère nautique du début du xvIᵉ siècle, conservé dans les collections du Service hydrographique de la Marine, est l'œuvre d'un Gênois, Nicolay de Caverio. Le long des côtes, la nomenclature entièrement lusitanienne indique que le cartographe a eu connaissance du *padrão real*, prototype cartographique standard, constamment mis à jour à Lisbonne dont, en principe, le secret ne pouvait être divulgué, sous peine de mort. Ne mentionnant aucune découverte au-delà de l'année 1504, il peut être daté des environs de 1505. En Afrique une petite mappemonde entourée des sphères célestes, marque le centre du système de rumbs, et les dix-huit roses des vents en soulignent les contours. Sur le bord gauche du document apparaît un élément nouveau : l'échelle des latitudes ; c'est là une innovation capitale qui ne figure sur aucune carte marine avant le xvIᵉ siècle ; elle marque le point de départ d'une véritable révolution qui s'opère tant dans la navigation que dans la cartographie. En effet, dans le bassin relativement étroit de la Méditerranée, le marin pouvait se contenter de naviguer à l'estime ; en haute mer océanique, il lui faut, pour déterminer la position exacte de son navire, recourir à des observations astronomiques fréquentes, qu'il complète le plus souvent possible par des relevés de latitudes effectués à terre.

Cette grande innovation se traduit dans le planisphère de Caverio par un remarquable tracé des côtes africaines, levées au cours des navigations successives de Diogo Cão, Barthélémy Diaz et Vasco de Gama, de 1484 à 1499. Le cartographe a représenté sur la côte, du cap Lopez à l'Ouest jusqu'à Mélinde à l'Est, ces fameuses colonnes de pierre, les *padroes*, emportées de Lisbonne dans la cale des navires et plantées chaque fois que l'on abordait une terre nouvelle. Dans l'océan Indien, l'Inde, où les Portugais ont établi leurs premiers comptoirs, a pris forme. Dans le Nouveau Monde, sont surtout reconnaissables la chaîne des Antilles et la côte brésilienne avec les perroquets colorés qui avaient tant frappé les découvreurs.

La décoration est sobre : quelques vignettes personnalisées évoquent les grands ports marchands européens (Venise, Gênes, Lisbonne),

les comptoirs africains (Arguin, El-Mina) ou les cités religieuses (Jérusalem, La Mecque). Plus de cinquante pavillons (portugais, musulmans, espagnols, gênois) signalent les appartenances politiques et commerciales.

17

Claude Ptolémée. Claudii Ptolemei... Cosmographiae opus... Strasbourg, J. Schott, 1513. 450 × 315 mm. — B.N., C. et pl. Rés. Ge. DD. 1009.

Importante édition de la *Géographie* de Ptolémée faite à partir d'une nouvelle traduction du manuscrit grec originel ; elle comprend quarante-sept cartes gravées sur bois et coloriées.

Bien que son nom n'apparaisse pas, le travail cartographique est en majorité l'œuvre de Martin Waldseemuller, le savant cartographe du Gymnase vosgien, ce groupe d'humanistes de St Dié, consacré, au début du xvIᵉ s. à l'étude de la cosmographie. L'ouvrage était commandité à la fois par le duc René de Lorraine et par le secrétaire de ce dernier, Canon Walter Ludd.

Dans cette nouvelle édition, un supplément de vingt cartes modernes vient s'ajouter aux vingt-sept cartes antiques. Celle des Terres Neuves — *Tabula Terre Nove* — est de celles-là et reste l'une des plus anciennes représentations séparée du continent américain. Contrairement à ce qu'il fit dans sa mappemonde de 1507, Waldseemuller ne porte pas le mot « America » sur le Nouveau Monde mais rend justice, cette fois-ci, à Christophe Colomb comme l'indique la mention située dans le nord de l'Amérique méridionale : « *Hec terra cum adiatentib. insulis inventa est per Columbum Januensem ex mandato Regis Castelle.* »

Le tracé et la nomenclature paraissent directement inspirés par le planisphère de N. de Caverio (cf. nº 16). Comment le cosmographe de St Dié a-t-il eu connaissance de l'œuvre du cartographe gênois ? Ont-ils eu, l'un et l'autre, recours à la même source portugaise et comment ? Dans l'état actuel de la recherche, le mystère demeure entier.

18

Globe vert. Globe ms. et peint sur bois. (Vers 1515.) Diam. 240 mm. — B.N., C. et pl., Rés. Ge.A. 335.

D'une grande qualité artistique, ce globe de bois, revêtu d'un enduit de plâtre peint et enluminé, doit son nom de Globe vert à la couleur choisie pour les océans ; il est aussi appelé Globe Quirini du nom de la grande famille vénitienne à qui il appartenait avant d'entrer à la Bibliothèque Nationale en 1879.

Identifié par d'éminents spécialistes (L. Gallois, G. Marcel, Nordenskiöld), il aurait été exécuté à Nuremberg dans l'atelier de l'humaniste Jean Schöner, et pourrait être daté de 1515 environ; il serait en effet l'illustration précise du texte de J. Schöner, *Luculentissima Descriptio*, paru la même année.

Le tracé de l'Amérique qui ne va pas au-delà du Rio de la Plata, illustre avec éclat cette frange de terre, quasi-ininterrompue, contre laquelle avaient l'impression de se heurter les navigateurs de la Renaissance dans leur recherche de Cipangu et du Cathay; dans la région de Panama, le dessin d'un détroit fait allusion au passage tant espéré, qui permettrait d'atteindre la Chine. Ce tracé, ainsi que la nomenclature, a été emprunté à la célèbre mappemonde dessinée en 1507 par le géographe de St Dié, Martin Waldseemuller, qui fut le premier à baptiser le Nouveau Monde « Amérique » d'après le prénom du célèbre Vespucci. Sur notre globe le mot « America » n'apparaît pas moins de quatre fois.

Le schéma cartographique des côtes de l'océan Indien n'a pas progressé depuis Martin Behaim. Au Nord et au Sud, la présence d'un continent boréal et d'un continent austral se faisant face, illustre la fameuse théorie des antipodes encore répandue au début du XVIe siècle. Ils se retrouvent en effet sur tous les globes de J. Schöner, de 1515, 1520, 1523, 1533.

Le soin apporté à la décoration et l'harmonie des couleurs du Globe vert — continents peints en ocre clair, mer en vert foncé, îles en rouge et or, équateur et tropiques en or, coordonnées géographiques en rouge, nombreux pavillons (portugais, espagnols, russes, musulmans, gênois) —, permettent de penser que ce très bel objet d'art a été exécuté pour un amateur raffiné dont on ne connaîtrait plus l'identité aujourd'hui.

REPROD. EN COUL. PL. II

19
ATLAS NAUTIQUE PORTUGAIS dit Atlas Miller. (Vers 1519.) 4 flles vélin mss dont 3 enluminées r⁰-v⁰, 415 × 590 mm et 1 flle vélin ms. enluminée r⁰-v⁰, 610 × 1180 mm. — B.N., C. et pl., Rés. Ge.DD. 683 et Rés. Ge.AA. 640.

Ces documents précieusement enluminés font partie d'un atlas nautique portugais des environs de 1519, désigné aujourd'hui sous le vocable d'Atlas Miller, du nom de son dernier propriétaire, avant qu'il n'entre à la fin du XIXe siècle dans les collections de la Bibliothèque Nationale. Malheureusement incomplet, amputé de la majorité de l'Afrique jamais retrouvée à ce jour, l'Atlas Miller devait sans doute recouvrir à l'origine, toutes les côtes et îles découvertes avant la circumnavigation de Magellan. Marcel Destombes l'attribue à Lopo

Homem, Cortesão et Teixeira da Mota pensent qu'il serait plutôt de la main de Pedro et Jorge Reinel.

Sa décoration est somptueuse : les roses des vents brillent comme des gemmes; les navires de haute mer (portugais, musulmans, chinois) sillonnent les océans; les blasons lusitaniens et espagnols signalent les « terres neuves »; les vues cavalières évoquent les sites urbains; les tableaux aquarellés représentent paysages ou scènes de vie indigène, et l'on croit reconnaître dans le style de l'enluminure l'influence du peintre Gregorio Lopes, la gloire de l'école portugaise. Tout semble indiquer que cet atlas somptueusement illustré avait une destination princière.

Mais s'il est, avec raison, considéré comme une précieuse œuvre d'art, il ne faudrait point pourtant en sous-estimer la valeur scientifique qui est, pour l'époque, d'exceptionnelle qualité. Le cartographe a dessiné avec exactitude le tracé global de l'arc des Antilles et de la masse brésilienne; il a fixé la physionomie de l'océan Indien occidental; donné à Madagascar une forme qui ne variera plus; établi la position des principaux archipels; amélioré le dessin de l'Arabie et du golfe Persique; présenté un Indoustan voisin de la réalité; dessiné pour la première fois d'une manière satisfaisante le golfe du Bengale; donné à Sumatra des proportions relativement exactes et apporté le premier relevé de l'archipel des Moluques. Néanmoins, dans cette cartographie avant tout fondée sur l' « Expérience » du marin, apparaissent encore quelques emprunts faits à l' « Autorité » ptoléméenne, tels que : la représentation en noir des sept climats du géographe alexandrin, le tracé en Extrême-Orient de l'imaginaire *Sinus Magnus*, et sur la carte de la Méditerranée, le timide essai d'une échelle des longitudes graduée à partir du méridien d'origine que Ptolémée situait à l'ouest des Canaries.

Les cartes exposées ici sont celles de terres découvertes depuis moins de trente ans, au cours de navigations effectuées tant à l'Ouest qu'à l'Est, vers les Indes occidentales comme vers les Indes orientales, de Christophe Colomb (1492) à Magellan (1520).

Flle II r⁰ : ARABIE-INDE. L'Arabie et l'Indoustan ont été dessinés peu de temps après les premières reconnaissances maritimes portugaises (V. de Gama, Cabral, J. Coelho, Albuquerque, 1498-1515); l'orientation des tracés et les proportions d'ensemble sont déjà remarquables; la longitude entre le cap Gardafui et Malacca est presque exacte (55⁰ au lieu de 53⁰); l'intérieur des terres est meublé de miniatures évoquant avec réalisme, les hommes (ex. : les guerriers du Dekkan), la faune (lion, rhinocéros, éléphant...) et la flore (palmiers ou feuillus) de ces régions lointaines. Dans l'océan Indien, une douzaine de navires évoquent la diversité des marines en présence : portugaise, chinoise, musulmane.

Flle II v⁰ : à droite : MADAGASCAR. Sans doute la plus ancienne carte

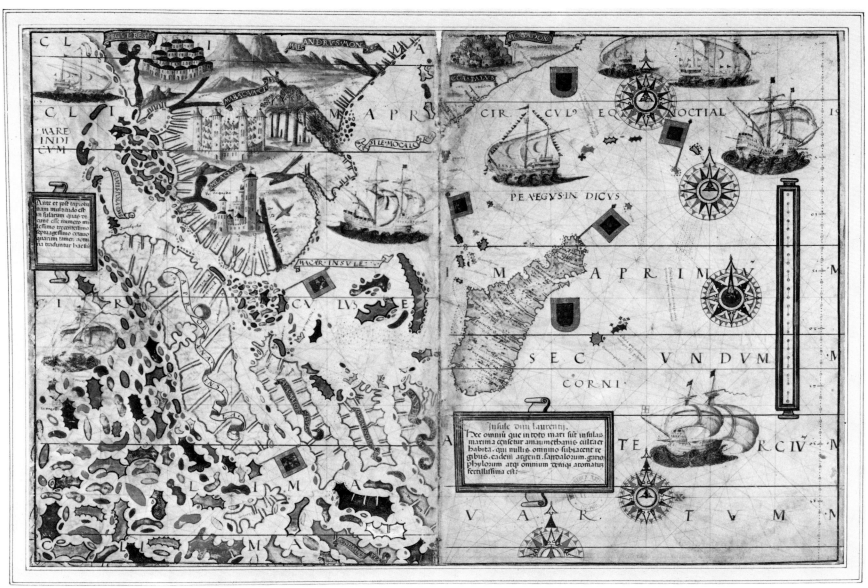

nautique de Madagascar; elle a été dessinée après la circumnavigation de Tristan da Cunha et Alfonso d'Albuquerque (1506-1507). Elle porte le nom d'île Saint Laurent *Insule divi Laurentii*, prénom de celui qui l'avait découverte en l'année 1500, Lourenço Ravasco, l'un des membres de l'expédition de Cabral. Le système de rumbs qui est inachevé, prouve que la carte de Madagascar était à l'origine assemblée à une représentation cartographique de l'Afrique du Sud, aujourd'hui disparue.

Flle II v° : à gauche : MALAISIE-INSULINDE. Une des plus anciennes cartes européennes à situer approximativement la côte orientale de Sumatra (*Traporbana Insula*) par rapport à la côte occidentale de la Malaisie dont le golfe du Siam est encore absent. La ville de *Malaqua* conquise par Albuquerque en 1511 est signalée. A l'est de Sumatra, et parallèlement à elle, figuration de *Java Major* (Java), *Java Minor* (Bali ?), *Cunda Insula* (îles de la Sonde). Une légende en latin indique qu'il y a une multitude d'îles; sur le vélin, elles brillent comme des émaux de toutes couleurs. Cette carte, comme l'indique son système de rumbs inachevé, s'assemblait à l'origine, à l'archipel des Moluques (flle suivante).

Flle III r° : MOLUQUES. Sous le titre CHINARUM INSULE apparaît pour la première fois dans la cartographie occidentale l'archipel des Moluques (*Maluc Insule*), avec l'île de Ceiram (*Seilam*) où le pilote portugais, Abreu, jeta l'ancre au début de l'année 1512. Une légende fait allusion à la richesse de ces îles en poivre, cannelle, clous de girofle, santal, muscade et toutes sortes d'épices... Ces denrées étaient si recherchées par les Européens qu'elles firent de ces îles un sujet de contestation entre Portugais et Espagnols, chacun les considérant comme siennes, jusqu'au moment où Charles Quint qui se les était adjugées, les vendit au Portugal en 1528.

Flle III v° : SINUS MAGNUS. Golfe de pure fantaisie, mais d'une grande valeur décorative, il a été dessiné avec des souvenirs de la *Géographie* de Ptolémée qui plaçait à l'extrémité orientale du monde la région qu'il appelait « extra gangétique ».

Flle IV : BRÉSIL. Il n'y a pas vingt ans que Cabral, par le hasard d'un vent contraire, a touché le Brésil (22 avril 1500) que déjà sur ce document figure dans le plus grand détail la côte d'une *Terra Brasilis* qui s'étend des bouches de l'Amazone jusqu'à l'embouchure de la Plata (35° Sud). Sur le continent, des Indiens ramassent le bois de brésil utilisé en Europe pour teindre les étoffes de pourpre. Dans l'Océan, le pavillon lusitanien flotte sur les îles Fernando de Noronha, Trinidade, Martin Vaz, ainsi que plus à l'Ouest sur les îles Ascension et Sainte-Hélène.

Flle V : L'ATLANTIQUE. Dessinée au verso d'une mer Méditerranée qui n'a pu être montrée, la carte de l'océan Atlantique était à l'origine repliée aux dimensions du recueil; l'enluminure est reine; seuls les rumbs

destinés au navigateur ne sont pas tracés. On perçoit que tout l'effort du cartographe s'est porté sur la représentation des rivages du Nouveau Monde comme l'indique le titre *Mundus Novus* inscrit en énormes capitales noires au bas du document à gauche. A l'Est, en effet, les côtes d'Europe et d'Afrique occidentales seulement esquissées, sont sans nomenclature; seuls des écus armoriés signalent états ou comptoirs. A l'Ouest, au contraire, apparaissent les terres nouvellement découvertes. La côte américaine est encore fragmentaire, morcelée, entrecoupée de zones blanches d'espaces inconnus. Les pavillons portugais et espagnols évoquent les appartenances politiques. Au Nord-Ouest, la *Terra Regalis* et la *Terra Frigida* figurent la côte orientale de Terre Neuve et partiellement celle de la Nouvelle-Écosse longées par les Corte Reale de 1500 à 1504; plus au Sud-Ouest, située à sa latitude exacte, est esquissée sous le nom de *Terra Bimene* une préfiguration de la Floride, non encore officiellement reconnue. Plus bas, on ne peut que s'incliner devant le remarquable tracé de la chaîne des grandes et petites Antilles, *Ante Yllas*, constellées de pavillons aux armes de Castille. Sur la *Terra Firme*, en Amérique du Sud, la côte dessinée jusqu'à la latitude de l'embouchure de l'Amazone reste sans nomenclature.

Cette carte fait apparaître que si la connaissance des côtes américaines demeure encore partielle, l'idée d'un nouveau continent s'est par contre nettement précisée.

20

OPERA DI GIOVANNI ANDREA VAVASSORE ditto Vadagnino. (Vers 1522.) 1 flle coloriée, 380 × 535 mm. — B.N., C. et pl., Rés. Ge.D. 7649.

Après la circumnavigation de Magellan, la confirmation de la forme sphérique de la terre entraîne les cartographes à la recherche de nouvelles projections; la mappemonde du graveur vénitien, J.A. Vavasseur, dont l'activité s'exerça de 1510 à 1572, en est un exemple parmi beaucoup d'autres. Sa carte est construite en projection pseudo-cordiforme comme l'indiquent la faible concavité de la région arctique et surtout la convergence de tous les méridiens au pôle austral. Autour de la carte sont disposées les figures classiques des douze vents. Sur le bord gauche, mention des degrés de latitudes jointe à celle des climats ptoléméens; sur le bord droit, indication de la durée maxima des jours selon les différents degrés; les longitudes sont signalées au bas de la carte et comptées de 5° à 190°.

Le tracé géographique représente les terres de l'Ancien Monde figuré selon le schéma ptoléméen des mappemondes de la Renaissance, mais avec certaines modifications destinées à mettre le schéma antique en harmonie avec les nouvelles découvertes; c'est ainsi que l'on voit apparaître à l'Ouest en un tracé plus que sommaire, l'Amérique du Sud *(Mundus Novus)* et le Brésil *(Terra Sanctae Crucis)* et à l'Est, au delà du *Sinus Magnus* antique *(Magno Seno)* un *Oceanus Orientalis* qui serait la préfiguration du Pacifique occidental atteint par les Portugais lorsqu'ils débarquèrent aux Moluques; l'Afrique d'autre part a pris forme.

Le style de cette gravure sur bois aux frais coloris, comme le tracé géographique encore rudimentaire donnent à penser que la carte de Vavasseur fut publiée dans les environs de 1522. Seulement cinq exemplaires de ce document plus décoratif qu'instructif sont connus à l'heure actuelle.

21

UNIVERSA AC NAVIGABILIS TOTIUS TERRARUM ORBIS DESCRIPTIO... Andreas Homo Cosmographus Luzitanus me faciebat Antverpiae... 1559. 10 flles vélin mss enluminées assemblées en une carte, 1 500 × 2 940 mm. — B.N., C. et pl., Rés. Ge.CC. 2719.

Ce magnifique exemplaire de la cartographie portugaise du milieu du XVIe siècle est le plus grand planisphère lusitanien de la Renaissance. Il est aussi la seule œuvre connue du fils de Lopo Homem, Andreas Homem, venu d'Anvers à Paris en l'année 1560, avec l'idée, semble-t-il, de se faire engager comme cosmographe du Roi par l'amiral de Coligny. Sa carte est conservée dans les archives françaises depuis lors; en 1924, elle fut versée à la Bibliothèque Nationale par le Ministère des Affaires étrangères.

Évoquant le partage du monde en deux parties égales, le cartographe trace la ligne de démarcation *(Linea Divisionis)* du traité de Tordesillas, signé entre la Castille et le Portugal en juin 1494, qui fixait à 370 lieues à l'ouest de l'archipel du cap Vert, le méridien idéal devant partager le monde en deux zones d'influence politique : portugaise à l'Est, espagnole à l'Ouest, comme l'indiquent aussi, dans le haut du document, les superbes écus armoriés. Cette ligne Nord-Sud passe par les bouches de l'Amazone, laissant le Rio de la Plata, Terre Neuve et le Labrador à l'Est; le reste de l'Amérique et l'océan Pacifique jusqu'aux Célèbes à l'Ouest.

Le système de rumbs est centré à l'intersection de l'équateur avec la ligne de démarcation; quinze roses ou demi-roses des vents en soulignent les contours. Indication des tropiques, des cercles polaires, et dans l'un et l'autre hémisphère, d'une échelle des latitudes graduée de 0 à 90°. Aux quatre coins du document, les échelles de lieues *(Tabula Leucarum)* sont inscrites dans des cartouches baroques décoratifs. En dessous ou au-dessus de chacun d'eux, des disques contiennent des tables de déclinaison solaire empruntées au pilote portugais, Fran-

cesco Faleiro, l'auteur d'un important traité de navigation publié en 1535 à l'usage des marins espagnols *(Tratado del Esphera y del arte del marear).*

Il est évident que le cartographe s'est entièrement dégagé de l'« Autorité ptoléméenne ». Son planisphère, fort élaboré, est uniquement fondé sur l'« Expérience » du marin, il témoigne en effet de la connaissance qu'avaient des diverses côtes du monde, les navigateurs européens du milieu du XVIe siècle; les tracés s'étendent de la presqu'île de Californie à l'Ouest, jusqu'aux îles Ryu-Kyu *(Insulae que dicuntur Lequios »* au large de la Chine à l'Est; seul le Japon *(Ynsula Siampagu)* conserve sa forme médiévale.

Cette très belle carte montre surtout que depuis 1434 où Gil Eanes a dépassé le cap Bojador « les marins portugais ont levé toutes les côtes de l'Afrique y compris Madagascar, une grande longueur des côtes de l'Asie et des îles de Malaisie, les côtes du Brésil, et cela d'une façon relativement exacte... Ce levé hydrographique... de plus de 60 000 km de côtes... constitue un travail formidable qui, à cause des difficultés de toute nature rencontrées — faibles navires, équipages trop souvent malades et toujours mal nourris... grossièreté des instruments d'observation employés... — est réellement unique... et mérite d'être admiré sans réserve... » (cf. D. Gernez, *Importance de l'œuvre hydrographique et de l'œuvre cartographique des Portugais au XVe et au XVIe s., Congresso do Mundo Português, Memorias,* vol. III, p. 488, Lisboa, 1940).

REPROD. EN COUL. PL. III

22

MAR DEL SUR. MAR PACIFICO. By Hessel Gerritsz. 1622. 2 flles vélin mss enluminées assemblées en une carte, 1 070 × 1 410 mm. — B.N., C. et pl., S.H. Archives n° 30,

L'auteur de cette carte décorative, né en 1580, était originaire d'Assum, petit village de la Hollande septentrionale. Après plusieurs années passées comme apprenti graveur chez W.J. Blaeu, le célèbre éditeur-auteur de cartes, globes et atlas, Hessel Gerritsz s'installe comme imprimeur, éditeur, graveur, à Amsterdam où il acquiert aussi une grande réputation de géographe. En 1617, il obtient la charge — et la garda jusqu'à sa mort (1632) — de cartographe près de la Compagnie des Indes orientales « Vereenigde de Oost Indische Company » ordinairement désignée par ses simples initiales, la « V.O.C. ». Comme responsable d'un grand service hydrographique officiel, Gerritsz suit au jour le jour le progrès des découvertes maritimes et a le souci constant de mettre à jour les cartes nautiques destinées aux navigateurs en partance. Celles-ci devant rester secrètes étaient laissées manuscrites. La grande carte du Pacifique aujourd'hui conservée dans les Archives de la Marine à Paris demeure l'un des plus beaux joyaux de cette production.

Sa luxueuse présentation ne doit point masquer la rigueur de l'information. Toutes les côtes et îles représentées sont celles reconnues au cours du XVIe siècle par les Portugais, les Espagnols et plus récemment par les Hollandais. A l'Ouest, sont situées avec une étonnante vérité globale, les côtes de Corée (Coray), de la Chine (Sina) jusqu'à Canton, et l'ouest de Bornéo. Au large, du Nord au Sud on reconnaît le Japon (Japan), les deux archipels des Philippines (i. Filipinas) et des Mariannes (i. Ladrones), baptisés par Magellan Arcipelago San Lazaro (1521). En dessous apparaissent les Célèbes, les Moluques, l'Indonésie orientale et la côte septentrionale de la Nouvelle-Guinée. A l'Est, faisant face à la rive asiatique, est dessinée la côte occidentale américaine depuis le nord de la Californie jusqu'à la Terre de Feu. Entre les deux rivages, le titre « Mar del Sur, Mar Pacifico » en grandes capitales dorées à la feuille, et une magnifique décoration de navires, en majorité néerlandais, ainsi que des embarcations polynésiennes, meublent avec harmonie l'immense plan d'eau qui est loin d'avoir encore révélé tous ses secrets. L'Australie en est la grande absente, et pourtant une légende inscrite à gauche, au-dessus du tropique du Capricorne, fait allusion à la navigation d'un certain capitaine Willem Janszoon; en 1605, il met à la voile sur la « « Duifken » ou Petite colombe, à destination de la Nouvelle-Guinée ; il en longe la côte méridionale puis, poursuivant sa route vers le Sud-Sud-Est, il rencontre entre le 9e et le 14e degré de latitude Sud une terre inconnue qui n'est autre que la rive occidentale de la péninsule du cap York où il fait relâche. Ce voyage marque le premier abordage authentifié d'un navire européen en Australie. Sur la carte d'Hessel Gerritsz, cette terre rencontrée porte, par une confusion facile encore à cette époque, le nom de Nueva Guinea. A travers l'océan on peut suivre l'itinéraire de la navigation de Lemaire et Schouten dont la route est tracée par le cartographe; ils furent les premiers, en janvier 1616, à doubler le cap Hoorn qui prit le nom de leur navire ; ils font relâche à l'île Juan Fernandez puis traversent le Pacifique dans la direction du Nord-Ouest en passant par les Tuamotou, les Samoa, les Tonga, les îles Salomon ; ils longent la côte septentrionale de la Nouvelle-Guinée qu'ils appellent Custe van de Papuas avant d'atteindre les Moluques, puis Batavia. Pour aider le navigateur, un système de rumbs centré sur l'équateur recouvre l'Océan. La rose des vents centrale et d'autres roses secondaires en soulignent les contours. Sur les bords de la carte, une échelle des latitudes est graduée de 60° Nord à 60° Sud.

Ce document, à jour des toutes dernières découvertes, est dédié au Conseil d'administration de la V.O.C. et à ce titre particulièrement orné. En haut à droite, sont peints les portraits des découvreurs du Pacifique : Núñez de Balboa, le premier à avoir vu de ses yeux la mer du Sud (1513); Fernão de Magellan, qui, après treize mois d'une navigation

hasardeuse, débouche dans un grand océan que, par contraste avec les dangers qu'il venait d'affronter, il nomme le « Pacifique » (28 nov. 1520); Jacob Lemaire enfin, qui contourna la Terre de Feu (1616). Au milieu est dessiné un petit planisphère dont la projection et les tracés diffèrent de ceux de la grande carte; il est construit sur les latitudes croissantes; la Californie est représentée comme une île; à travers l'Amérique du Nord, un passage maritime relie les deux océans, autant d'erreurs de tracés qui circulent en Europe depuis la publication à Londres, en 1622, du livre de Briggs, Traité du passage du Nord-West à la mer du Sud. A gauche un cartouche baroque contient les échelles. En bas, des figures allégoriques encerclent la signature et la date. Cette dernière aurait été retouchée en 1634 par le successeur de H. Gerritsz au poste de cartographe de la V.O.C.; il n'était autre que son ancien maître W. Jz. Blaeu. Peut-être est-il aussi l'auteur du petit planisphère ? Un cadre doré en trompe-l'œil, sur lequel sont inscrits les quatre points cardinaux, complète ce prestigieux tableau de marine de l'école cartographique néerlandaise, qui, au XVIIe siècle, prendra la relève de l'école portugaise.

Le Pacifique au XVIIIe siècle

Les figures de deux voyageurs français dominent l'histoire des découvertes dans le Pacifique au XVIIIe siècle.

Louis-Antoine de Bougainville (1729-1811) doit sa célébrité au fait d'avoir été reconnu officiellement comme le premier Français qui a accompli le tour du monde. De ce périple conduit en vingt-huit mois, il livre un récit de voyage dont le charme contribue au succès de son auteur.

Jean-François de Galaup de Lapérouse (1741-1788), au voyage inachevé mais suffisamment riche de découvertes pour mériter la gloire, est magnifié par le drame de son naufrage qui resta longtemps mystérieux.

23
LOUIS-ANTOINE DE BOUGAINVILLE. Journal de la campagne commencée le 15 9bre 1766 sur la frégate du Roi la Boudeuse que je commandois comme Capitaine de vaisseau avec lettres de service. 2 cahiers mss, 315 × 220 mm et 245 × 190 mm. — Archives nationales, Fonds Marine 4 JJ 142, n° 17.

Ce manuscrit écrit presqu'entièrement de la main de Bougainville est le journal de navigation qu'il tint pendant son voyage. Il comprend deux cahiers reliés en parchemin. Le premier va du 15 novembre 1766, jour du « Départ de la rivière de Nantes », au 31 mai 1768. Il contient notamment la relation du séjour à Tahiti, en avril 1768 : de nombreuses ratures révèlent l'émotion soulevée par cette escale. Le deuxième cahier s'arrête le 16 février 1769, après la relâche dans l'île de l'Ascension, dans l'Atlantique Sud.

La publication intégrale des journaux de navigation de Bougainville et de ses compagnons de voyage vient d'être réalisée par Étienne Taillemite, inspecteur général des Archives.

24

VUË DE LA NOUVELLE CŸTHERE decouverte par Mr de Bougainville commandant la fregate du Roy la *Boudeusse* et la flute l'*Etoille* en 1768. Dessin à la plume aquarellé, 130 × 210 mm. — B.N., C. et pl., S.H. Porteflle 176, d. 7, p. 1 D.

Moins d'une année après l'escale à Tahiti de l'Anglais Wallis, Louis-Antoine de Bougainville aborde le mercredi 6 avril 1768 la côte septentrionale de cette île. Le lendemain, dans son Journal de navigation, au folio 149, il écrit enthousiasmé : « La douceur du climat, la beauté du paysage, la fertilité du sol partout arrosé de rivières et de cascades, la pureté de l'air que n'infeste pas même cette légion d'insectes, le fléau des pays chauds, tout inspire la volupté. Aussi l'ai-je nommé la Nouvelle-Cythère et l'égide de Minerve y est aussi nécessaire que dans l'ancienne pour défendre contre l'influence et du climat et des mœurs de la nation ».

C'est probablement à l'ingénieur cartographe Charles Routier de Romainville, que l'on doit cette vue de la Nouvelle Cythère. Elle ferait donc partie des rares dessins effectués par Romainville pendant ce voyage, qui nous sont parvenus.

REPROD. EN COUL. PL. IV

25

LOUIS-ANTOINE de BOUGAINVILLE. Voyage autour du monde par les vaisseaux du Roy, la *Boudeuse* et l'*Etoile* en 1766, 1767, 1768 et 1769. 2 vol. mss, 370 × 280 mm. — Archives nationales, Fonds Bougainville, 155 A P 3 dr 3.

Ce manuscrit est la copie contemporaine du texte rédigé par Bougainville à son retour en France, et publié dès 1771 à Paris. Établi à partir du Journal de navigation, mais expurgé des observations et des termes techniques de marine, l'ouvrage connaît un très grand succès plus lit-

téraire que scientifique. En effet, une seconde édition augmentée voit le jour en 1772. Par ailleurs, les traductions se multiplient : un texte en anglais paraît notamment en 1772.

Ce sont les pages relatives à la Nouvelle Cythère qui piquèrent le plus la curiosité des lecteurs, et suscitèrent l'engouement des salons pour le « Jardin d'Eden » retrouvé.

Illustré de cartes et plans aquarellés, le manuscrit est ouvert à la planche où figure l'archipel de Bourbon, tome 2, page 80. Bougainville n'ayant pas fait le tour de Tahiti, seul le tracé de la côte Nord-Est de l'île est dessiné.

26

LOUIS-ANTOINE de BOUGAINVILLE. Voyage autour du monde, par la frégate du Roi la *Boudeuse*, et la flûte l'*Etoile* en 1766, 1767, 1768 et 1769. Paris, Saillant et Nyon, 1771. 260 × 200 mm. — B.N., Impr., Rés. G. 1259.

La reliure en maroquin rouge est aux armes de Marie-Antoinette.

— 1772. 2e éd. Ibid. 2 vol., 205 × 125 mm. — B.N., Impr., Rés. G. 2740-2741.

27

OCTANT de Louis-Antoine de Bougainville. 1761. — Musée de la Marine, 11 NA 58.

Avant la mise au point du chronomètre, la seule méthode pour obtenir la longitude en mer est de calculer les distances entre la lune et le soleil ou les étoiles. L'octant à réflexion, présenté en 1731 par l'astronome anglais John Hadley, ou le sextant, plus récent, permettent d'appliquer cette méthode de manière satisfaisante.

28

LOUIS-ANTOINE de BOUGAINVILLE. (Fin XVIIIe s.) Huile sur toile. 1 280 × 1 020 mm. — Collection comte de Bronac de Bougainville.

« Bougainville a le goût des amusements de la société; il aime les femmes, les spectacles, les repas délicats; il se prête au tourbillon du monde d'aussi bonne grâce qu'aux inconstances de l'élément sur lequel il a été ballotté. Il est aimable et gai : c'est un véritable Français lesté, d'un bord, d'un traité de calcul différentiel et intégral, et de l'autre, d'un voyage autour du globe ». Tel est le portrait brossé par Diderot dans son *Supplément au Voyage de Bougainville*.

29

GLOBE TERRESTRE dressé par ordre du Roi, par le Sr Robert de Vaugondy, 1751. Nouvelle édition corrigée et augmentée par l'auteur, géographe ordinaire du Roi, de S. M. polonaise, duc de Lorraine et de Bar, et de la Société royale des sciences et belles-lettres de Nancy, 1773. Paris, 1773. Diam. 460 mm. — B.N., C. et pl., Bibliothèque de la Société de géographie de Paris.

Bien que l'itinéraire du voyage de Bougainville (1766-1769) et du premier voyage de Cook (1768-1771) ne soient pas ici dessinés, les progrès que le grand navigateur anglais apporte à la connaissance générale du Pacifique sont enregistrés. Les premiers tracés de la Nouvelle-Zélande et de la côte orientale de l'Australie sont reportés sur ce globe, toutefois son auteur Didier Robert de Vaugondy n'y fait pas figurer les routes dont la représentation impliquerait en effet une opération de gravure sur tous les fuseaux du globe.

30

GLOBE CÉLESTE dressé par ordre du Roi en 1751, par le Sr Robert de Vaugondy. Nouvelle édition augmentée des constellations de Mr Delacaille... 1764. Diam. 460 mm. — B.N., C. et pl., Bibliothèque de la Société de géographie.

Les constellations que l'abbé de La Caille découvre dans le ciel austral, pendant ses observations au cap de Bonne-Espérance, en 1751 et 1752, sont représentées par des figures qu'il consacre aux Sciences et aux Arts : le Fourneau, la Pendule, le Réticule, l'Attelier du sculpteur, [le Microscope], l'Octans, la Mont.[agne] de la Table, le Triangle, la Règle et l'Equerre, [la Machine pneumatique], la Boussole, les Burins et le Chevalet.

31

LA *Flore* dite *Flore* américaine. Modèle de frégate. XVIIIe s. — Musée de la Marine, 13 MG 11.

Ce modèle de frégate a fait partie de la collection de Philippe-Egalité. Échelle 1/72e.

32

CARTE DE L'OCÉAN où sont tracées les différentes routes des navigateurs au tour du monde. 1785-1793. 3 flles mss aquarellées doublées de soie bleue, 625 × 1 625 mm, 595 × 1 820 mm et 625 × 1 820 mm. — B.N., C. et pl., S.H. Porteflle 175, p. 1².

Le titre du document relevé sur une étiquette collée au dos est insuffisant pour exprimer son caractère exceptionnel : il s'agit en effet de la carte générale de l'océan Pacifique dressée par ordre du Roi en 1785 pour le voyage de Lapérouse.

Deux autres exemplaires de cette carte sont conservés dans les collections du Service hydrographique de la Marine. Sur l'un d'eux (Porteflle 174, p. 1), une note écrite et signée par Fleurieu (1738-1810), directeur des ports et arsenaux et inspecteur adjoint du dépôt des cartes et plans de la Marine, permet une identification certaine : « Cette carte est la copie exacte de la carte manuscrite originale, dressée par ordre du Roi en 1785. Une copie semblable a été jointe aux instructions que sa Majesté a fait expédier le 26 juin 1785, à M. le comte de la Pérouse, pour le voyage de découvertes dont la direction lui a été confiée... »

C'est Buache de la Neuville (1741-1825), attaché au dépôt des cartes de la Marine et Premier géographe du Roi, qui dessine la carte en y traçant : « les routes connues de tous les navigateurs anciens et modernes, afin de rapprocher les découvertes récentes de celles qui ont été faites dans les siècles précédens, et de prouver, dans quelques cas, leur identité. » Puis il en fait exécuter cinq exemplaires. Deux sont remis aux commandants des frégates de l'expédition, Lapérouse et Fleuriot de Langle ; les trois autres au Ministre de la Marine, le maréchal de Castries, à Fleurieu, principal instigateur et organisateur du voyage, et enfin à Louis XVI. C'est l'exemplaire : « Provenant du cabinet du ci-devant Roi... » qui est ici présenté, parce qu'il est le plus complet. En effet, à l'itinéraire prescrit par le « Mémoire du Roi, pour servir d'instruction particulière... », et figuré par un gros trait noir frisé, le cartographe a ajouté à l'encre rouge la route effectivement suivie par Lapérouse. On remarque que la dernière partie de ce trajet manque, depuis la Chine, le Kamtschatka, jusqu'à la « Be de Botanique », en Nouvelle-Hollande. Une carte publiée dans l'Atlas du *Voyage de La Pérouse*, à la planche n° 3, permet de compléter aisément l'itinéraire. Enfin, un rabat fait apparaître les résultats de la reconnaissance des côtes du Nord-Ouest de l'Amérique du Nord.

A la veille du voyage de Lapérouse, dont le but principal est d'avancer « le grand ouvrage de la description complète du globe terrestre », la carte de l'océan Pacifique dressée par Buache de la Neuville est avant tout un catalogue des dernières incertitudes géographiques. En Océanie, il reste principalement à faire le relevé de la côte occidentale de la Nouvelle-Calédonie, de la côte méridionale de la Terre des Arsacides (une partie de l'archipel Salomon), à voir si la Louisiade se rattache à la Nouvelle-Guinée, et à visiter la côte méridionale de la Nouvelle-Hollande. En Asie, les Kouriles, les côtes du Japon, de la Corée et de Tartarie sont peu connues des Européens. En Amérique du Nord, une grande partie de la côte entre le Mont Saint Elie et Monterey est à explorer : sur la carte elle est dessinée en pointillés. L'objectif principal de la reconnaissance géographique des côtes asiatiques et américaines est d'organiser au profit de la France le trafic des fourrures, depuis l'Amérique du Nord vers le Japon et la Chine. La seconde partie du Mémoire du Roi, portant sur les « Objets relatifs à la politique et au commerce » ne laisse aucun doute à ce sujet.

Les progrès à réaliser peuvent paraître bien minimes si l'on mesure ceux qui ont été accomplis en moins de deux siècles depuis que Hessel Gerritsz a dressé en 1622 la carte du Pacifique (cf. notice n° 22). L'immense vide maritime n'a pas été meublé par le fameux continent austral dont l'existence a été démentie par les voyages de Cook, mais par des îles. Certaines sont gigantesques comme la Nouvelle-Hollande (Australie), ou minuscules comme celles qui composent les nombreux archipels polynésiens.

33

BOUSSOLE. XVIIIe s. Boîtier ivoire. — Société de géographie de Paris.

Cet objet a appartenu à Lapérouse.

34

L'*Astrolabe*. Modèle de corvette. 1817. — Musée de la Marine, 17 MG 14.

Lancée à Toulon en 1811 sous le nom de la *Coquille* et rebaptisée en 1825, en souvenir de l'*Astrolabe* de Lapérouse, cette corvette est célèbre par les voyages qu'elle effectua de 1822 à 1840 dans l'océan Indien et dans le Pacifique sous les ordres de Duperrey et de Dumont d'Urville.

Le modèle, qui porte la signature de François Hardy de Saint-Malo, est au 1/48e.

35

VUE DES CABANES DES NATURELS à l'anse de l'*Astrolabe*, par Louis Auguste de Sainson. 19 janvier 1827. Aquarelle, 225 × 420 mm. — B.N., C. et pl., Bibliothèque de la Société de géographie de Paris, Rés. Fol. 4, n° 4.

La Bibliothèque de la Société de géographie conserve 25 aquarelles et dessins de Louis Auguste de Sainson, exécutés à bord de la corvette l'*Astrolabe*, commandée par Dumont d'Urville, lors de son voyage autour du monde, à la recherche de Lapérouse, de 1826 à 1829. Ces aquarelles et dessins ont été donnés à la Société de géographie en 1945, par Émile Angenoust.

Cette scène, en Nouvelle-Zélande, est reproduite dans l'Atlas du *Voyage de la corvette l'Astrolabe*, Paris, 1833, pl. 38.

36

MAISON DES FEMMES DE PALOU, à l'instant où ce chef reçoit la visite de l'État-Major de l'*Astrolabe*, par Louis Auguste de Sainson. 9 mai 1827. Aquarelle, 225 × 315 mm. — B.N., C. et pl., Bibliothèque de la Société de géographie de Paris, Rés. Fol. 4, n° 12.

Palou est le chef du village de Moua, dans l'île de Tongatabou. Reproduction, *op. cit.*, pl. 68.

37

AIGUADE DU HAVRE CARTERET, par Louis Auguste de Sainson. 7 juillet 1827. Aquarelle, 225 × 440 mm. — B.N., C. et pl., Bibliothèque de la Société de géographie de Paris, Rés. Fol. 4, n° 11.

Hâvre Carteret est situé en Nouvelle-Irlande, une des îles de l'archipel appelé aujourd'hui archipel Bismarck. Reproduction, *op. cit.*, pl. 110.

38

ATTAQUE DES NATURELS sur la côte de la Nouvelle Guinée, par Louis Auguste de Sainson. 11 août 1827. Aquarelle, 225 × 400 mm. — B.N., C. et pl., Bibliothèque de la Société de géographie de Paris, Rés. Fol. 4, n° 15.

En gros plan est dessinée la corvette l'*Astrolabe*. Reproduction, *op. cit.*, pl. 111.

REPROD. EN COUL. PL. V

39

VUE DU VILLAGE DE NAMA, île Vanikoro, par Louis Auguste de Sainson. 27 février 1828. Aquarelle, 225 × 305 mm. — B.N., C. et pl., Bibliothèque de la Société de géographie de Paris, Rés. Fol. 4, n° 20.

C'est à une dizaine de kilomètres au sud de ce village situé sur la côte occidentale de Vanikoro que Dumont d'Urville retrouve en 1828, dans une passe du récif corallien qui entoure l'île, l'épave de l'*Astrolabe*, second navire de l'expédition de Lapérouse. Il faudra attendre 1962 pour que l'épave de la *Boussole*, le propre bateau de Lapérouse, soit repérée, dans une faille, à l'extérieur du récif barrière, à 1 800 mètres du lieu du premier naufrage.

Reproduction, *op. cit.*, pl. 183.

40

PIROGUE DE GUAP à la voile, archipel des Carolines, par Louis Auguste de Sainson. 4 juin 1828. Aquarelle, 200 × 325 mm. — B.N., C. et pl., Bibliothèque de la Société de géographie de Paris, Rés. Fol. 4, n° 23.

Cette aquarelle est inédite.

41

CLOCHE DE BORD DE LA *Boussole*. XVIIIe s. Diam. à la jupe 400 mm, hauteur 350 mm. — École navale de Brest.

En mars 1964, deux ans après la découverte du gisement de la *Boussole* par Reece Discombe, une mission de la Marine Nationale, à laquelle participe l'amiral de Brossard, identifie formellement la frégate de Lapérouse. Parmi les nombreux objets tirés de l'épave figure la cloche de bord.

La pénétration des continents

A peine les nouveaux continents sont-ils atteints par delà les mers que les Européens sont impatients de pénétrer ces terres inexplorées.

L'océan Pacifique est encore peu connu lorsque les pionniers partant des bases côtières pénètrent en Amérique, en Asie, en Afrique. Il ne s'agit pas ici de rappeler l'histoire de l'exploration des continents. Par quelques exemples choisis on a voulu seulement montrer comment les cartographes, en suivant les récits des voyageurs et les progrès des sciences géographiques, décrivent par l'image et le texte ces contrées nouvelles.

42

CARTE POUR SERVIR A L'ÉCLAIRCISSEMENT DU PAPIER TERRIER DE LA NOUVELLE FRANCE par Joannes Ludovicus Franquelin. 1678. 8 filles assemblées en 1 carte ms., 1 092 × 1 907 mm. — B.N., C. et pl., S.H. Archives n° 23 B.

Ce magnifique document est dédié par Jacques Duchesneau alors intendant de la Nouvelle France, à Colbert. Ce ministre qui contribua grandement au développement de la marine française, s'intéressa particulièrement aux établissements français d'outre-mer. La carte est signée et datée très modestement en petits caractères par Franquelin. On ne connaît pas très bien la vie de cet artiste devenu ingénieur-géographe du Roi. Originaire de la région de Bourges, il s'est fixé au Québec vers 1670, pour quitter ce pays dans les dernières années du XVIIIe siècle. Signant rarement ses cartes, son œuvre n'est certainement pas entièrement connue.

Le tracé des côtes est ici schématique; rumbs et roses des vents ne semblent être là que pour la décoration. Mais la représentation géographique du Saint-Laurent, la localisation minutieuse des points d'implantation française montrent une connaissance approfondie du pays. Franquelin paraît avoir été grand voyageur et bon observateur. Dans la légende explicative d'une carte datée de 1688 il fait d'ailleurs allusion à seize années d'observations au Canada.

Ce qui frappe dans ce document c'est la finesse du trait et la richesse de l'ornementation. Tous les vides dûs aux incertitudes géographiques sont comblés par des dessins pris sur le vif : portage de canoës, flore et faune très typiques (castors, orignaux...). La puissante musculature des deux sauvages du cartouche dégage une impression de force.

Cet art vivant, spontané, basé sur des observations attentives est celui d'un grand artiste et fait de cette carte un véritable tableau.

43

CARTE DE L'AMÉRIQUE SEPTENTRIONALE ET PARTIE DE LA MÉRIDIONALE depuis l'embouchure de la rivière St Laurens jusqu'à l'isle de Cayenne avec les nouvelles découvertes de la rivière Mississipi ou Colbert. (Vers 1681.) 1 carte ms. coloriée, 1 630 × 1 470 mm. — B.N., C. et pl., Rés. S.H. Portefille 122, d. 2, p. o.

Cette pièce qui appartient au dépôt des cartes de la Marine est l'une des plus belles que l'on possède sur l'Amérique du Nord; elle n'est malheureusement pas signée. Son auteur est à la fois un habile cartographe et un grand artiste comme en témoigne le dessin du cartouche. L'Amérique est représentée depuis le 60e degré de latitude Nord jus-

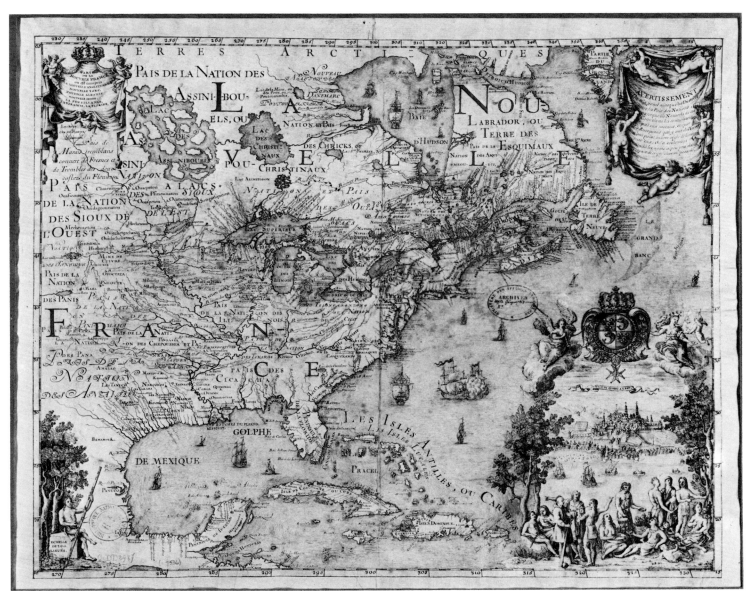

44

qu'au 4e degré de latitude Sud. Elle s'arrête à l'Ouest à l'entrée de la mer Vermeille (nord de l'océan Pacifique).

Comme l'indique le titre, le cartographe veut faire état des nouvelles découvertes de la rivière Mississipi. Trois noms dominent les tentatives d'exploration : ceux de Jolliet et du Père Marquette qui auraient descendu le cours du fleuve jusqu'au confluent de l'Arkansas en 1673, et celui de Cavelier de La Salle qui le premier en a atteint l'embouchure en 1682. Il est curieux de constater que sur la carte le tracé du fleuve s'arrête au confluent de l'Ohio situé nettement plus au Nord que celui de l'Arkansas.

Il semble en fait que le cartographe ait tenu compte ici des deux premières expéditions de La Salle; en 1669, selon certains historiens, il aurait descendu l'Ohio jusqu'au Mississipi en gagnant cette rivière par portage depuis le lac Ontario. En 1672, cherchant toujours à atteindre la mer Vermeille vers l'Ouest, il aurait descendu l'Illinois (rivière Divine puis Seignelay) jusqu'à son confluent avec le Mississipi.

Les partisans de Jolliet et du P. Marquette prétendent qu'en 1669 Cavelier s'est arrêté au cours supérieur de l'Ohio alors que leurs protégés ont bien découvert les premiers le Mississipi en 1673. D'autres contestent cette opinion.

La querelle née il y a trois siècles n'est pas tout à fait close aujourd'hui. On peut constater ici que le cartographe suit les partisans de Cavelier de La Salle. Ce dernier, convaincu par ses deux premières expéditions et celle de Jolliet et Marquette en 1673 qu'il n'était pas possible d'atteindre la mer Vermeille par les cours d'eau déjà explorés, modifie radicalement le but à atteindre. Il veut rallier pacifiquement à la France les contrées situées au sud des grands lacs jusqu'au golfe du Mexique en descendant complètement le Mississipi. Il prépare très minutieusement son voyage, en étayant tout d'abord ses bases arrières. En 1679 il construit le fort de Conty près de Grand Saut (chutes du Niagara) entre le lac Érié et le lac Frontenac (Ontario), et le fort des Miamis au sud du lac Michigan. En 1680 c'est le fort de Crèvecœur sur la rive gauche de la rivière Seignelay (Illinois). Ces trois forts sont signalés sur la carte qu'il faut donc dater entre 1680 et avril 1682 lorsque Cavelier atteint l'embouchure du Mississipi. Il repart vers le Nord dès le 10 avril, les vivres venant cruellement à manquer.

Il faut d'autre part signaler qu'un motif sur la gauche du cartouche et un autre dans le haut sont à peine esquissés, ce qui donne à ce véritable petit tableau un aspect inachevé.

44

CARTE DE LA NOUVELLE FRANCE où est compris la Nouvelle Angleterre, Nouvelle Yorc, Nouvelle Albanie, Nouvelle Suède, la Pensilvanie, la Virginie, la Floride. (Après janvier 1702.) 1 flle vélin ms. rehaussée de lavis, 475 × 635 mm. — B.N., C. et pl., Rés. Ge.DD. 2987 (8536).

Cette carte dont le dessin très minutieux est rehaussé de lavis est un document précieux, probablement l'œuvre de Franquelin. Elle donne la localisation des diverses tribus indiennes aux environs de l'année 1700. L'avertissement situé en haut et à droite précise : « On a seulement étendu les noms à peu près dans l'espace de ce que chacun possède. On a pas marqué les districts entre les pais des nations car les naturels ne les connaissent pas eux-mêmes. »

Le Mississipi est descendu entièrement par Cavelier de La Salle en 1682, mais son embouchure en partant de la mer n'est définitivement identifiée qu'en 1699 par Lemoyne d'Iberville. Les marécages du delta rendaient en effet cette reconnaissance très difficile. L'indication de « Fort-Louis », capitale de la Louisiane fondée par Iberville et Bienville au fond de l'estuaire de la Mobile en janvier 1702, ne permet pas de donner à cette carte une date antérieure.

Le cartouche est orné d'une ravissante « veüe de Québec à l'Est » et de scènes paisibles de la vie indienne. Ce petit chef-d'œuvre artistique est dédié au Grand Dauphin dont les armoiries figurent en place d'honneur.

45

ORTELIUS. Theatrum orbis terrarum. Antverpiae, A. Coppinium Diesth, 1574. — B.N., C. et pl., Rés. Ge.DD. 2005.

F. 61 : *Russiae Moscoviae et Tartariae descriptio* par Anthony Jenkinson. — Londini, 1562. En coul., 450 × 570 mm.

Abraham Ortelius (1527-1598) vécut à Anvers où il fut d'abord enlumineur de cartes. Les grandes maisons de commerce anversoises achetaient chez lui les leurs et le chargeaient parfois de leurs intérêts à l'étranger ce qui lui facilita la connaissance de la cartographie européenne. Après 1563 il semble se lancer lui-même dans l'élaboration de nombreuses planches. Pour en faciliter la consultation il décide de construire un atlas où toutes les feuilles auraient le même format. Il doit donc souvent adapter l'échelle de celles qui sont déjà publiées et construire les siennes propres dans les dimensions convenables. La première édition de cet atlas sera publiée en 1570, sous le titre : *Theatrum orbis terrarum*. S'il existait déjà des recueils de cartes publiés en volumes, la création d'Ortelius qui associait texte et cartes du monde entier est une réalisation sans précédent.

Cette carte de Russie est signée par Anthony Jenkinson, négociant anglais qui fit quatre voyages dans ce pays. En 1558, s'étant joint à une caravane, il descend jusqu'à Boukhara, nommée sur la carte « Boghar, urbs amplissima ». Dans la partie Sud du pays qu'il a luimême parcourue, les légendes en latin, traduites ici, sont abondantes : « De Mangousta (à l'est de la Caspienne) à Shaysure, il y a 20 jours de route sans aucun gîte d'étape, et avec une très grande pénurie d'eau. De Shaysure à Boghar, il y a la même distance mais la région est infestée de voleurs ». — « Samarcande fut autrefois la capitale de toute la Tartarie, mais elle est maintenant en ruines ». Dans le coin Sud-Est sont notées les préoccupations du voyageur géographe : « Cascara. A 30 jours de là vers l'Est commencent les frontières de l'empire du Cathay (Chine). De la frontière il faut 3 mois pour aller à Combalu (Pékin). »

Dans le prologue qui sert de commentaire à la carte, Ortelius indique les sources de Jenkinson pour les régions qu'il n'a pas traversées : Sigmund von Herbestein (1486-1566), diplomate allemand en poste à Moscou, auquel il faut ajouter Anton de Wied (1500-1558), artiste de Dantzig qui fit plusieurs cartes de Russie d'après les données fournies par I. Lyatskoi. Il précise aussi qu'il n'a pas représenté toute la Russie puisqu'il manque la Pologne et la Lithuanie considérées à cette époque comme d'obédience russe. Suivent les noms de tous les voyageurs dont les récits ont inspiré la partie droite de la carte.

On s'accorde en général à penser avec M. Bagrow que seule la partie gauche est l'œuvre de Jenkinson. La partie droite avec toutes ses légendes et scènes de mœurs aurait été ajoutée soit par le graveur, soit par Ortelius lui-même, peut-être pour que la carte atteigne le format désiré pour l'atlas.

En haut à droite, on nous explique que les « gens de cette région adorent le soleil ou bien un tissu rouge suspendu à un bâton ». En dessous sont dessinés des « rochers représentant des hommes, du bétail, etc. Ils étaient auparavant un peuple de pasteurs. Soudain hommes et bêtes furent changés en pierre. Ce prodige est arrivé il y a environ 300 ans ».

La scène la plus curieuse est celle qui concerne les Kergesses : « Pour célébrer le culte, leurs prêtres recueillent le sang, le lait et les excréments de jument et les mêlent à la terre. Ils mettent le tout dans un vase, et, juchés sur un arbre, renversent ce mélange sur la tête des fidèles. En guise de sépulture, ils suspendent les morts aux arbres ».

En haut à gauche se trouve le portrait de « Johannes, Basilius, grand empereur de Russie, souverain de la Moscovie ». Il règna sous le nom d'Ivan IV et fut le premier à prendre le titre de Tsar.

46
ATLAS RUSSIEN contenant une carte générale et dix-neuf cartes particulières de tout l'empire de Russie et des pays limitrophes construites conformément aux règles de la géographie et aux dernières observations par l'Académie impériale des sciences de St Petersbourg. Petropoli, Typis Academiae imperialis scientiarum, 1745. — B.N., C. et pl., Ge.DD. 4796 (207).

Pl. h.-t. : *Mappa generalis totius imperii russici.* 2 flles avec lim. en coul. assemblées en 1 carte, 590 × 1 000 mm.

Au début du XVIIIe siècle, Pierre le Grand résolut de donner une base scientifique à l'organisation de son empire. Correspondant de l'Académie des sciences depuis son voyage à Paris en 1717, il avait pu apprécier les connaissances astronomiques de Joseph Nicolas Delisle, frère de Guillaume Delisle géographe du Roi; en 1721 il l'invita à venir diriger un observatoire à St Petersbourg. Ce n'est qu'au début de 1726, sous le règne de Catherine Ire que le savant se rend dans cette capitale.

Pierre le Grand avait déjà confié à des géodésistes le soin de lever des cartes exactes de toutes les provinces; la géographie de la Russie était alors très mal connue ce qui occasionnait de grands inconvénients administratifs et militaires.

L'Académie des sciences nouvellement créée reçut la mission de diriger et coordonner tous les travaux. Delisle venant d'en recevoir la présidence fut donc le grand responsable de l'entreprise. Il réussit à former personnellement quelques géodésistes et obtint la communication de toutes les cartes et documents militaires déjà dressés. Quand il revint à St Petersbourg en 1740, à la suite d'un voyage en Sibérie, il apprit que la présidence de l'Académie des sciences lui avait été retirée. Dès lors il cessa de collaborer à l'établissement de cet atlas de Russie.

Revenu à Paris en 1747, Delisle déplore que l'*Atlas russien* avec les moyens considérables mis en œuvre ne soit pas d'une exactitude plus grande. L'œuvre des géodésistes était d'inégale valeur, et tous les documents recueillis à grands frais n'avaient pas toujours été utilisés. Il reste cependant que cet atlas constitue un immense progrès par rapport à la cartographie antérieure.

47
MERCATOR et HONDIUS. Atlas sive Cosmographicae meditationes de fabrica mundi et fabricati figura. Editio quarta. Amsterodami, typis aeneis Judoci Hondij, 1619. — B.N., C. et pl., Rés. S.G.A. 215.

F. 357 : *China.* En coul. 465 × 580 mm.

L'atlas universel du cartographe hollandais Mercator fut publié au lendemain de sa mort en 1595. Un de ses compatriotes Jodocus Hondius continua cette énorme entreprise. C'est probablement à la vente publique des biens de Mercator en 1604 qu'il acheta toutes les planches de la célèbre cosmographie pour la rééditer. Lui-même mourut en 1612

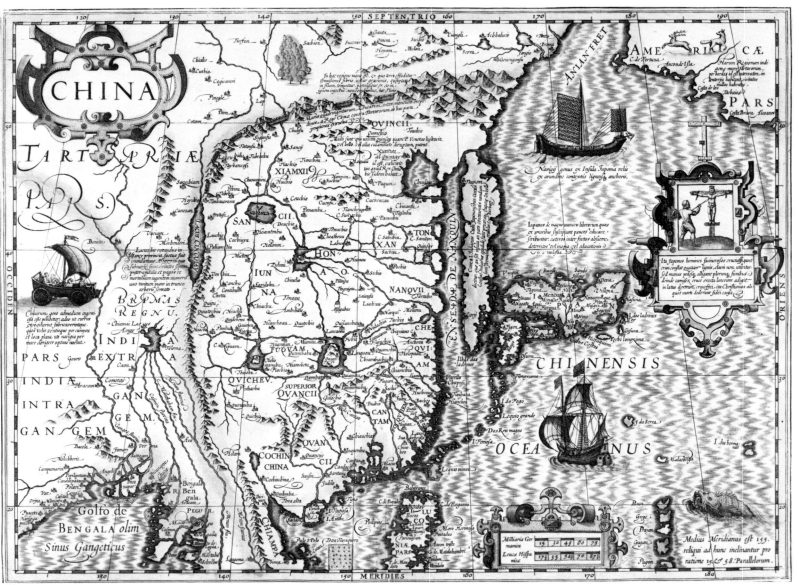

47

et cette quatrième édition publiée de 1612 à 1619 le fut par les soins de sa veuve et de ses fils.

D'inspiration portugaise pour le tracé des côtes, la cartographie de la Chine intérieure reflète une certaine fantaisie due à l'interprétation de récits de voyageurs dont le plus célèbre reste Marco Polo. Cette cartographie cependant est moins inexacte dans le sud du continent parcouru par les marchands hollandais.

La Grande Muraille de Chine est ici nettement dessinée au Nord, entre les montagnes et bastions naturels. Le réseau fluvial reste très anarchique et la Corée immense. Les chariots à voile, moyens de transport très utilisés dans les grandes plaines éventées sont fidèlement représentés.

Le tracé très archaïque du Japon est aussi d'origine portugaise. Si les Espagnols étaient aux Philippines en cette fin du XVIe s., les Portugais gardaient sous leur obédience le Japon et avaient une base commerciale importante à Nagasaki.

Depuis 1549, Saint François Xavier, puis d'autres Jésuites avaient converti au christianisme de nombreux Japonais. Mais le « Shogun », généralissime dictateur de ce pays, reprit à la fin du siècle toute son autorité longtemps bafouée. Il engagea la lutte contre ses « daïmos » ou seigneurs, souvent christianisés, qu'il jugeait trop indépendants. La persécution générale ne fut implacable qu'à partir de 1614; mais en février 1597 le Shogun voulut faire un exemple et frapper les esprits; vingt-six chrétiens, prêtres et néophytes, furent crucifiés devant une foule horrifiée, après avoir été promenés en procession macabre dans tout le pays. Les historiens affirment que les prédications sur la Passion du Christ donnèrent aux Japonais l'idée d'ajouter la croix à l'arsenal de leurs supplices.

La barque située au nord de la carte est typique des embarcations japonaises de l'époque. Les grandes voiles carrées sont tissées soit avec des bambous, soit avec des lattes de bois très fines. Le même genre de voiles se trouvait sur les énormes « boutres » chinois qui parcouraient l'océan Indien au XIVe s. en utilisant les vents réguliers de la mousson.

Il faudra attendre l'arrivée des Jésuites en Chine pour avoir une cartographie vraiment scientifique.

48
LA CHINE, la Tartarie chinoise et le Tibet, dressée sur les cartes particulières des RR.PP. Jésuites par le Sr d'Anville, géographe ordinaire du Roi qui y a joint le pays compris entre Kasghar et la mer Caspienne... 1734. 540 × 770 mm. — B.N., C. et pl., Ge.C. 6140.

En 1685, Louis XIV et Colbert, désireux de ne pas laisser aux seuls Portugais l'évangélisation et la connaissance géographique de la Chine,

décident d'envoyer en ce pays une mission française. Les six Jésuites choisis, membres de l'Académie des sciences, sont nommés « mathématiciens royaux », sont équipés de tous les instruments nécessaires et munis de fonds substantiels.

L'Empereur K'ang-hsi, irrité contre les chrétiens par la fameuse querelle des rites (pouvait-on laisser ou non les chrétiens chinois rendre hommage à Confucius ?) comprend malgré tout la nécessité absolue de posséder une carte exacte de son empire.

En juillet 1708, les missionnaires français de la cour de Pékin, aidés par des religieux d'autres nationalités, entreprennent le levé topographique de cet immense pays. La combinaison des mesures astronomiques et géométriques contrôlées par la triangulation, l'utilisation des cartes et documents chinois mis à leur disposition, leur permettent d'arriver dès 1718 à un résultat exceptionnel. Pour rendre cette « carte de l'Empire chinois » accessible aux savants d'Europe, les Jésuites envoient toute leur documentation au Père du Halde qui travaillait à une véritable encyclopédie de l'Empire chinois qui parut à Paris en 1735 sous le titre : *Description géographique, chronologique, historique et physique de l'empire de la Chine et de la Tartarie chinoise.*

C'est alors que le Père Du Halde confie les cartes originales des R.P. Jésuites à J.B. Bourguignon d'Anville, le cartographe le plus renommé de son époque. Comme l'indique cet auteur dans la préface de son atlas de la Chine, il copie trait pour trait l'édition chinoise originale, s'en tenant au même format. Seules les cartes du Thibet et de la Corée sont tracées d'après les récits de voyageurs ou de géographes coréens. La carte générale, à échelle réduite, qui est exposée ici et qui se trouve aussi en tête de l'atlas, est l'œuvre de d'Anville lui-même.

Jean-Baptiste Bourguignon d'Anville naît à Paris en 1697. Dès sa plus tendre enfance, passionné par la géographie, il étudie cette science avec avidité, dessinant des croquis sur tous ses cahiers d'écolier; il devient à vingt-et-un ans « géographe du Roi ». Dès lors, sa passion pour cette science l'entraîne non seulement à exécuter de nombreuses cartes, mais à entreprendre une collection qui devient rapidement la plus complète et la plus précieuse qui ait jamais existé. Louis XVI l'achètera en 1779, la destinant au Ministère des Affaires étrangères pour lequel des précisions topographiques sur les frontières étaient indispensables. Ce ministère la cèdera en 1924 à la Bibliothèque Nationale où cet ensemble de dix mille cartes constitue une des collections particulières les plus prestigieuses du Département des Cartes et Plans.

49
LES CÔTES DE LA CHINE. S.d. 1 carte ms. coloriée, 340 × 5 190 mm. — B.N., C. et pl., Rés. Ge.A. 358.

La carte représente la côte méridionale de la Chine, depuis la frontière de l'ancienne province de Cochinchine (partie Sud de l'actuel Vietnam) jusqu'au-delà des îles Song-Hou. Sur la partie située au sud de Macao exposée ici, sont portés des commentaires du P. Joseph Amiot.

Ce R.P. Jésuite est l'un des derniers survivants de la Mission française à Pékin. Arrivé en Chine en 1750, il y meurt en 1794. Il est profondément affecté de la suppression par le Pape en 1773 de la Congrégation des clercs réguliers de la Compagnie de Jésus, dont les membres sont remplacés en Chine par des Lazaristes. Il aidera de son mieux ces derniers. Possédant parfaitement les différentes langues parlées en ce pays, il reste dans sa patrie d'adoption où il poursuit de nombreux travaux scientifiques et devient correspondant de l'Académie des inscriptions et belles-lettres de Paris.

50

L'Afrique où tous les points principaux sont placés sur les observations de Messieurs de l'Académie royale des sciences par N. de Fer, géographe de Monseigneur le Dauphin. Paris, chez l'auteur, 1698. 4 flles assemblées en 1 carte, 960 × 1 210 mm. — B.N., C. et pl., Ge.DD. 2987 (7778).

Cette carte fait le point des connaissances officielles de l'époque. Son contour est orné de médaillons décrivant les mœurs réelles ou supposées des principales populations africaines. Elle a été gravée par Harmanus Van Loon, artiste hollandais qui vivait à Paris à cette époque. Nicolas de Fer obtiendra par la suite le titre de « géographe du Roi ». Il mourut en 1720.

51

Carte des environs de la rade de Glegoué ou Grégoire dans le Royaume des Oueïdas, vulgairement appelé Juda à la côte de Guinée en Afrique. Par Charles Pierre Joseph Bullet aumonier, curé du fort Saint-Louis et dépendances. (Après 1726.) 1 flle ms. coloriée, 935 × 550 mm. — B.N., C. et pl., S.H. Portefile 113, d. 4, p. 43.

Le Royaume des Oueïdas est situé à l'est du cours inférieur de la Volta qui se jette dans le golfe du Bénin, partie de l'actuel golfe de Guinée. La carte a été dessinée et peinte par le baron de Toussaint en des couleurs très violentes; l'échelle est de 1 : 94 000 environ.

Depuis le XVIe siècle, la côte occidentale de l'Afrique était fréquentée par des navires européens. Des forts destinés à soutenir les opérations de la traite des noirs s'étaient peu à peu élevés près de l'embouchure des fleuves permettant de remonter jusqu'aux villages de l'arrière

pays. Il suffit de ces quelques extraits de la *Table des renvois* du Père Bullet pour avoir une idée précise de l'organisation de la traite en Afrique au début du XVIIIe siècle :

« K. Guongi - Les Paturages, lieu où Yavogan reçoit les capitaines marchands qui viennent en traitte.»

« L. Glegoué - Résidence du Yavogan, second du Mehou, Ministre des affaires étrangères et du commerce, où se trouvent les quatre camps des Dahomès, Français, Anglais et Portugais... avec les trois forts de ces derniers... Chaque capitaine marchand qui vient en traitte établit son contoir dans la partie du village qui dépend de sa nation. »

« D. Corps de garde de la douane et barraques d'entrepôt des trois nations françoise, angloise et portugaise. »

Dans le *Précis pour servir à l'histoire du Royaume des Oueïdas*, l'auteur explique que, à défaut d'écrits, la seule source d'information est la tradition.

Les querelles perpétuelles entre les multiples chefs noirs font de part et d'autre de nombreux prisonniers, futurs esclaves vendus aux Blancs contre pacotille et verroterie. « Les Affriquains sont les chasseurs des Européens » conclue mélancoliquement le Père Bullet. Les marchands chargent cette cargaison humaine à destination de l'Amérique. Puis ils retraversent l'Océan avec les denrées exotiques si recherchées en Europe.

La partie droite de la carte est consacrée à la description géographique de cette contrée africaine.

52

Partie méridionale de l'Afrique depuis le tropique du Capricorne jusqu'au cap de Bonne Espérance contenant le pays des Hottentots, des Caffres et de quelques autres nations, dressée pour le Roi sur les observations de M. Le Vaillant par Mr de Laborde... 1790. 9 flles ms. coloriées, assemblées en 1 carte, 1 900 × 2 700 mm. — B.N., C. et pl., S.H. Portefile 114, d. 2, p. 26.

Jean-Benjamin de Laborde, valet de chambre du Roi, gouverneur du Louvre et fermier général reste surtout connu comme musicien, compositeur et auteur de chansons. Cet homme aux talents très diversifiés s'est aussi vivement intéressé aux récits des voyageurs; il en édita et illustra de nombreux. C'est probablement ce qui l'a amené, ainsi que son amitié avec des cartographes célèbres tels que Buache et Delisle, à composer quelques cartes géographiques souvent très belles et aujourd'hui rares. Celle-ci a été dessinée, pour la partie cartographique, par M. Perrier.

Cette carte est une illustration du voyage de François Levaillant en Afrique du Sud. Parti de Paris en 1780, ce naturaliste arriva au Cap

INCO A

Sneeuw Bergen ou Montagne

PAYS DE CA M DE BOO

CAMP CHEZ LES NAMAQUOIS

Ritt reebock

52

au printemps de 1781. Cette ville était devenue au XVIIe siècle la base navale de la Compagnie hollandaise des Indes. Les expéditions de reconnaissance organisées par le Gouverneur s'étaient rapidement limitées au pays des Hottentots. Les difficultés de ravitaillement avaient en effet incité les colons à opérer des razzias de bétail chez les Caffres, ce qui leur avait aliéné les populations.

De 1781 à 1785, François Levaillant va parcourir le sud de l'Afrique, seul Blanc accompagné de quelques fidèles Hottentots et d'animaux familiers, tel le coq apprivoisé qui lui servait de réveil-matin. Il découvre un grand nombre de mammifères, d'insectes, d'oiseaux, qu'il étudie et décrit scrupuleusement. De nombreux croquis accompagnent ses observations. Il raconte longuement dans ses mémoires comment le plus beau jour de sa vie fut celui où, ayant enfin aperçu des girafes, il réussit à tuer l'une d'elles; il put alors étudier à loisir cet animal jusqu'à cette date très mal connu.

Les cinq tableaux représentant des indigènes ainsi que les vignettes des quadrupèdes sont de Willem Van Leen, artiste hollandais qui faisait à cette époque de nombreux séjours à Paris. Les oiseaux sont l'œuvre de M. Reinold.

53
FRANÇOIS LEVAILLANT. Voyage de M. Le Vaillant dans l'intérieur de l'Afrique par le cap de Bonne Espérance, dans les années 1780, 81, 82, 83, 84 et 85. Paris, Leroy, 1790. — B.N., Impr., 4º o³ 25.

Récit du voyage qui a directement inspiré la carte d'Afrique du Sud de M. de Laborde.

54
A MAP SHEWING THE PROGRESS OF DISCOVERY AND IMPROVEMENT IN THE GEOGRAPHY OF NORTH AFRICA, compiled by J. Rennell. 1798. 2 calques mss coloriés, assemblés en 1 carte, 510 × 810 mm. — B.N., C. et pl., Ge.C. 7803 bis.

A la fin du XVIIIe siècle, les Européens ne connaissaient presque rien de précis sur l'intérieur du continent africain. C'est pour essayer de combler une lacune aussi importante que le major Rennell, ancien officier de l'armée des Indes, fonde à Londres en 1788 l'*African Society*. Organisation des reconnaissances sur les fleuves, recherche des voies de pénétration, aide financière et morale aux explorateurs, centralisation de tous les renseignements sérieux, tout est mis en œuvre pour atteindre ce but.

La première « Esquisse de la partie septentrionale de l'Afrique tracée en 1790 par le Major » comporte une série de vides impressionnants. La carte de 1798 fait état, comme l'indique son titre, des renseignements obtenus par les premiers explorateurs. Houghton fut malheureusement assassiné vers 1793 après avoir essayé de remonter le Niger. Mais Mungo Park put naviguer sur ce fleuve jusqu'à Ségou. Dans le pays de Bambara il rencontra un marchand venant de Tombouctou qui le renseigna sur l'itinéraire et la distance à parcourir pour parvenir à cette cité mystérieuse et ne lui cacha pas que son accès était impossible à tout chrétien. Mungo Park revint en Angleterre en 1797 après un voyage de deux ans avec une très riche moisson scientifique.

Le trajet de James Bruce, antérieur à la fondation de l'*African Society,* est aussi tracé sur cette carte. Envoyé par le gouvernement anglais, il voyagea de 1768 à 1772 à la recherche des sources du Nil qu'il crut avoir trouvées dans le Nil Bleu alors qu'il lui aurait fallu remonter le Nil Blanc pour arriver au lac Victoria.

Dans ses commentaires sur la construction de la carte d'Afrique, Rennell se réfère à d'Anville, le célèbre géographe et collectionneur de cartes du XVIIIe siècle, pour expliquer ses emprunts à Ptolémée et Idrisi dans la cartographie des sources du Nil. Prudent, le major anglais précise : « *Sources of the Nile according to Ptolemy and the Arabian geographers... Mountains of the Moon according to Ptolemy* ». Il faudra attendre 1860 avec Speke et Grant, pour élucider définitivement le mystère de la source de ce grand fleuve, mystère qui passionnait les hommes depuis l'Antiquité.

55
RENÉ CAILLIÉ. Notes et croquis. (1828.) — B.N., Mss., N. a. fr. 2621.

Pl. 68 : Tombouctou. Aspect général. 220 × 270 mm.

Pl. 73 : Tombouctou. Façade de la grande mosquée du côté de l'Est. Cases de Tombouctou. 170 × 235 mm.

Pl. 80 : Négresse, habitante de Tombouctou. 240 × 170 mm.

En avril 1828, René Caillié parvient enfin à l'accomplissement de son rêve : pénétrer dans Tombouctou. Depuis le XVe siècle, l'accès de la ville était farouchement interdit à tout homme blanc par les Maures et les Touaregs. Croisement des pistes sahariennes et africaines, cette cité mystérieuse enflammait l'imagination de tous les explorateurs africains. Plusieurs, tel Houghton et le major Laing qui le premier réussit en 1826 à pénétrer dans la ville interdite, furent assassinés. Park dut renoncer à s'avancer au-delà de Ségou.

L'exploit du Français est tel que longtemps la Société africaine de

Londres qui avait organisé des expéditions dans la région, refuse de croire à son témoignage. Jomard, fondateur en 1828 du « Dépôt de géographie de la Bibliothèque du Roi », devenu aujourd'hui le Département des Cartes et Plans de la Bibliothèque Nationale, va le défendre de toute son autorité de géographe déjà célèbre; il va d'ailleurs collaborer à la publication de son journal de voyage.

Il faut dire que René Caillié, fils d'un modeste boulanger, qui n'a pas eu la possibilité financière de prolonger ses études, a réussi ce qui semble à tous un exploit surhumain, au prix du reste de terribles souffrances. Ayant vécu plusieurs années au milieu des populations des confins sahariens, il réussit à maîtriser parfaitement la langue mandingue, et à se forger la mentalité d'un parfait musulman. Il comprend vite que la seule chance d'atteindre son but est d'afficher un dénuement absolu. Sa seule richesse sera un parapluie qui lui vaudra quelques considérations sans inquiéter les esprits soupçonneux et lui servira, le jour venu, de monnaie d'échange.

C'est sur des feuilles volantes glissées entre les pages de son Coran qu'il prend en cachette des notes. Ayant réussi à séjourner à Tombouctou chez un hôte ami, il pourra plus facilement circuler dans la ville. Pour effectuer ses croquis et rédiger les bribes de son journal, il se réfugiera souvent dans la tour de la grande mosquée.

Ces lavis d'où émane un charme indiscutable, permettent donc d'évoquer le courage et la ténacité exceptionnels de cet explorateur français.

CHAPITRE III

L'Espace contesté

Choix de cartes et plans militaires de la fin du XVIe au début du XIXe siècle

La découverte de la Terre n'a pas été toujours pacifique; elle a été accompagnée bien souvent de guerres. « L'espace découvert » devenait « un espace contesté ». Il n'était pas question de traiter d'une manière exhaustive un sujet aussi vaste; une sélection a été faite en choisissant généralement des cartes d'apparat dédiées à de hauts personnages : rois, empereur, princes, grands capitaines. Les batailles célèbres représentées ne sont que des épisodes de longues guerres, citons comme exemple la prise de Philippsbourg en 1644, qui s'insère dans la guerre de Trente ans. Des croquis de combats pris sur le vif, des plans de fortifications sont aussi exposés. En l'honneur de Bougainville, dont on fête cette année le 250e anniversaire de la naissance, il a paru intéressant de rechercher, outre des documents qui concernent son voyage autour du monde, des cartes ayant trait à sa carrière militaire dans l'armée de Terre et dans la Marine. Nous en avons trouvé pour les périodes où il était sous les ordres de Chevert, de Montcalm, d'Estaing, de Grasse, et aussi pour son expédition aux Malouines qui n'eut pas une fin heureuse puisque ces îles furent cédées par la France à l'Espagne. L'ordre chronologique adopté dans la présentation des documents permet de suivre les progrès de la tactique militaire et aussi ceux de la représentation du terrain exprimée par des cartographes célèbres tels que Beaulieu, Vauban, Barbier, Roussel, Bacler d'Albe et Calmet-Beauvoisin. Les militaires ont en effet contribué pour une large part au tracé cartographique exact du terrain (et par amplification, de la Terre), car ils sont obligés de confronter données scientifiques et données pragmatiques. La connaissance topographique précise des lieux est indispensable pour les manœuvres des armées. « Faites bien attention que la marche dans un pays ennemi offre des dangers plus grands et plus nombreux qu'une bataille même. Aussi est-ce dans la marche qu'un général doit redoubler de vigilance; et la première chose qu'il ait à faire est de se *pourvoir d'une carte exacte* de tout le pays dans lequel se trouve son armée, de manière à connaître les lieux, leur nombre et leurs distances, les chemins, les montagnes, les rivières, les marais et la nature de toutes les localités. Pour obtenir ces connaissances, il faut qu'il ait sans cesse autour de lui, et sous divers titres, *des personnes qui connaissent la contrée;* qu'il les interroge avec soin, qu'il compare leurs renseignements, et qu'il prenne note de ceux qui se rapportent. Il enverra sur les devans de la cavalerie commandée par des *officiers* prudents, moins pour découvrir l'ennemi que *pour reconnoître le pays, et voir s'il est conforme aux cartes et aux renseignements qu'on lui a donné.* »

Ainsi parlait Machiavel (*L'Art de la guerre*, Livre V, p. 233-234).

Forteresses indiennes

56
JEAN-THÉODORE DE BRY. Admiranda narratio, fida tamen, de commodis et incolarum ritibus Virginiae, nuper admodum ab Anglis, qui a Dn. Richardo Greinville, ... eo in coloniam anno 1585 deducti sunt, inventae, sumtus faciente Dn. Waltero Raleigh... anglico scripta sermone a Thoma Hariot... Francforti ad Moenum, typis J. Wecheli, sumtibus T. de Bry, 1590. 360 × 260 mm. — B.N., C. et pl., Ge.FF. 8182-3.

En 1585, une flotte commandée par sir Richard Grenville, un ami de sir Walter Raleigh fit voile vers la Virginie découverte l'année précédente et baptisée ainsi en l'honneur de la reine Élisabeth surnommée « *Virgin Queen* ».
XIX : *Oppidum Pomeiooc.* Le texte qui accompagne la gravure signale qu'en Floride on trouve des lieux fortifiés semblables à ceux de la Virginie. Les différents éléments de la forteresse Pomeiooc, sise en Virginie, sont décrits : une clôture de pieux en forme de cercle, solidement enfoncés dans le sol la protège; à l'intérieur, dans le fond à droite, la

lettre A, désigne le temple, avec son toit de roseaux, il est sans fenêtre, et ne reçoit la lumière du jour que par la porte. La lettre B renvoie à la demeure du chef; elle est construite avec des pieux entrecroisés, un toit de roseaux; un volet qui peut se rabattre permet au jour de pénétrer. Au milieu, les indigènes célèbrent la fête du feu. « C » désigne un réservoir construit à proximité du camp. Cet « oppidum » est un type primitif de la ville fortifiée.

57
JEAN-THÉODORE DE BRY. Americae pars sexta, sive Historiae ab Hieronymo Benzono... In hac... reperies, qua ratione Hispani opulentissimas illas Peruani regni provincias occuparint, capto Rege Atabaliba deinde orta inter ipsos Hispanos in eo regno civilia bella... Omnia elegantibus figuris in aes incisis expressa a Theodoro de Bry. (Francofurti ad Moenum, formis T. de Bry), 1596. 360 × 260 mm. — B.N., C. et pl., Ge.FF. 8187-8189.

Ad Cap XIX : *Hispani Indos domicilia in arboribus habentes oppugnant.*

Ces Indiens du Pérou, établis sur les plages marécageuses du Pacifique, pour se mettre à l'abri de l'humidité, élisent domicile sur des arbres géants; le tronc en est énorme, quatre hommes ont du mal à l'enlacer. Nous voyons sur cette gravure des Indiens, réfugiés sur un de ces arbres, attaqués par des Espagnols; de prime abord on a l'impression d'une scène de chasse, de bêtes traquées, tant semble dérisoire la défense des Indiens par rapport aux Espagnols armés de lances et de fusils. Les soldats commencent à rire en les voyant, mais ils déchantent vite, car les énormes pierres lancées par les Indiens, de cet arbre élevé, ne manquent pas leur but et font des ravages dans les rangs ennemis.

Cette gravure dans son aspect naïf, nous montre toutefois les principes immuables d'un siège : attaque des assiégeants, défense des assiégés dans leur refuge plus ou moins fortifié.

Batailles sous Louis XIII

58
PLAN DU SIÈGE DE MONTPELLIER dirigé par Louis XIII en 1622. 1 flle ms., 590 × 450 mm. — B.N., C. et pl., Ge.DD. 4121 (145).

Orientation inversée. Plan dessiné à la plume. On voit la ville et ses fortifications avec la « corne du Peirou » et la « corne St Denis »; dans la campagne, aux bords du Lez, la maison et la tour du « quartier du Roy »; un peu plus loin « le quartᵣ de Mr de Montmorency ». Indication des ponts et des gués.

Cette carte illustre à merveille un texte du *Mercure françois*, 1622-23, t. 8, p. 212 :
« L'armée se campe devant Montpellier. La tour que le Roy fist bastir pour voir les attaques : Le premier septembre l'armée vint camper dans les Olivettes sur le costau, à la veüe de Montpellier. Le Roy se contenta d'une petite maison de bourgeois à la portée du canon & y fit bastir une tour carrée assez haute, pour voir les attaques. »
La comparaison des écritures et du dessin a permis au P. de Dainville d'attribuer ce plan au sieur Fabre « ingénieur ordinaire aux fortifications de France de nos camps et armées ». (Cf. M.-A. Vannereau, *Catalogue de l'exposition des cartes anciennes du Languedoc* et F. de Dainville, S.J., *Cartes anciennes du Languedoc, XVIᵉ-XVIIIᵉ s.*)
Cette carte est un exemple remarquable de croquis pris sur le vif.

59
CARTE DU VIVAREZ FAICTE PAR P. BERTIUS, cosmographe du Roi, sur les Mémoires de Monsʳ de Pras. [1º lat. = 0,370 m; 1:300 000 env.]. 1626. 1 flle parch. ms. en bistre et rouge, 550 × 530 mm. — B.N., C. et pl., Rés. Ge.C. 21592.

En bas de la carte, dans un cartouche, notice : « Le Vivarez a son estendue le long du Rhosne »...; sous le cartouche, on a ajouté la note suivante : « Tout ce qui est marqué de rouge est occupé par les rebelles l'an 1626 ».

Pierre Bertius et Monsieur de Pras sont deux protestants convertis de fraîche date au catholicisme. Le premier, un Hollandais obligé de fuir son pays en raison de ses opinions sur la prédestination, se réfugie en France où il se convertit en 1620. En 1618, Louis XIII l'avait nommé cosmographe du Roi; Bertius lui avait dédié son *Theatrum geographiae veteris*. Quant à Pierre Marcha, seigneur de Prat, c'est un Français, un Languedocien, converti en 1617, avec solennité « en présence du Roi et des princes et assemblée de notables du Royaume » dans la cathédrale de Rouen où Louis XIII était venu pour le Jubilé (cf. M. Foncin, *Une Carte manuscrite du Vivarais en 1626 par Pierre Bertius,* actes du 89ᵉ Congrès des sociétés savantes, Lyon, 1964, pp. 159-166).
Cette carte fait le point de la situation politique et religieuse du Vivarais en 1626. Les protestants occupent cinquante-sept localités : en résumé, l'intérieur du pays. C'est un exemple de l'espace contesté pour des raisons religieuses.

60
PLAN AU VRAY DE LA VILLE ET CITTÉ D'ARAS avec ses forts et lignes de circonvalation, approches et attaques de la ville par les armées du Roy, comme aussy de l'attaque des lignes par les ennemis. Gravée et imprimée par le commandement de Sa Majesté par Melchior Tavernier. Aº 1640. Echelle de 200 thoises [= 0,035 m; 1:11 000 env.]. Paris, Melchior Tavernier, 1640. 960 × 950 mm. — B.N., C. et pl., Ge.B. 871.

Titre en haut à droite dans un cartouche ornementé, en forme d'écusson, suspendu aux branches d'une futaie de hêtres, à l'orée de laquelle sont trois cavaliers en armure. Un texte explicatif figure au bas de la carte.

Citons quelques-uns des faits précis qu'on y rapporte : « Sera remarqué que le siège fut mis devant icelle place le 13 juin 1640 par messieurs les mareschaux de Chaume, de Chastillon, & de la Meilleraye, avec une armée de vingt-cinq mille hommes de pied, & neuf mille chevaux, & la ville se rendit le 10... Et pour conclusion elle a esté prise à la veüe de l'armée ennemie, qui estoit de plus de trente mille hommes. » Donc malgré leur

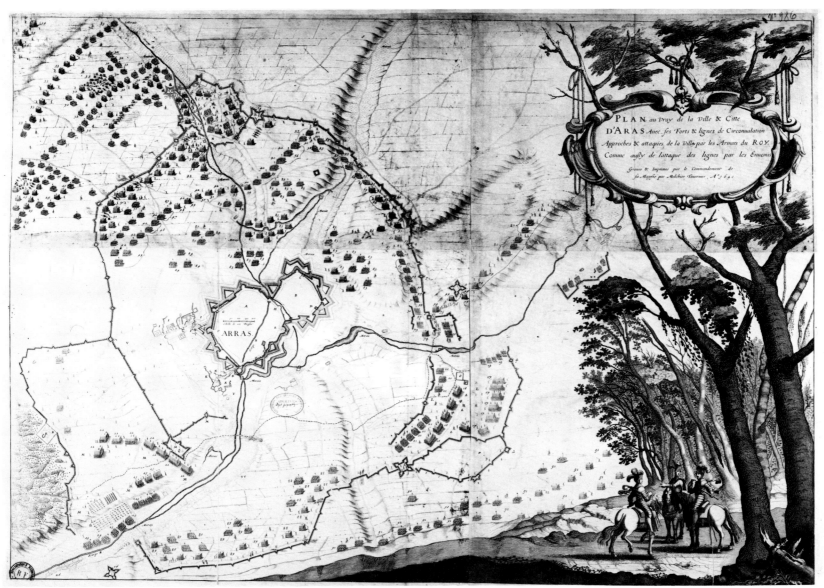

PLAN au Vray de la Ville & Citté
D'ARAS Auec ses Forts & lignes de Circonualation
Approches & attaques de la Ville par les Armées du ROY,
Comme aussy de lattaque des lignes par les Ennemis

Graueé & Imprimeé par le Commandement de
sa Majesté par Melchior Tauernier A° 1640.

ARRAS

infériorité en nombre, les troupes de Louis XIII ont été victorieuses. Les trois cavaliers en armure et empanachés qui décorent la carte sont certainement les trois maréchaux français victorieux. Le premier, Honoré d'Albert, duc de Chaulnes était le frère de Charles-Albert de Luynes, favori de Louis XIII. Le second, Gaspard III de Coligny, marquis puis duc de Chatillon « était un homme obèse, brutal incommode, débauché, joueur; Richelieu, auquel il refusait de donner du Monseigneur le détestait, mais ne pouvait se passer de lui car il était le seul maréchal de France à connaître l'art de la guerre »; il avait été à l'école du célèbre Maurice de Nassau (cf. Roman d'Amat, *Dictionnaire de biographie française*). Le troisième, Charles de La Porte, marquis, puis duc de La Meilleraye, était le cousin germain de Richelieu; on le considérait comme un excellent officier surtout dans l'art des sièges.

L'auteur du plan, Melchior Tavernier, dans l'adresse qui figure au bas du document, donne lui-même les éléments de ce que nous pourrions appeler sa carte d'identité : « A Paris, chez Melchior Tavernier, idrographe, graveur & imprimeur du Roy pour les cartes géographiques, & autres tailles-douces, demeurant en l'Isle du Palais, sur le quay qui regarde la Megisserie, à la Sphère Royalle. »

Le contexte historique de ce siège est la guerre qui se poursuit entre les Maisons de France et d'Espagne.

Plans de batailles et cartes au temps de Louis XIV

61

LA GLORIEUSE CAMPAGNE DE MONSEIGNEUR LE DUC D'ANGUYEN commandant les armées de Louis XIIII, roy de France et de Navarre, et les victoires remportées sur les Impériaux et Bavarrois avec la prise de Philipsbourg et de vingt autres places en Allemagne en l'année 1644. Échelle du plan et des lignes 300 th. [= 0,062 m; 1:9 500 env.]. A Paris, chez Anthoine de Vauconsains, à l'entrée de la grande salle du Palais. 12 flles assemblées en 1 carte, 1 280 × 1 200 mm. — B.N., C. et pl., Ge.A. 793.

Plan du siège de Philippsburg entouré des vues de *Liechtenau, Beingen, Oppenheim, Dourlach, Landaw, Wormes, Baden, Creutzenach, Bacharach, Neustadt, Spire, Mayence*. Dans la moitié inférieure de la carte : « Les combatz donnez devant la ville et chasteau de Fribourg en Brisgau et les attaques des forts et retranchements faicts autour d'icelle par l'armée bavaroise et les avantages remportez sur ladicte armée par Monseigneur le duc d'Anguien les 3, 5 et le 10 aoust 1644. Par le Sr de Beaulieu,

ingénieur et géographe ord^{re} du Roy ». Encadré de deux bandes de texte : « Extraicts des mémoires du Bureau d'addresse ». Portrait du duc d'Enghien.

Ce magnifique document, à la fois cartographique et iconographique a été dressé par Beaulieu à la gloire du duc d'Enghien, le futur Condé. Voici comment Charles Perrault décrit Louis de Bourbon, prince de Condé, dans *Les Hommes illustres* : « Sa taille au-dessus de la médiocre, aisée fine et délicate, luy donna beaucoup de grâce à danser, à monter à cheval, à faire des armes et à tous les autres exercices militaires. Il avoit l'air grand, fier et affable tout ensemble, beaucoup de feu dans les yeux, et une physionomie qui tenoit de l'aigle ». Perrault rappelle le jugement, porté par Richelieu dès 1641 : « Ce sera le plus grand capitaine de l'Europe et le premier de son siècle. »

1644 : Le duc d'Enghien a vingt-trois ans, il est chargé par Mazarin de commander l'armée d'Allemagne. Admirablement épaulé par Turenne, son aîné, âgé de trente-trois ans, il va opposer sa fougue et son audace à l'habile stratégie de Mercy, le chef de l'armée bavaroise.

1644 : Fribourg-en-Brisgau, Philippsburg... ces batailles ne sont que des épisodes d'une des principales guerres du XVIIe siècle, la guerre de Trente ans, guerre religieuse qui opposait catholiques et protestants, mais surtout guerre politique qui assura la prépondérance française sur l'Allemagne.

Beaulieu, le dessinateur de la carte est aussi un personnage hors du commun. Sébastien de Pontault de Beaulieu, né vers 1612, commença dès l'âge de quinze ans une brillante carrière militaire. Grâce à sa bravoure, il fut nommé successivement commissaire d'artillerie, contrôleur général d'artillerie de l'Armée, contrôleur provincial d'artillerie dans le pays d'Artois. Le duc d'Enghien voulut l'avoir auprès de lui. A Philippsburg, il eut le bras droit emporté comme il est relaté dans la notice qui accompagne la carte : « Le 29 à la pointe du jour le sieur de Beau-lieu, ingénieur du Roy, avec cent hommes tirez de tous les corps, alla relever les travailleurs de l'attaque de S.A. Où estant sur les 8 heures du matin, les assiegez, au nombre de cent chevaux et de 150 mousquetaires sortirent sur eux, tuèrent la plupart de nos travailleurs, les dits assiegez estans favorisez de leur canon, l'un desquels emporta d'un seul coup une teste et cinq bras droits, à sçavoir, un au sieur de Beauvais, capitaine au Régiment de Persan, l'autre audit sieur de Beaulieu, qui faisoit travailler à la tranchée, et qui de sa main gauche vous a tracé ce plan. Les autres trois bras furent emportez à trois soldats ». Après ce malheur Beaulieu n'en continua pas moins ses services en tant que soldat et dessinateur. Il traçait ses dessins de la main gauche, ils étaient ensuite transcrits sur le cuivre par des graveurs. *Philipsbourg* porte les signatures de Stefano della Bella et Noël Cochin. Beaulieu « mourut le 10 aoust 1674, après avoir été honoré par le Roy, de son ordre de Saint-Michel et de la qualité de mareschal de ses armées » (cf. Charles Perrault, *op. cit.*). Ses œuvres furent réunies par sa nièce Madame des Roches (Reine de Beaulieu) sous le titre : *Les Glorieuses conquêtes de Louis le Grand.*

Par une étrange aberration, le colonel Berthaut, à la suite du colonel Augoyat dénie à Beaulieu le titre de Maréchal des camps des armées, ceci sans explication (cf. Berthaut, *Les Ingénieurs géographes militaires 1624-1831*). Par contre, nous sommes d'accord avec ces deux auteurs quand ils disent que les plans de Beaulieu appartiennent plutôt à la perspective cavalière qu'à la topographie militaire.

Dans la carte exposée, Beaulieu a su évoquer d'une manière étonnante deux batailles par deux procédés différents : vue de la ville et soldats au combat pour Fribourg-en-Brisgau; plan de la citadelle et signes conventionnels pour la disposition des armées pour Philippsburg. Le tout exécuté en deux tableaux superposés.

62

Mre Sébastien de Pontaut, seigneur de Beaulieu, chevalier de l'ordre de St Michel, 1er ingénieur du Roy et maréchal de camp és armées de sa Majesté. Pesné pinx. Lubin sculp. 1 portrait gravé, 500 × 360 mm. — B.N., C. et pl., Ge.DD. 224.

Un septain signé « Bosquillon » résume la vie glorieuse de Beaulieu mise au service de Louis XIV, et souligne son œuvre de dessinateur :

« Né pour les sièges, les combats,
Jeune, vieux, sain, blessé, jusques à mon trépas,
J'ay suivi par tout la Victoire
Sous les etendarts de Louis,
Et nos derniers neveux au temple de Mémoire
Trouveront de ma main un crayon de la gloire
Qu'il a sçeu remporter par cent faits inouïs. »

Ce portrait n'est pas daté. L'expression « jusques à mon trépas j'ay suivi par tout la Victoire »... prouve qu'il s'agit d'une épitaphe et que ce portrait a été gravé par Lubin entre la mort de Beaulieu, 1674, et sa propre mort, 1695, en toute vraisemblance pour l'édition posthume des *Glorieuses conquêtes de Louis le Grand,* publiée par Reine de Beaulieu entre 1676 et 1694.

63

Le siège d'Arras levé par la défaite des ennemis. 1654. Échelle de 150 toises [= 0,064 m; 1:4 700 env.]. Dessiné sur les lieux par ordre du Roy, et présenté à Sa Majesté. A Paris, par le Sr de Beaulieu-le Donjon, ingénieur et géographe ordre du Roy, et ayde de ses camps et armées. Avec privilège, 1655. N. Cochin sculpsit. 1 950 × 2 600 mm. — B.N., C. et pl., Ge.A. 515.

En haut, vue de la bataille représentée de profil. En bas, plan de la

Corne de Guiche, 50 toises [= 0,082 m; 1 : 1200 env.], et deux vues : *Prise de St Paul* et *Prise du Mont St Eloy.* En médaillons, portraits d'Anne d'Autriche, de Louis XIIII, du duc d'Anjou, de Mazarin, de Turenne, de la Ferté Senneterre et d'Hoquincourt, ces quatre derniers avec leurs armoiries sur des papillons collés. J. Frosne sculpsit. Encadré de texte en français et en latin : « Arras secouru par l'armée françoise le jour de S. Louis en l'année 1654. Extrait des Mémoires des généraux ». Signé « La Mesnardière » et « Mesnarderius e Gallis Academicus ». A Paris chez le sieur de Beaulieu, ingénieur ordinaire du Roy, sur le quay des Grands Augustins près le grand portal de l'église, au bout du Pont-Neuf, avec privilège du Roy, 1656.

1654 : La lutte contre la maison d'Autriche continue. Le turbulent Condé, « frondeur » non encore repenti est passé au service de l'Espagne. Il vient assiéger Arras; Turenne l'oblige à la retraite. La Mesnardière, dans la notice jointe au plan de la bataille, indique la stratégie employée par Turenne, qui est une véritable « ruse de guerre ». « Le mareschal de Turenne alla reconnoistre le quartier du prince de Condé, comme s'il eût dessein de donner de ce costé-là. Les autres généraux (Hoquincourt et La Ferté) se servirent de la même ruse estans tous demeurez d'accord de faire partout de fausses attaques pour couvrir les véritables... Les generaux estoient demeurez d'accord qu'ils donneroient tous trois en même temps ».

Turenne avait l'affection et la confiance de ses soldats, c'était un meneur d'hommes. Nous en donnerons pour preuve la prise d'Arras : « Le sieur Fisica, capitaine au Régiment de Turenne, ayant des premiers gaigné le haut (d'un des bastions), prit un de ses drapeaux et l'y planta; et criant « Vive Turenne » anima tellement tous ses compagnons, qu'ils commençaient, avec une émulation incroyable à arracher les picquets, à combler les fossez et à miner les parapets ».

Quant à Condé, il force l'admiration de ses ennemis; grand stratège, c'est aussi le grand seigneur hautain, bravant la mort; il a vraiment fière allure. « La fidélité de nos Mémoires avoüe que le prince de Condé rendit alors un signalé service à l'Espagne... Le mareschal de Turenne... faisant rouler deux canons devant soy marcha droit à luy [Condé] qui sembloit aller changer la fortune de la guerre. Le Prince tourna teste fièrement à son arrivée; et refit encore plusieurs r'alliemens devant nous, avec un ordre et un courage qui mériteroient de grans eloges, s'il eut combattu pour son Roy » (cf. La Mesnardière).

Bref, peu s'en fallut que Condé ne remportât la victoire, n'était-ce l'intervention surprenante de Turenne. La prise de guerre fut importante : « 63 pièces de canon, 5 000 tentes ou pavillons; 2 000 charriots, 25 carrosses, 8 000 chevaux »; toute la vaisselle d'argent des ennemis y compris celle du prince de Condé ; « 3 000 prisonniers ; les morts passèrent le nombre des prisonniers » (cf. La Mesnardière).

La galerie de portraits remarquables qui entoure le plan d'Arras, fait revivre pour nous encore plus intensément cette époque. La Monarchie et l'Armée y sont représentées : Anne d'Autriche et ses deux fils, les trois hommes de guerre, héros de la bataille, sans oublier le subtil meneur du jeu politique, le cardinal Mazarin.

Le dessinateur de ce plan, Beaulieu, étant le même que celui du siège de Philippsbourg, voir à son sujet la notice n° 61.

64

AFTEYCKENINGE VAN DE STADT MACASSAR... 8 Juny An° 1660... Fred Woldemar me fecit. 1660. 1 flle parch. ms. coloriée, 770 × 970 mm. — B.N., C. et pl., Société de géographie de Paris, Y. 832.

Dessin de la ville de Macassar, avec ses châteaux et ses fortifications, qui montre comment ceux-ci furent détruits et réduits en cendre le 8 juin 1660. Y figurent les vaisseaux marchands portugais bombardés et brûlés par les navires de guerre hollandais, le fort méridional de Pannacoque pris d'assaut et occupé sous le commandement du major Johan Van Dam et de Johan Treugtman. — Collection du prince Roland Bonaparte léguée à la Société de géographie.

« La représentation de ce combat naval illustre l'attaque par les Hollandais du comptoir portugais établi à Macassar depuis 1525; les Hollandais désireux de s'approprier le commerce des épices et en particulier celui du girofle et de la muscade, entreprirent en 1660 d'arrêter ce trafic, et parvinrent à chasser leurs concurrents de l'île » (cf. Foncin, M. Destombes et M. de La Roncière, *Catalogue des cartes nautiques sur vélin conservées au Département des Cartes et Plans*).

En étudiant l'iconographie de ce plan, on fait des observations très intéressantes. Tous les navires ont hissé le pavillon hollandais, ce qui prouve la reddition complète de la flotte portugaise. Le bateau n° 33 un navire portugais, le *Madre dios de los Remedios,* a hissé le pavillon hollandais, mais traîne le pavillon portugais. « Après un combat, l'usage était que, en signe de victoire, le pavillon du navire vaincu fût traîné dans le sillage du bâtiment vainqueur » (cf. A. Jal, *Glossaire nautique*). Tous les pavillons rouges ont été hissés en signe de combat.

Sur terre, l'iconographie permet de suivre certains détails donnés par Bruzen de La Martinière, (cf. *Le Grand dictionnaire géographique historique et critique*) : Les maisons sont en majorité faites de bois, « celui d'ébenne y domine toujours ». « Les rues sont fort larges & très propres, quoiqu'elles ne soient pas pavées, parce qu'elles sont naturellement toutes sablées. Les arbres dont elles sont bordées des deux côtés sont fort touffus, & les habitans ont un grand soin de les entretenir parce qu'ils donnent de l'ombre à leurs maisons, & qu'ils sont la commodité des passans pendant la chaleur du jour. »

65

SÉBASTIEN LE PRESTRE de VAUBAN. Le Directeur général des fortifications. A La Haye, chez H. van Bulderen, 1685. 140 × 90 mm. — B.N., Impr., V. 22395.

Sur le frontispice, le titre est inscrit sur une banderole soutenue par deux angelots; des ouvriers travaillent à la fortification d'une ville dont Vauban présente le plan à Louis XIV. La gravure est signée A. de Blois, c'est-à-dire Abraham de Blois, graveur de l'école hollandaise (fin XVIIe-début XVIIIe s.).

Ce charmant petit volume est une contrefaçon publiée à La Haye par Henri van Bulderen et dédiée par ce dernier à « son Altesse serenissime Monseigneur le prince d'Orange ». C'est un traité administratif rédigé par Vauban; il concerne le service des fortifications et définit les fonctions de ceux qui en ont la charge depuis le Souverain et ses principaux ministres jusqu'aux ingénieurs en second, conducteurs et « chasse-avants », en passant par le Directeur général, l'Intendant des fortifications et l'Ingénieur de la place ou de la province.

« Toutes les fortifications se font ordinairement par des entreprises générales, ou par des particulières, ou par détail, ou par courvées imposées sur les païs, & le plus souvent, par un composé de toutes ces manières ensemble ».

Vauban indique les signes conventionnels qu'il faut absolument respecter pour le dessin d'un plan de fortification. Exemple : « Les parties du vieux plan ou des vieux ouvrages qui seront effacées par le nouveau dessein, seront simplement représentées par des lignes ponctuées ».

Les épreuves que doivent subir toiseurs et ingénieurs sont indiquées : examen de géométrie pour les toiseurs; géométrie, trigonométrie, mécanique, arithmétique, géographie, architecture civile et dessin pour les ingénieurs.

Suivent : un exemple pour le *Mesurage de la face d'un bastion,* un *Formulaire pour le mesurage des bois,* un *Abrégé des dépenses,* etc., c'est-à-dire des renseignements pratiques.

L'objet de ce livre correspond bien au passage de la *Nouvelle biographie générale* (éd. Didot) concernant Vauban : « Indépendamment du génie, sa probité, son exactitude à faire tout par devis, dont il ne s'éloignait jamais, plaisaient singulièrement à la régularité de Louvois ».

66

CARTES DE PARTIE DES PAYS-BAS. 1 lieue commune de France [= 0,030 m; 1:144 800]. (Vers 1690.) 1 vol., 450 × 300 mm, 12 cartes mss avec limites coloriées, collées sur soie beige. — B.N., C. et pl., Rés. Ge.DD. 4587.

Reliure de maroquin rouge. Dos à sept nerfs décorés de fleurs de lys, de guirlandes de feuillages et d'étoiles. Sur les deux plats, décorés de trois filets et d'une fleur de lys dans chaque coin, titre et armes de France dans une guirlande ovale de feuillage. Gardes de satin bleu.

Pl. 7 : *Champagne* et une partie de la Lorraine. Figuration détaillée du réseau hydrographique (la Meuse, l'Aisne). Les villes fortifiées sont représentées en plan *(Charleville, Sedan, Attigny, Verdun)*. Tracés en couleurs pour les limites administratives et les frontières. Au bas de la carte signes conventionnels pour les villes, les bourgs, les villages, les abbayes, les châteaux, les hameaux.

Ce recueil fait partie de la collection de cartes réunie pour Louis XIV, qui comprend 12 volumes et provient de la bibliothèque de la Maison de Hanovre; mise en vente à Hambourg, elle a été achetée par la Bibliothèque Nationale en 1953. Un des volumes a été remis à la Direction du génie, car il complète un recueil de *Plans de places étrangères*. Son frontispice est signé Bedeau qui dédie l'ouvrage à Louis XIV. Tous les volumes portent trois ex-libris : celui de la Maison de Hanovre qui recouvre celui du duc de Cumberland et celui d'Armand de Béthune, cinquième duc de Charost (1738-1800). Ernest-Auguste de Hanovre avait été fait duc de Cumberland en 1799, roi de Hanovre en 1837. Myriem Foncin a tiré au clair l'histoire embrouillée de cette collection (cf. Myriem Foncin, *L'Histoire d'une collection de cartes réunies pour Louis XIV.*) Le *Catalogue des livres de la bibliothèque de feu M. de Béthune Charost* signale ces 12 volumes. Le duc de Charost étant mort en 1800, la collection a été acquise par le duc de Cumberland après cette date. Grand ennemi de la France pendant les guerres de l'Empire, il a dû être tenté par ces cartes qui n'offraient plus pourtant pour lui qu'un intérêt historique. Et ce sont certainement le grand-père et l'arrière-grand-père du cinquième duc de Charost, Paul-François de Béthune et Armand II de Béthune, des familiers de Louis XIV, qui ont utilisé ces volumes et oublié de les restituer.

67

RECUEIL DES PLANS DES PLACES DU ROYAUME divisés par provinces faits en l'année 1693. 2 vol., 430 × 300 mm., 96 et 90 cartes mss coloriées. — B.N., C. et pl., Rés. Ge.DD. 4585 (1 et 2).

Reliure en maroquin rouge. Dos à six nerfs décoré de fleurs de lys, de guirlandes, de feuillages, de deux L entrelacés. Sur les deux plats bordés d'une dentelle, tomaison et armes de France dans un ovale de feuillage. Gardes de maroquin vert bordées d'une dentelle. Ex libris d'Armand Joseph de Béthune Charost, du duc de Cumberland et de la famille de Hanovre. — Fait partie de la collection des cartes de Louis XIV (cf. notice nº 66).

Pl. 47 : *Plan de Luxembourg* particulièrement intéressant parce que c'est un plan d'aménagement. Les lettres IK désignent une « corne proposé [sic] à faire » c'est-à-dire un ouvrage avancé dans la fortification.

68

CARTES DES ENVIRONS DE PLUSIEURS PLACES entre les Alpes et la Méditerranée et sur les côtes de la Méditerranée et de la Manche. (Après 1695.) 1 vol., 460 × 300 mm, 34 cartes mss coloriées. — B.N., C. et pl., Rés. Ge.DD. 4586 (6).

Reliure de maroquin rouge. Dos à sept nerfs décoré de fleurs de lys, de guirlandes, de feuillages et d'étoiles. Sur les deux plats décorés de trois filets et d'une fleur de lys dans chaque coin, titre et tomaison. Armes de France dans une guirlande ovale de feuillage. Gardes de satin bleu. — Fait partie de la collection des cartes de Louis XIV (cf. notice nº 66).

Pl. 15 : *Carte des rades de Toulon ou sont marquées par lettres les nouvelles batteries pour deffendre le moüillage.* Sur la mer : « Galliotte a 1 200 toises qui est le plus grand éloignement pour bombarder les vaisseaux du Morillon qui seront veuë a revers des batteries du canon. » Sur terre, les voies de communication sont tracées avec soin. Partant de Toulon : « Ch. de Marseille, Chemin de la Ciotat » avec comme ramification « Chemin d'Ollioures ». Partant de la Seyne : « Chemin de Sifours, Chemin allant au Cap de Sicié. »

REPROD. EN COUL. PL. VI

69

RECUEIL DES CARTES MARINES de Norwege, Suède, Danemark, Allemagne, Angleterre, Pays-Bas, & partie de France. (Vers 1700.) 1 vol., 450 × 290 mm, 23 cartes mss coloriées. — B.N., C. et pl., Rés. Ge.DD. 4588.

Reliure en maroquin rouge. Dos à sept nerfs décoré de fleurs de lys. Les deux plats sont ornés de trois filets et d'une fleur de lys dans chaque coin. Armes de France dans une guirlande ovale de feuillage. Le titre : *Cartes marines*, est porté au dos et sur le premier plat seulement. — Fait partie de la collection de cartes de Louis XIV (cf. notice nº 66).

Pl. 7 : *Carte du passage du Sond* (Sund)... En haut de la carte on trouve des indications précieuses : « Les tours, clochers, bois, motes, maisons d'où partent et par où passent les lignes ponctuées colorées de rouges servent de marque les mettant l'un par l'autre pour trouver les dangers, tonnes ou bouées ou ces lignes aboutissent ». « Les Danois pouvant oster leur tonne en tems de guerre on retrouvera l'endroit où elles étoient mouillées par les marques cy dessous »... C'est une des preuves que Louis XIV a reçu des renseignements secrets.

70

PLAN ET CARTE PARTICULIÈRE DES ENVIRONS D'YVRÉE, levée et dessinée sur les lieux très exactement par ordre de Monsieur le duc de Vendosme, dédiée et présentée à Sa Majesté par son très humble serviteur et fidelle sujet, Barbier, ingénieur et géographe. 1704. Échelle de 400 toises [= 0,052 m; 1:15 000]. 1 flle ms. coloriée, 730 × 630 mm. — B.N., C. et pl., Ge.DD.2987 (5071) B.

Le titre est en bas, à droite dans un cartouche ornementé, aux armes du Roi, décoré d'un officier se garant de l'explosion d'une grenade. En haut, à droite sur une draperie : *Remarques*. Rose des vents à l'effigie du Roi Soleil. Orienté Nord à gauche. — Cette carte et la suivante (les environs de Verrue) font partie de la collection d'Anville.

71

PLAN ET CARTE DES ENVIRONS DE VERRUE en Piémont, assiégée le 6 de novembre par l'armée du Roy commandée par Mr le duc de Vendosme. 1704. Levée et dessinée sur les lieux très exactement par Barbier, ingénieur et géographe. Échelle de 500 toises [= 0,108 m; 1:9 000 env.]. 1 flle ms. coloriée, 710 × 1 050 mm. — B.N., C. et pl., Ge.DD. 2987 (5072) B.

Le titre est en bas, à droite, dans un cartouche décoré de trophées et d'un élégant officier armé d'un mousquet; au sommet du cartouche, un écusson porte le chiffre et l'effigie du Roi. En haut de la carte, à gauche, une rose des vents à huit branches est ornée d'une tête d'Eole.

1704 : La prise d'Ivrée et le siège de Verrue sont des épisodes de la guerre de Succession d'Espagne. À Verrue, le duc de Vendôme a pour adversaire, en personne, le prince Eugène de Savoie, un des grands hommes de guerre de l'époque, passé au service de l'Empereur. Louis-Joseph, duc de Vendôme, un descendant de Henri IV et de Gabrielle d'Estrées, avait « un visage fort noble et l'air haut ». Il « sut tirer avantage jusque de ses plus grands vices », à l'abri du faible du Roi pour sa naissance » (cf. Saint-Simon). Très paresseux, toutefois « un jour d'action il réparait tout par une présence d'esprit et par des lumières que le péril rendait plus vives et ces jours d'action il les cherchait toujours » (cf. Voltaire cité par Didot, *Nouvelle biographie générale*). « La prise de Verrue, située sur la rive droite du Pô, était un acheminement nécessaire au siège de Turin qui était dans la pensée du Roi » (cf. Colonel Augoyat, *Aperçu historique sur les fortifications...*) .Le 9 avril 1705, Verrue capitula.

Les deux cartes d'Ivrée et de Verrue sont tracées de la même main, celle de Barbier qui faisait partie de ces équipes d'ingénieurs géographes chargés de faire ce qu'on peut appeler « les premières œuvres topogra-phiques » importantes, bien qu'elles ne soient pas encore scientifiques, à cette époque. Barbier dessine les localités par petits groupes de maisons, les clochers en élévation. Le relief est figuré par des hachures, non équidistantes. Les routes sont soigneusement tracées. Ces deux cartes d'une grande beauté sont comme nimbées d'une lumière ocre, légèrement dorée qui évoque les paysages italiens.

72

CARTE DU PAYS COMPRIS ENTRE LES BAUGES, BARRAUX, MONT-MELIAN ET CHAMBERY. Par le Sr Roussel capitaine et ingénieur du Roy. Échelle de cinq cent toises de France [= 0,077 m; 1:13 000 env.]. (Après 1709.) 1 flle ms. coloriée, 1 330 × 1 740 mm. — B.N., C. et pl., Ge.A. 1073.

Près de Montmélian, indication du *Campement de l'armée du roy en 1709*. Près de Chambery, *Partie de la grande armée*. — Armes du duc de Berwick.

James Fitz-James, duc de Berwick, maréchal de France, était le fils illégitime de Jacques II, roi d'Angleterre et d'Arabella Churchill, sœur du fameux duc de Marlborough qui avait trahi Jacques II au profit de Guillaume d'Orange. Pris entre ces haines, Berwick alla chercher fortune hors de l'Angleterre. Parvenu en France, il fut un général de grand renom à la fin du règne de Louis XIV. En 1709, date que porte la carte, il est chargé de la défense du Dauphiné. La France est engagée depuis 1701 dans la guerre de Succession d'Espagne.

Quant à l'auteur de la carte, Roussel, il fit partie de cette équipe d'ingénieurs militaires chargés par Louis XIV du levé des frontières. D'après le colonel Berthaut on peut dater leur apparition de 1691. Roussel est célèbre notamment pour avoir dressé avec La Blottière la *Carte des Pyrénées*. Grâce au dossier « Roussel » conservé aux Archives administratives de la Guerre, quelques précisions peuvent être données sur sa carrière. Dans une supplique au Régent, il écrit : « Roussel, ingénieur du Roy, a commencé à servir en 1691 au siège de Mons, ayant esté avant cela six ans inspecteur des batimens de sa Majesté à Marly. Il s'est trouvé à une partie des sièges de Flandre & à la plus grande partie des sièges & combats d'Italie, Provence & Dauphiné. Il a reçu deux blessures au siège de Charleroy & a esté pris par les barbets en Piémont en faisant la carte du pays. Le feu Roy en considération de ce qu'il avait desja levé avec la dernière exactitude plus de pays qu'aucun ingénieur du Royaume luy a accordé pendant 9 ou 10 ans une gratification de 800 livres que M. Voysin luy avoit promis de luy faire avoir en pension. S.A.R. a eu aussi la bonté de luy accorder avant qu'elle l'envoyât lever les Pyrénées. Il luy en sera deu au mois de mars prochain quatre années. Il supplie très humblement S.A.R. d'avoir la bonté de luy en accorder le payement & de vouloir bien luy faire la grâce de convertir ladite gratification en pension en considération de 29 années de service » (cf. H. Mettrie, *Les Mémoires de La Blottière et de Roussel*, p. 3). Ces précisions nous permettent de dater ce document de 1720. Citons aussi le colonel Berthaut : « Au début du règne de Louis XV, les ingénieurs géographes reçurent un commencement d'organisation. Le développement de leurs travaux décida le Ministre à confier la direction d'ensemble de leur service à un ingénieur en chef... Le premier ingénieur en chef fut Roussel nommé en 1716. Il avait servi d'abord dans la cavalerie et avait été capitaine au régiment de Boufflers. Il fut décoré de l'ordre de Saint-Louis en 1718 ».

La magnifique carte que nous exposons est un exemple des progrès faits par la cartographie sous Louis XIV. La représentation du relief reste figurative, mais il ne s'agit plus de taupinières en guise de montagnes. Un effort est fait pour donner la direction du relief. La nomenclature est riche ; les routes, les sentiers montagnards, les rivières, les forêts, les lacs sont indiqués.

Louis XV : Livres de guerre du comte d'Argenson

73
CAMPAGNE DE 1744. 1 vol., 480 × 680 mm, 15 cartes mss coloriées. — B.N., Arsenal, Ms. 15211.

Le frontispice signé Vigneux J.F. est dans le pur style Louis XV, « en rocaille » ; c'est un dessin au lavis gris et bistre d'une rare finesse. Le titre du volume est en haut sur des rubans encadrant les armes du marquis de Paulmy, soutenues par deux chérubins. Le motif central du frontispice est la représentation du siège de Fribourg ; dans le lointain, vue panoramique de la ville ; au premier plan, le camp des Français en pleine activité : arrivée de carrosses, arrivée d'un chariot de ravitaillement, (on note la présence d'un moulin, pour moudre le blé), des cavaliers font caracoler leurs chevaux, des soldats s'affairent autour de leurs tentes ; on voit l'alignement des troupes françaises en face et à gauche de Fribourg. A droite du frontistipice *Siège d'Ipre*, *Siège de Furnes*. A gauche *Siège de Menin*, *Siège de La Kenoque*.

Les efforts se concentraient alors sur les Flandres où Noailles faisait la guerre des sièges, couvert par Maurice de Saxe. Pendant la campagne qui opposa Charles de Lorraine au roi de Prusse, Noailles au lieu de seconder Frédéric se contenta d'occuper Fribourg-en-Brisgau.

Ce volume, ainsi que les deux suivants (Arsenal, Ms. 15212 et 15213), fait partie des *Livres de guerre du comte d'Argenson*, oncle du marquis de

Paulmy, qui ont fait l'objet d'une dation en paiement sur décision du Ministre du Budget du 28 août 1978. La reliure des trois volumes est en maroquin rouge aux armes de Voyer de Paulmy d'Argenson (Touraine) XVIIIe siècle, d'azur à deux léopards d'or, couronnés du même, armés et lampassés de gueules, l'un sur l'autre. La légende « Lud. Mag. inst. 1695 » rappelle la création de l'Ordre de Saint-Louis par Louis XIV. Antoine-René de Voyer de Paulmy d'Argenson, dit le marquis de Paulmy, était le fils de René-Louis, Ministre des Affaires étrangères et de Marie-Madeleine Françoise Méliand. Il naquit à Valenciennes le 22 novembre 1722 et mourut à Paris le 13 août 1787. Il prit la direction du Département de la Guerre en 1757 ; après la disgrâce de son oncle le comte d'Argenson, il donna sa démission de secrétaire d'État le 22 mars 1758 tout en restant ministre d'État. En 1771, il devint gouverneur de l'Arsenal.

74
MAURICE de SAXE, duc de Curlande et de Semigallie, maréchal de France. Peint par Hiacinthe Rigaud, chev. de l'Ord. de St Michel et gravé par J.G. Will, 1745. A Paris, chez l'auteur, quay des Augustins entre les rües Pavée et Gile-cœur, au logis de M. Emery. 1 portrait gravé, 480 × 350 mm. — B.N., Est., N 3.

Hermann-Maurice de Saxe était le fils d'Auguste II, électeur de Saxe, roi de Pologne et d'une Suédoise, la comtesse Aurore de Koenigsmark. Tempérament d'aventurier, grand amateur de femmes et de théâtre, c'était un personnage remuant, éclatant de vie. Comme homme de guerre, il joignait la pratique à la théorie, il avait en effet étudié les sciences militaires : mathématiques, mécanique, art des fortifications ; toutefois, bien qu'entraîneur de soldats, on lui reprochait de mener les Français « sans précaution ni détail » « à la tartare » (cf. Lavisse, *Histoire de France*, t. VIII).

75
CAMPAGNE DE 1745. 1 vol., 550 × 570 mm, 39 cartes mss coloriées, dont 8 dépliants. — B.N., Arsenal, Ms. 15212.

A l'intérieur du volume, l'ex-libris « Bibliothèque du Château des Ormes » désigne la retraite tourangelle du comte d'Argenson en 1757, après sa disgrâce.

Reproduction photographique de la pl. 10 : *Cottes qui désignent les postes et les troupes de l'Armée du Roy dans les cinq feuilles qui ont rapport à la bataille de Fontenoy.*

Pl. 11 : *Carte générale des environs de Fontenoy avec la première disposition*

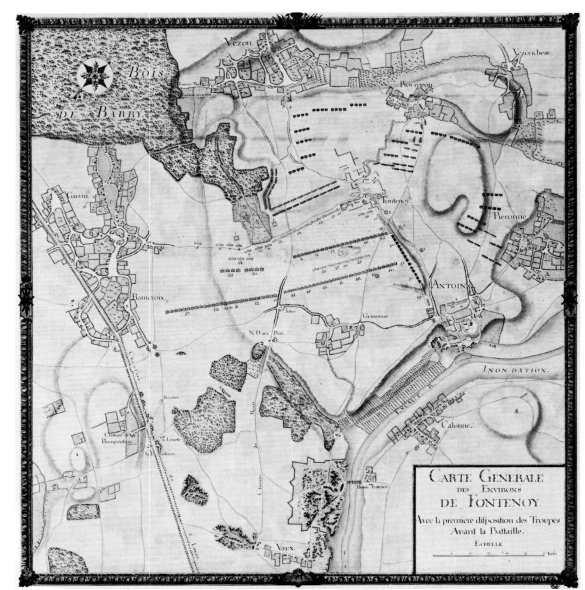

Bois

Vezou.

Vezoucheau.

DE BARRY

Pourgeon.

Cauvil.

Fontenoy.

Pieronne.

Ramcroix.

ANTOIN.

Guveronne.

N.D. aux Bois.

INONDATION.

Château de Bourquembray.

Calonne.

Æ

Vaux.

CARTE GENERALE
DES ENVIRONS
DE FONTENOY.
Avec la premiere disposition des Troupes
Avant la Bataille.
ECHELLE

des troupes avant la battaille. Échelle 600 toises [= 0,120 m; 1:9 700 environ]. Dépliant, 630 × 600 mm.

Fontenoy, victoire remportée sur les Anglo-Hollandais, eut un grand retentissement en France. On admira l'intrépidité de Louis XV qui ayant rejoint Maurice de Saxe, était resté dans le plein feu de la bataille.

76
CAMPAGNE DE 1746. 1 vol., 550 × 750 mm, 44 cartes mss coloriées, dont 15 dépliants. — B.N., Arsenal, Ms. 15213.

Pl. 2 : *Carte generale du pays entre Mons, Anvers, Namur, Liege et Maestricht,* dans laquelle sont marqués les camps occupés pendant la campagne de 1746 tant par l'Armée du Roy que par celle qui a été commandée par S.A.S. Monseigneur le prince de Conty. Échelle de 4 lieues de Brabant [= 0,100 m]; échelle de 4 lieues communes de France [= 0,080 m; 1:240 000 environ].

Cette carte est non seulement remarquable par son intérêt historique, mais aussi par la finesse et la netteté du tracé cartographique; on remarquera en particulier le chevelu des rivières et les thalwegs, dont l'évocation est saisissante.

77
MONSEIGNEUR LE PRINCE DE CONTI, général de l'Armée de France en Italie. 1 gravure, 200 × 150 mm. — B.N., Est., N.2.

Louis-François de Bourbon, prince de Conti, né à Paris le 13 août 1717, mort à l'Isle-Adam le 2 août 1776, a été plus remarquable par ses talents militaires que par ses talents politiques. Au cours de la guerre de Succession d'Autriche, en 1744, à vingt-sept ans, il est généralissime des armées franco-espagnoles. En 1746, il combat brillamment dans les Flandres, mais rival malheureux de Maurice de Saxe, il quitte l'armée. De 1747 à 1757 il est le conseiller secret de Louis XV, notamment pour la Pologne où il est favorable au maintien de l'influence française. Sa politique s'oppose à celle des ministres et à la diplomatie secrète de Madame de Pompadour. En 1757, après que la guerre de Sept ans eut éclaté, c'est la fin de l'influence française en Pologne, et la fin de l'influence de Conti à la cour.

Louis XV et Louis XVI :
Carrière militaire de Bougainville

78
DISPOSITION D'UN FOURAGE exécuté au Camp de la Sarre le 19 7bre 1754. 300 toises [= 0,080 m; 1:7 300 environ]. 1 flle ms. coloriée, 490 × 700 mm. — B.N., C. et pl., Ge.D. 7401.

Dans la marge gauche : *Explication du tracé. Détail de la macœuvre ;* à la dernière ligne on lit : « M. de Chevert et M. de Mailly sont rentrés satisfaits de la bonne volonté des troupes et de l'ordre qu'elles ont observé pendant toute cette manœuvre. »

1754 : la France jouit d'une période de paix commencée en 1748 au traité d'Aix-la-Chapelle, mais qui va se terminer en 1756 avec la guerre de Sept ans.
Ces huit années de paix vont augmenter le prestige militaire de Chevert. Le lieutenant général François de Chevert, célèbre par sa résistance héroïque à Prague en 1743 va acquérir un grand renom de stratège. « Le bruit des succès obtenus par les innovations que Chevert introduisit dans les manœuvres exécutées sous ses ordres se répandit au loin. De nombreux officiers français et étrangers, désireux de voir à l'œuvre ce grand tacticien et d'étudier à son école la science des combats, se rendirent à Sarrelouis. » « Le terrain destiné aux manœuvres était de l'autre côté de la Sarre; deux ponts, jetés sur cette rivière, le joignaient au camp. » « Le 10 septembre [1754] après plusieurs exercices de régiments et de brigades les grandes manœuvres commencèrent » (cf. Madeleine Buvignier-Clouët, *Chevert lieutenant général des armées du roi, 1695-1769*).
Bougainville qui en 1754 avait été nommé aide de camp de Chevert au camp de Sarrelouis était donc à bonne école avec un tel maître.

79
F. de CHEVERT, Lᵗ Gᵃˡ des Armées du Roy. Cochin f. et del. C.H. Watelet sc. 1763. 1 portrait gravé, 190 × 130 mm. — B.N., Est., N 2.

Au moment où ce portrait a été tracé, le lieutenant général François de Chevert est âgé de 68 ans. En 1758, il a été fait grand-croix de Saint-Louis; en 1759, il reçoit le gouvernement de Belle-Isle puis en 1761 celui de Charlemont et de Givet. Né à Verdun en 1695, il meurt à Paris le 24 janvier 1769.

80

PLAN DU FORT CARILLON, et du camp retranchée (sic) pour s'opposer à l'attaque des Anglois, avec l'ordre des colonnes à l'action du 8 juillet 1758. 300 [toises = 0,090 m; 1:6 500]. 1 flle ms. au lavis sur calque, 510 × 325 mm. — B.N., C. et pl., Ge.D. 15914.

La légende prouve que l'aménagement du fort n'était pas terminé au moment de la bataille : « b. demie lune imparfaite; c. chemin couvert projettée (sic), d. contrescarpe commencée, e. redoute commencée en pierre sèche devant faire partie d'un retranchement projetté (sic). »

La guerre de Sept ans qui a éclaté en 1756 a pour théâtre à la fois l'Europe et l'Amérique.

Le Fort Carillon ou Triconderoga est situé sur la rive gauche du lac Champlain; la victoire remportée par les Français aux ordres du marquis de Montcalm sur les Anglais commandés par le général Abercromby, est célèbre. Montcalm avait 4 000 hommes à opposer aux 15 400 Anglais d'après les statistiques citées par le colonel Augoyat (cf. *Aperçu historique sur les fortifications*) qui ne mentionnent pas les Indiens dont les Anglais avaient une peur horrible. Bougainville participa à ce combat, où il fut même légèrement blessé. Depuis 1756 il était l'aide de camp de Montcalm; ce dernier qui savait juger les hommes écrivait à son propos au marquis de Paulmy, ministre de la Guerre : « Je puis vous assurer que sa tête est bien militaire et qu'en joignant à la théorie qu'il avait déjà, de l'expérience, ce sera un sujet de distinction... Je crois pouvoir vous répondre de la droiture de son cœur » (cité par M. Thiery, *Bougainville soldat et marin*).

81

AN AUTHENTIC PLAN OF THE RIVER ST LAURENCE, from Sillery, to the fall of Montmorenci, with the operations of the siege of Quebec under the command of vice adm^l Saunders & major gen^l Wolfe down to the 5 sep^r 1759. Drawn by a captain in His Majesties Navy. 2 british miles [= 0,093 m; 1:34 600 environ]. To the right honourable William Pitt esq^r, one of His Majesties most honourable privy council and principal secretary of state &c this plan is most humbly inscribed by... Thos Jefferys. 330 × 475 mm. — B.N., C. et pl., Ge.DD. 2987 (8675 B).

En cartons : *Part of the upper river of St Laurence. A view of the action gained by the English. Sepr. 13. 1759 near Quebec brought from thence by an officer of distinction.*

On peut dater la carte entre 1759, date de la bataille, et 1761, année

où Pitt résigne tous ses emplois. En 1759, les Anglais préparent une grande expédition contre le Canada; la flotte dirigée par Saunders transporte les 10 000 hommes que Pitt a obtenus pour le général Wolfe. Le 31 juillet, Wolfe bombarde Québec qui résiste; il décide alors de débarquer au bas du plateau d'Abraham *(Heights of Abraham)* qui domine la ville. Le 13 septembre, il monte à l'assaut. Montcalm sans attendre l'arrivée des renforts, entre autres, de ceux de Bougainville et du chevalier de Lévis, se lance sur les Anglais; Wolfe et lui sont tués. Quand Bougainville et Lévis atteignent Québec, la ville a capitulé le 17 septembre.

Cet épisode va amener la perte du Canada par la France, perte qui deviendra définitive en 1760 et sera officialisée par le traité de Paris en 1763.

82

MORT DU GÉNÉRAL de MONTCALME. Vateau del. Martini sculp. Fin XVIIIe s. 1 gravure, 290 × 320 mm. — B.N., Est., N 2.

On lit au bas de la gravure : « Louis-Joseph, marquis de Montcalme Gozon, lieutenant général des Armées du Roi, commandant en chef des troupes françaises en Amérique, mourant d'une blessure qu'il reçut au premier rang dans le combat donné par le Général Wolff, près de Québec, le 13 septembre 1759. Il est étendu sur un lit de camp près de sa tente, soutenu par Mr de Montreuill, maréchal de camp, dépositaire de ses dernières volontés, et par Mr de Bougainville, dont la plume et l'épée honorent la Nation, et qui tous deux le fixent avec attendrissement. C'est dans ce moment, où se sentant prêt à expirer, que par un héroïsme inouï, ou en nouveau Curtius, prie ses officiers génér^x et ses amis de lui donner pour tombeau le trou d'une bombe qui se trouve près de lui, sépulture en effet digne d'un brave capitaine qui avoit résolu de défendre le Canada, ou de périr sous ses ruines. Des sauvages sont occupés à retirer de ce trou les restes de la bombe qui, par son explosion, d'un précipice en a fait un dépôt respectable même à l'ennemi. Un groupe d'officiers et de soldats assemblés près de lui expriment la douleur la plus caractérisée. Sur le second plan on reconnoit les officiers généraux Senezergue et Fontbonne qui commandoient les deux ailes de son armée, tués dans l'action et apportés sur un brancard dans la tente du quartier général où l'on voit déjà plusieurs officiers blessés. Le lointain n'offre qu'un monceau de combattans, de morts et mourans, où l'on distingue le groupe du jeune Wolff, qu'en vain on rappelle à la vie, et plus loin la malheureuse ville de Québec disparaissant dans les flammes que lui vomit la flotte ennemie ».

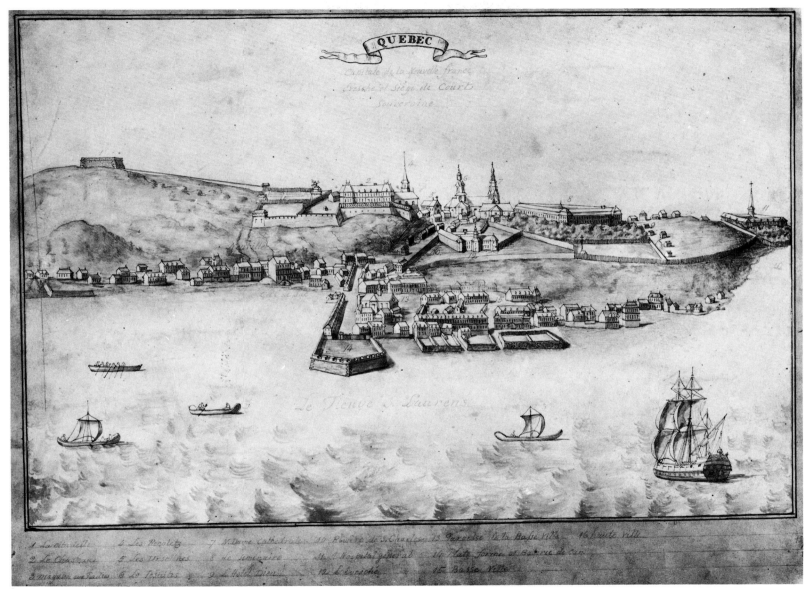

QUEBEC

Capitale de la Nouvelle France
Paroisse et Siège de Cour
Souveraine

Le Fleuve St Laurens

1 La Citadelle   4 Les Récolets   7 N. Dame Cathedralle   10 Rivière de St Charles 13 Paroisse de la Basse Ville   16 Haute Ville
2 Le Chasteau   5 Les Ursulines   8 Le Seminaire   11 L'hospital general   14 Plate Forme et Batterie de can
3 Magazin aux Poudres 6 Les Jesuites   9 L'Hotel Dieu   12 L'Eveché   15 Basse Ville

83

83

Québec. XVIIIe s. 1 flle ms., 380 × 490 mm. — B.N., C. et pl., S.H. Portefille 127, d.1, pièce 12 D.

C'est un fort joli croquis de Québec dessiné avec beaucoup de finesse et d'autant plus émouvant qu'il date du XVIIIe siècle.

84

Plan de la rivière de Ristigouche au Canada. Dédié à Monsieur le chevalier de Bouquinville (sic) avec les divers combats de la frégte *Le Machault...* (1760) par le Sr Reboul. 180 toises [= 0,090 m; 1:4 000 environ]. 1 flle ms. coloriée, 490 × 310 mm. — B.N., C. et pl., S.H. Portefille 125, d.6, pièce 1 D.

Carte orientée le Nord à droite.

Le Ristigouche, en anglais Restigouche, se jette dans la baie des Chaleurs, golfe de l'Atlantique, par une embouchure de près de 5 km de largeur.

Ce document est un croquis presque pris sur le vif d'une bataille navale qui eut lieu en 1760 entre Français et Anglais dans la baie des Chaleurs. Le sieur Reboul, auteur de la carte, a participé au combat : la bataille fait rage entre *Le Machault (N)* appuyé par la *batterie à Reboul (M)* et trois navires anglais *(L)*.

En 1760, commandant *Le Machault,* François Chenard de La Giraudais, abordait au Canada « avec cinq marchands affrétés, (il) échappa aux croisières anglaises, fit sept prises et arriva à la baie des Chaleurs à l'embouchure du Saint-Laurent. Attaqué par trois vaisseaux et deux frégates ennemis, il débarqua ses canons et tint tête dix-sept jours avant de détruire ses navires » (cf. E. Taillemite, *Bougainville et ses compagnons autour du monde 1766-1769*).

François Chenard de La Giraudais né à Saint-Malo en 1727, était un officier que Bougainville tenait en haute estime. Dans une des campagnes aux Malouines en 1765, La Giraudais sera commandant de *l'Étoile*.

85

Le P. Antoine-Joseph Pernety. Journal historique d'un voyage fait aux Malouines en 1763 et 1764 pour les reconnoître et y former un établissement et de deux voyages au détroit de Magellan avec une relation sur les Patagons par Dom Pernety, abbé de l'abbaye de Burgel, membre de l'Académie royale des sciences & belles-lettres de Prusse, associé correspondant de celle de Florence et bibliothécaire de Sa Majesté le Roy de Prusse. A Berlin, chez Etienne de Bourdeaux, libraire du Roy & de la Cour, 1769. 2 vol., 190 × 120 mm. — B.N., C. et pl., Ge.FF. 5176.

T. II, pl. IX : *Vue de la baye de l'Est de la plus grande des îles Malouines et de son habitation.* 190 × 390 mm.

Dans le *Discours préliminaire* nous lisons : « La paix ayant été conclue au moment de la cession que la France avoit faite de tout le Canada à l'Angleterre, Monsieur de Bougainville, chevalier de St Louis, & colonel d'infanterie, se mit en tête de dédommager la France de cette perte, s'il étoit possible, par la découverte des Terres australes... La lecture du voyage de l'amiral Anson, autour du Monde, fixa ses idées, pour la reconnoissance des Isles Malouines; le détermina... à y former un établissement. Il fit part de son projet au Ministère qui l'approuva. Pour l'exécuter, Mr de Bougainville fit construire, à ses frais, une frégate & une corvette, à S. Malo, sous la direction des sieurs Guyot du Clos, & Chénart de la Gyraudais, qui devoient les commander sous ses ordres. Mais voulant rendre utile l'exécution de son projet, & ayant pensé que je pouvois y contribuer, il me proposa sur le point de son départ de Paris, d'entreprendre ce voyage avec lui. Peu de jours après je reçus les ordres du Roy, par une lettre de Mr le Duc de Choiseul, ministre de la Marine pour m'embarquer avec Mr de Bougainville. Je fis aussitôt mes dispositions pour ce voyage & je partis avec lui pour S. Malo... »

Donc, en 1763 Dom Pernety accompagne Bougainville en qualité d'aumônier. En 1766, il quitte l'habit religieux après avoir essayé en vain d'adoucir les règles bénédictines et devient « bibliothécaire de Sa Majesté le Roy de Prusse », Frédéric II.

86

Isles Malouines. 10 lieues [= 0,090 m; 1:60 000 environ]. (Après 1765.) 1 flle ms. coloriée, 640 × 940 mm. — B.N., C. et pl., S.H. portefille 168, d. 13 pièce 1¹.

Carte orientée le Nord en bas. — Dessin détaillé de l'*Isle Conty*. Tracé d'itinéraires, on lit : « Routes de nuit de la frégate l'*Aigle* en 1764. Le gissement de cette côte est déterminée (sic) d'après les remarques du Sr Duclos Guyot capne de brulot capne de la frégate l'*Aigle* en 1764 ». « Cette route est déterminée par les officiers de la frégate l'*Aigle* lors de son retour du détroit de Magellan au mois d'avril 1765 ». « Marche faite par Mr Desperier capitaine au régiment de la Sarre infanterie en 1765.

Les îles Malouines, Falkand en anglais, Malvinas en espagnol, sont situées à 550 km environ à l'est du détroit de Magellan. Depuis le XVIe siècle, divers navigateurs les avaient aperçues et leur avaient donné des noms variés. L'appellation Malouines provient des pêcheurs malouins qui fréquentaient ces eaux depuis le xviii⁰ siècle. Le nom d'Isle Conty qui figure sur la carte est un hommage rendu par Bougainville à son « protecteur de toujours, Louis François de Bourbon, prince de Conti » (cf. J. E. Martin-Allanic, *Bougainville navigateur*, t. II, p. 1289).

On lit aussi sur la carte, en bas à droite : « Point de latitude observée en 1764 » et sur le côté gauche : « Point de latitude estimée en 1764. » Si on compare cette carte à celle de Thomas Jefferys (portefille 168, div. 13, p. 4), on voit que ce dernier note une variation vers l'Est de 23° 30 observée par Bougainville en 1764 (« *E. Variation observed by Bougainville, in 1764* »).

Le 6 septembre 1763, Bougainville partit de Saint-Malo sur l'*Aigle* escorté du *Sphinx* ; le 3 février 1764, il arriva aux Malouines. Après être revenu en France, il repartit de nouveau pour les Malouines où il parvint le 5 janvier 1765. Du 2 février au 29 mars, il explora le détroit de Magellan. En avril il revint de sa seconde campagne aux Malouines. Mais Choiseul céda devant les protestations des Espagnols qui s'opposaient à l'installation de la France aux Malouines. « La mission accomplie à Madrid par Bougainville en avril-mai 1766 se termina par un accord qui stipulait que lui-même serait chargé de procéder à la remise des Malouines entre les mains des Espagnols qui l'indemniseraient des frais engagés » (cf. E. Taillemite, *Bougainville et ses compagnons autour du monde*, t. I, p. 17).

87

CHARLES-HENRI, comte D'ESTAING, chevalier des Ordres du Roi, lieutenant général de ses Armées, vice-amiral de France. P. Freislhien pinxit et sculpsit. L. Aubert scripsit. Gayant le jeune imp. Se vend à Paris chez les Campions frères rue St. Jacques, à la ville de Rouen, (après le 6 février 1777). 1 gravure en couleurs, 400 × 260 mm. — B.N., Est., N 2.

L'auteur du portrait, Freislhien est un peintre et graveur du xviii⁰ siècle dont on ignore la nationalité, Aubert un graveur en lettres de la deuxième moitié du xviii⁰ siècle. Le procédé technique utilisé est une impression en couleurs au repérage. Cette gravure est postérieure au 6 février 1777, date à laquelle Estaing fut nommé vice-amiral.

Charles-Henri d'Estaing naquit le 24 novembre 1729 à Ravel en Auvergne. Il fut élevé avec le Dauphin, fils de Louis XV jusqu'en 1744, date de la disgrâce de leur précepteur commun le duc de Châtillon. Il entra aux Mousquetaires à neuf ans. Il participa vaillamment à plusieurs batailles en Europe, notamment en 1748 au siège de Maestricht où il fut blessé. Ayant soif de grandes aventures, il s'embarqua le 2 mai 1757 sur le *Zodiaque* pour les Indes où il guerroya aux côtés de Lally-Tollendal.

En 1758, blessé à Madras et renversé sous son cheval, il fut fait prisonnier par les Anglais qui le libérèrent en 1759.

Comme Bougainville et d'autres jeunes gens de sa génération, Estaing a d'abord servi dans l'armée de Terre, puis l'a quittée pour passer dans la Marine. En 1759 il pourchasse sur la côte d'Arabie des convois arabes et poursuit sa route jusque dans les îles de la Sonde. En 1760, repris par les Anglais, il est libéré par le roi d'Angleterre. En 1762, il est nommé lieutenant général des armées navales et en 1764, lieutenant général des îles Sous le Vent, mais il est rappelé en 1766. Nommé vice-amiral le 6 février 1777, il participe à la guerre d'Indépendance américaine. Le 13 avril 1778, il part de Toulon, sur le *Languedoc* à la tête de l'escadre française, il mouille dans la baie de Delaware et cherche en vain à se mesurer aux flottes anglaises de Howe et de Byron. La flotte française rallie ensuite les îles pour se porter au secours de Sainte-Lucie qui, cependant, se rend aux Anglais le 30 décembre 1778. La prise de la Grenade par Estaing le 4 juillet 1779 a un grand retentissement. A Paris, en province, des fêtes sont organisées. On joue une pièce : « *Veni, vidi, vici* ou la Prise de la Grenade ». La flotte fait ensuite voile vers le continent américain, et le 9 octobre 1779 c'est le siège manqué de Savannah. Dans ces dernières campagnes, depuis 1779, Estaing comptait Bougainville parmi ses officiers.

L'année 1780 marque la fin des grandes aventures militaires de Charles-Henri d'Estaing, qui douze ans plus tard recevra une ultime récompense, le titre d'amiral. Pris dans la tourmente révolutionnaire, il périt sur l'échafaud le 28 avril 1794. Devant le tribunal révolutionnaire il avait lancé à Fouquier-Tinville : « Quand vous aurez fait tomber ma tête, envoyez-la aux Anglais, ils vous la paieront cher ».

88

ATTAQUE DE L'ISLE Ste LUCIE par l'escadre et les troupes du Roy aux ordres de Mr le comte d'Estaing le 15 et le 17 décembre 1778. Lorsque l'escadre française est arrivée au secours de cette isle les Anglais au nombre de 5 000 étoient depuis 48 heures maîtres de tous les postes et de toutes les batteries. 2 flles ms. — B.N., C. et pl., Ge.D. 8064 (1 et 2).

Flle 2 : *Plan d'une partie de Ste. Lucie avec la position des deux escadres française et anglaise.* 1.500 toises [= 0,055 m; 1 : 53 000 environ]. 1 flle coloriée, 240 × 670 mm, orientée le Nord à gauche. Au bas de la carte, noms des navires de l'escadre française et de l'escadre anglaise.

Bougainville qui faisait partie de l'escadre du comte d'Estaing dont le navire le *Languedoc* figure en A, commandait le *Guerrier* (lettre F).

On voit : la « Route que Mr le Cte d'Estaing a faite pour aller attaquer l'escadre anglaise embossée dans le grand Cul de sac ». Le navire du contre-amiral Barrington est signalé par le drapeau anglais (lettre H). Lorsque l'escadre française se présenta en ligne à l'entrée du Cul de sac, les vaisseaux furent successivement exposés au feu des canons de toute l'escadre anglaise, ils durent s'éloigner l'un après l'autre. « Le *Guerrier*, dernier vaisseau de la ligne, resta longtemps sous un feu qui heureusement ne le dégréa point assez pour l'empêcher de se retirer avec une lenteur respectable », écrivait Estaing à Sartine. « Ce premier jour, si précieux, si important n'ayant rien produit, l'escadre mouilla dans l'anse du Choc au vent des Anglais » (cité par le Mis Calmon-Maison, *L'Amiral d'Estaing*, p. 222). L'attaque française se termina donc par un échec, malgré la vaillance des combattants.

89

CARTE DE LA PARTIE DE L'ISLE DE Ste LUCIE depuis l'ance du Choc jusqu'au marigot des Roseaux. 1779. Échelle de 12 lignes pour 100 toises [= 1:14 000 environ]. Signé : Nicolas. 1 flle ms. coloriée, 375 × 570 mm. — B.N., C. et pl., Ge.D. 15564.

Carte orientée le Nord à gauche. Figuration du relief et de la végétation.

Alors que la carte précédente donne les détails de la bataille maritime, sur ce document nous avons surtout des explications sur le combat terrestre. Notons : en E la « colonne... commandée par M. de l'Ovendal, 1 200 hommes »; en F, la « colonne... commandée par M. de Bouillé, 900 hommes »; en G, « la colonne... commandée par Mr d'Estaing, 1 300 hommes ». Les traits rouges indiquent l'armée anglaise, les traits bleus l'armée française.

90

VUE DU FORT ET VILLE DE St GEORGE DANS L'ISLE DE LA GRENADE et du morne de l'Hopital emporté d'assaut par les troupes du Roy aux ordres de Mr le cte d'Estaing, le 4 juillet 1779. Signé : Nicolas. 1 flle ms. coloriée, 380 × 540 mm. — B.N., C. et pl., Ge.D. 15559.

Cette très jolie vue nous donne aussi des détails précis sur le combat. En F : le bâtiment anglais « la corvette l'*York* faisant feu sur la colonne de gauche et qui a causé toute la perte ». G et H : en bleu et rouge, colonnes du régiment de Dillon. L : le vaisseau « le *Fendant* tirant sur la batterie B ».

Lord Mac-Cartney, gouverneur de la Grenade, fut obligé de se rendre; Byron qui commandait l'escadre anglaise s'avança vers la baie de St Georges, mais après une lutte vive il se rendit compte que les Français étaient maîtres de la Grenade et qu'il était inutile de poursuivre le combat.

91

SIÈGE DE SAVANAH fait par les troupes du Roi aux ordres de Monsieur le comte d'Estaing, vice-amiral de France en septembre et octobre 1779. Échelle de 1 200 toises [= 0,108 m; 1:20 000 environ]. Signé Nicolas. 1 flle ms. coloriée, 390 × 530 mm. — B.N., C. et pl., Ge.D. 15558.

Les Américains, ayant décidé de surprendre Savannah, demandent l'appui d'Estaing; ce dernier se rend compte des difficultés de l'entreprise, mais il ne veut pas encourir de blâme en refusant; comme il l'écrira plus tard : « Londres, l'Amérique et même Paris auraient fait pis que de me déshonorer. On aurait supposé que j'avais des ordres pour ne pas secourir les Américains. Il en aurait résulté une source intarissable de plaintes, de soupçons entre les deux nations. Peut-être qu'une désunion en eût été le fruit » (cité par le Mis Calmon-Maison, *L'Amiral d'Estaing*, p. 286).

Sur la carte on peut suivre les péripéties du combat; à droite le « Marais impraticable » qui protège la ville à l'Est; au Sud, à l'abri d'un bois le « Camp des Américains » commandés par Lincoln, le « Camp des troupes françaises » sous les ordres de « M. le Cte d'Estaing ». Dans le feu de l'attaque, l'amiral est blessé, il est obligé de lever le siège, mais les troupes françaises à la demande de Lincoln protègent le départ des Américains. Comme il est expliqué dans la note de la carte, l'escadre française mouillée au large de la côte, à cause de violents coups de vent ne put participer au combat; on craignait même qu'elle ne pût reprendre les troupes à bord, opération qui eut tout de même lieu le 20 septembre 1779; en bas, à droite de la carte, on voit le lieu du réembarquement. Une partie des navires gagna les Antilles avec Grasse et La Motte-Picquet. L'escadre d'Estaing en route pour la France subit une grosse tempête qui dispersa la flotte; aussi les navires ne purent-ils rejoindre les ports que les uns après les autres. Une lettre de Marie-Antoinette à sa mère Marie-Thérèse datée du 15 décembre 1779 fait le point : « Nous attendons Mr d'Estaing, qui est à Brest depuis huit jours. Les vents avaient séparé sa flotte. Son vaisseau est arrivé presque seul; mais depuis on a eu des nouvelles des autres. Il y en a déjà huit de rentrés. On espère que les trois autres qui sont encore en mer ne tarderont pas... » (cité par Calmon-Maison, *ibid.*, p. 303). On peut en conclure que Bougainville, ayant débarqué à Rochefort le 1er décembre 1779 faisait partie des huit navires auxquels la Reine faisait allusion.

CARTE DE LA PARTIE DE LA VIRGINIE ou l'armée combinée de la France & des États-Unis de l'Amérique a fait prisonnière l'Armée anglaise commandée par Lord Cornwallis le 19 oct^bre 1781. Avec le plan de l'attaque d'York-town & de Glocester. Levée et dessinée sur les lieux par ordre des officiers gén^x de l'Armée française & américaine. 4 lieues marines d'une heure de 20 au degré [= 0,105 m; 1:210 000 environ]. A Paris, chez Esnauts et Rapilly, rue St. Jacques à la ville de Coutances, (après 1781). 1 flle coloriée, 470 × 600 mm. — B.N., C. et pl., Ge.D. 14697.

Le général anglais Cornwallis, en 1781, avait pénétré en Virginie, et pris ses quartiers à Yorktown, presqu'île à l'entrée de la baie de Chesapeake, de manière à rester en contact avec la flotte anglaise. Rochambeau et Washington étaient décidés à l'attaquer; toutefois le général américain voulait que l'armée de Terre fût appuyée par la Marine, c'était pour lui un principe fondamental. Voici deux de ses expressions favorites : « In any operations, and under all circumstances, a decisive naval superiority is to be considered as a fundamental principle, and the basis upon which every hope of success must ultimately depend » (cf. notice de la carte, B.N., C. et pl., Ge.D. 24077).

Cet appui va lui être apporté par le comte de Grasse. On peut suivre sur la carte le combat terrestre et maritime. Yorktown est investie par les « Volontaires de La Fayette », les corps d'armée du « Général Washington », ceux du « Cte de Rochambeau » et du « Marquis de St Simon ». Le 5 septembre, Grasse ayant repoussé Hood est maître de la baie de Chesapeake. On voit en rouge le navire anglais « le Terrible en feu ne pouvant plus soutenir la mer ». Cornwallis se rend. Cette victoire fut décisive pour l'indépendance des États-Unis. Bougainville s'était particulièrement distingué lors du combat naval, en passant en tête sur son navire l'Auguste et en fonçant sur Drake. Le comte de Grasse « lui rendit, en présence des généraux Washington et Rochambeau ce témoignage flatteur que c'était à lui qu'était dû le compliment de la Victoire » (cf. M. Thiéry, Bougainville soldat et marin, p. 299).

François-Joseph Paul, comte de Grasse-Tilly, le dernier chef de Bougainville, était né en Provence à Valette, en 1723. En 1779, nommé chef d'escadre, il avait rejoint l'amiral d'Estaing. Le comte de Guichen, successeur d'Estaing, pour des raisons de santé, avait dû abandonner son poste et avait été remplacé par Grasse. Ce dernier était très apprécié de ses hommes pour son courage. Les marins disaient en parlant de lui : « Il a six pieds et six pieds un pouce les jours de combat. »

Montcalm, Estaing, Grasse ont tous rendu hommage à l'intrépidité de Bougainville dans le feu de la bataille. Par contre, Bougainville qui avait fait la preuve de ses qualités de marin a parfois souffert d'avoir à s'incliner devant des chefs de sa génération (Estaing était né la même

année que lui en 1729 et Grasse avait six ans de plus que lui); en outre, comme d'autre hommes du XVIIIe siècle, il supportait mal qu'à mérite égal la « naissance » l'emportât. Sartine avait rétabli le 2 mars 1775, les compagnies des « Gardes de la Marine » où nul ne pouvait pénétrer sans « preuves authentiques » de noblesse. Rappelons un passage de la lettre que Bougainville écrivit au Ministre, lorsque, le 8 décembre 1779, promu chef d'escadre, il lui fut signifié qu'il ne prendrait rang qu'après le marquis de Vaudreuil plus jeune que lui : « Si je m'appelais d'Estaing, Beauffremont, Rochechouart, de tout mon cœur, je céderai le rang à M. le marquis de Vaudreuil que je regarde comme un des meilleurs officiers généraux à tous égards que le roi puisse avoir dans sa Marine. Mais, né plébéien, je dois à la classe utile des hommes qu'une vocation impérieuse entraîne au service et que leurs services doivent élever aux grades supérieurs, de ne pas autoriser par mon consentement, les dégoûts auxquels il ne sont que trop exposés. Sans aucun mécontentement, sans humeur, je renonce même au grade de capitaine de vaisseau... » (cf. M. Thiery, Bougainville, soldat et marin, p. 295).

Toutefois, comme nous l'avons vu, Bougainville ne tarda pas à combattre de nouveau sur mer. « Ma vie est à l'État, sur terre comme sur mer », disait-il. Grandeur et servitude militaire.

93
CARTE DE L'ISLE DE St CHRISTOPHE. Échelle de deux lieues communes de France [= 0,088 m; 1:10 000]. Signé : Nicolas. (1782.) 1 flle ms. coloriée, 355 × 555 mm. — B.N., C. et pl., Ge.D. 15568.

Figuration du relief et de la végétation. Rose des vents à quatre branches. Indication des positions de l' « Escadre française » et de l' « Escadre anglaise », du « Camp des Français » et de la « Marche des Français ».

Le 11 janvier 1782 l'amiral de Grasse débarque, à Basse-Terre dans l'île Saint-Christophe, les troupes commandées par Bouillé; ce dernier attaque sur le champ le fort de Brinstone-Hill (sur la carte « Brimstrouhillë ») défendu par le gouverneur anglais Frazer. Au lieu de rester à l'abri de la rade de Basse-Terre, Grasse livre bataille à Hood survenu sur ces entrefaites; Grasse est repoussé; par bonheur Bouillé enlève Brinstone-Hill et bombarde la flotte anglaise. Hood se retire, mais en bon ordre.

Les Français avaient donc chassé les Anglais de l'île; toutefois Saint-Christophe redevint anglais en 1783. La prise de Saint-Christophe entraîna celle de Montserrat, opération menée par Bougainville, le 22 janvier 1782.

YeD.15324

LE TRIOMPHE DES ARMÉES FRANÇAISES.

Déposé à la Bibliothèque Nationale.

La Prise de Courtray et de Menin fut le prélude de la Gloire de Pichegru et de la brave Armée qu'il commandait. L'Ennemi occupait Valenciennes, le Quesnoy, Landrecy &c. une nuée de Puissances formidables étaient liguées contre la France, ce Général à la tête des Troupes Françaises, Triomphe de tous leurs efforts. Et après avoir conquis les Pays-Bas malgré la Saison la plus rigoureuse, malgré les Glaces, passe le Waal et le Lech, s'empare d'un vaste Pays. Hensdin, Utrecht, Amersfort et Amsterdam, sont forcées d'ouvrir leurs portes et de reconnaître le Vainqueur.

Comment se retracer froidement les succès de l'Armée de Sambre et Meuse, dont le Chef mania avec tant de courage dans la Vendée, le Rameau d'Olivier! Appellé depuis à combattre des Ennemis que l'on peut vaincre sans regret, a su rendre synonimes les mots d'attaque et de Victoire....

Vous ne serez pas oubliée Armée de Rhin et Moselle! Et toi vaillant et sage Moreau déja sont inscrites dans les fastes de l'Histoire, et l'impétuosité de tes attaques et l'intrépidité de ta défense .... Et toi jeune Héros .... L'Année dernière tu comptes 14 Batailles et 60 Combats sans un seul revers : Cette année tous tes pas ont été des Victoires ; tu as porté les armes Françaises ou elles ne pénétrèrent jamais Aux portes de Rome, tu as donné la paix à l'Italie ; aux portes de Vienne tu la donnée à l'Europe.

A Paris chez Jean, Rue Jean de Beauvais N° 32.

94

Du Directoire à l'Empire

94

LE TRIOMPHE DES ARMÉES FRANÇAISES. Monsaldy sculp. A Paris, chez Jean, (1797). 1 carte avec tracés en coul., 380 × 500 mm. — B.N., C. et pl., Ge.D. 15324.

Composition symbolique « A la gloire des armées d'Italie... du Nord, Sembre et Meuse... et du Rhin et Moselle... et des généraux Buonaparte... Pichegru... Moreau... » que l'on voit se partageant une carte de l'*Etat politique de l'empire d'Allemagne, 29 germinal an 5e*, par J.B. Poirson... Hoche tient à la main une carte de la *Presq'Isle de Quiberon*.

Cette gravure étonnante est symbolique à plusieurs égards : conquêtes extérieures dans une Europe déchirée, guerre civile mâtée (victoire de Hoche sur les Chouans), enfin entente seulement apparente entre quatre glorieux généraux du Directoire, en réalité quatre ambitieux prêts à s'entre-dévorer. Elle pourrait servir d'affiche à notre thème : « L'Espace contesté ».

95

CARTE GÉNÉRALE DU THÉÂTRE DE LA GUERRE EN ITALIE et dans les Alpes depuis le passage du Var le 29 7bre 1792 V.S. jusqu'à l'entrée des Français à Rome le 22 pluviôse an 6me rep^ain avec les limites et divisions des nouvelles républiques, par Bacler d'Albe, capitaine des canonniers attaché pendant toute la guerre au g^al Bonaparte en qualité de chef de son B^eau topographique. [1:255 400 env.]. Gravé par les frères Bordiga. A Milan, chez l'auteur, directeur du Dépôt de la Guerre, an 6 (1798). 30 flles, 530 × 660 mm. — B.N., C. et pl., Ge.CC. 780.

Flle XXV : Titre dans un grand cartouche figurant une banderole, décoré de trophées et contenant un médaillon gravé par Mantelli : *Les peuples d'Italie rendus à la Liberté et à la Vérité ;* Bonaparte maintient, de son épée, les ennemis terrassés et présente les peuples libérés à deux déesses, dont Minerve qui tient à la main une lance parée du bonnet phrygien. A gauche du médaillon, liste des batailles depuis le *Passage du Var* jusqu'à la *Prise de Rome*. A gauche bilan de la conquête :

« Les Républicains conduits par Bonaparte enlèvent à leurs ennemis 150 000 prisonniers, 200 000 fusils, 6 000 pièces de canon, 170 drapeaux, 100 pontons, 9 vaisseaux de ligne, 12 frégates, 30 galères et corvettes et une immensité de chefs-d'œuvres des arts et des sciences dont la France est enrichie. L'oligarchie est détruite. Établissement des républiques cisalpine, ligurienne, romaine ».

Flle XXX (non exposée) : Texte explicatif de la flle XXIX : « *Rétablissement de la Rép^e Romaine*. Le G^al en chef Berthier rassemble l'armée à Ancone, elle marche sur Rome par Lorette, Macerata, Tolentino, Serravalle, Foligno, Spoletto, Narni, Cività Castellana et Bacano. Le 22 pluviôse an 6e de la Rép^ue l'Armée française monte au Capitole et proclame le rétablissement de la République romaine. »

Flle XXIX : Avec le signe conventionnel bleu et rouge, on suit les dernières étapes du général Berthier : *Cività Castellana, Bacano, Roma*.

Bacler d'Albe précise quel a été son but en dressant ce magnifique document : « élever un monument à la gloire des conquérants de l'Italie », offrir au public en une « carte exacte et détaillée une portion célèbre de l'Europe à laquelle les victoires des Républicains viennent de donner des nouvelles formes »; « indiquer d'une manière précise et pittoresque la chaîne immense des Alpes ». Bacler d'Albe signale aussi ses sources : « les observations astronomiques et trigonométriques faites jusqu'à ce jour », les travaux des cartographes français et étrangers les plus éminents tels que d'Anville, Cassini, Delisle, Chauchart, Jager Miller, Ricci-Zanoni... et aussi une foule de « cartes... manuscrites qui existoient inconnues, des mémoires, des itinéraires, des voyages &a, qui l'ont mis à même de donner à l'ouvrage un plus grand degré d'exactitude ».

96

L.A.G. BACLER D'ALBE. Le Guay f^t 1820. Lith. de Engelmann. 1 portrait, 310 × 220 mm. — B.N., Est., N.2.

Le baron Louis-Albert Ghislain Bacler d'Albe est décoré de l'ordre de Saint-Louis qu'il avait obtenu en juillet 1814 et de la croix de la Restauration. Le portrait a été dessiné en 1820 par Étienne-Charles Le Guay. « Il semble bien qu'il s'agisse du miniaturiste et peintre de porcelaine de Sèvres, qui, né dans cette dernière ville en 1762, mourut à Paris en 1846. » La lithographie est de Godefroi Engelmann, imprimeur de Mulhouse qui a joué un grand rôle dans les débuts de la lithographie (cf. Département des Estampes, *Inventaire du fonds français après 1800*).

97

PLAN DE LA BATAILLE D'AUSTERLITZ, gagnée par l'armée française sur les armées combinées de Russie et d'Autriche le 11 fri-
maire an 14 (2 décembre 1805). L'armée française commandée
par Sa M. I. et R. Napoléon Ier, les armées combinées par les
empereurs Alexandre Ier et François II. Échelle du grand plan
2 000 toises [= 0,175 m; 1:22 000 env.]. Signé : le capitaine du
génie Calmet-Beauvoisin. 1 flle ms. coloriée, 860 × 950 mm.
— B.N., C. et pl., Ge.AA. 585.

A gauche de la feuille : *Légende générale*. Au bas de la feuille 3 cartes :
Carte B : C'est le grand plan à une échelle réduite, 1:60 000 env. On y
voit, entre autres, « les deux charges de cavalerie par les 3 divisions
du prince Murat... » et « tous les mouvements de la gauche de l'armée
française ».
Carte C : à l'échelle de 1:30 000 env., « Prise du village de Prazen... »
Carte D : « Charge de la garde impériale et des dragons ».

Cette magnifique carte est l'œuvre du capitaine du génie Calmet-
Beauvoisin. Ce cartographe militaire est cité dans le catalogue des
Archives de la Guerre : « *Itinéraires détaillés de plusieurs parties de l'Espagne*
par Calmet-Beauvoisin, chef du bataillon du génie, janvier 1813 ».
En 1821, il est l'auteur d'une carte générale d'Espagne et de Portugal;
il est à ce moment là passé au service de Louis XVIII, on peut en effet
lire sur la carte : « caballero Maria Antonio Calmet-Beauvoisin, official
superior del real cuerpo de ingenieros de Francia », et on y constate
qu'il s'est servi des observations astronomiques de membres des aca-
démies espagnoles, portugaises, françaises, particulièrement de celles
d'Arago, et d'opérations géodésiques faites sur les lieux par lui-même.
Le plan de la bataille d'Austerlitz est un très bel exemple du soin
avec lequel les cartographes de Napoléon dressaient leurs cartes. Il
s'agit ici d'une carte historique tracée très peu de temps après la
bataille. Signalons d'abord ses qualités cartographiques : relief exprimé
par des hachures ou par estompage, courbes bathymétriques pour les
étangs, routes, rivières, localités soigneusement indiquées; sur les
pentes exposées au Sud, signe conventionnel pour la vigne, or on
sait que la viticulture est une des richesses de la Moravie. En ce qui
concerne l'aspect historique du document, on voit sur la carte le
théâtre et le déroulement de la bataille. En haut, la route bordée d'arbres,
de Brünn à Olmütz. La bataille fait rage en avant d'Austerlitz, situé
à droite sur la carte. Au milieu, le Goldbach, ruisseau marécageux,
avec sur sa rive gauche, le fameux plateau de Pratzen (Prazen) occupé
par les Austro-Russes. Au sud les étangs qui étaient glacés.
Napoléon ayant feint de battre en retraite avait évacué Austerlitz
et s'était installé en arrière du Goldbach; à sa droite, Davout occupe
Telnitz et Sokolnitz; à sa gauche Murat et la cavalerie s'appuient sur

le Santon fortifié (voir sur la route d'Olmütz). Les Austro-Russes
tombent dans le piège que leur tend Napoléon : ils coupent la route
de Vienne à l'armée française, tournent celle-ci par sa droite, et dégar-
nissent donc Pratzen. Napoléon en profitera pour fondre sur Pratzen
et couper l'armée ennemie en deux. C'est la victoire ! Le prélude de
la bataille et la bataille sont commentés dans le *30e Bulletin de la Grande
Armée* (cf. *Napoléon Bonaparte : proclamations, ordres du jour, bulletins de
la Grande Armée,* avec une introduction de Jean Tulard). Les conseillers
de l'Empereur de Russie sont traités dans ce bulletin de « freluquets »
car ces « jeunes têtes qui dirigent les affaires russes se livrèrent sans
mesure à leur présomption naturelle ». Les Autrichiens plus circonspects
savent que Napoléon est capable d'opérations rapides et imprévues.
Quant aux soldats français, l'Empereur a su les galvaniser avant la
bataille, dans sa tournée au bivouac le 1er décembre 1805. Après Austerlitz, Napoléon prononce la célèbre harangue du 3 décembre 1805,
se terminant ainsi : « Mon peuple vous reverra avec joie, et il vous
suffira de dire, *j'étais à la bataille d'Austerlitz* pour que l'on réponde,
voilà un brave. »

98

PLAN DES COTES ET RADE DE SANGATE ET CALAIS depuis le cap
Blanc-Nez jusqu'aux Blanches dunes avec les digues et ports
militaires et de commerce proposés par le Chef militaire de la
Marine à Boulogne. En conséquence des ordres de son Altesse
sérénissime Monseigneur le prince Murat, grand amiral de l'Empire. An 1806. 1 000 toises [= 0,190 m; 1:10 300 env.]. Boulogne, le Chef militaire de la Marine impériale, Saint-Haouen,
le 8 mai 1806. 1 flle ms. coloriée, 1 000 × 2 200 mm. — B.N.,
C. et pl., Ge.B. 2221.

En 1806, quelle est la situation maritime de la France ? Nelson a
emporté sur la flotte franco-espagnole une écrasante victoire à Trafal-
gar le 21 octobre 1805. La force navale française est anéantie. Après
ce désastre, « contrairement à ce que beaucoup d'historiens ont pensé,
Napoléon ne se désintéressa nullement des choses de la Marine. Dès
1806, la correspondance trahit l'intérêt porté aux chantiers, aux croisières, et même à l'activité des simples frégates » (cf. P. Masson, J. Mur-
raciole, *Napoléon et la Marine*).
Ce projet d'aménagement du port de Calais en mai 1806 en est un
exemple. Joachim Murat, grand amiral de l'Empire depuis le 1er février
1805, ne fait que suivre les directives de son beau-frère Napoléon.
En outre, l'Empereur prépare le Blocus continental contre l'Angleterre (décret de Berlin 21 novembre 1806) et pour empêcher tout
commerce avec son ennemie, il veut créer une véritable barrière sur
les côtes.

99

GRUNDLICHE ANLEITUNG zur special Landkarten-Situations, Fortificat. und Artill. Plane zu zeichnen. Zum gebrauch für General-Stabisten, Ingenieuren, Mineuren, Sapperen und Artilleristen, wie auch jener so sich dem Mappirungs-Geschäft widmenden Oberofficiers der Armee. (Méthode fondamentale pour le tracé des cartes géographiques spécialisées, plans de sites, de fortifications et d'artillerie. A l'usage des officiers d'état-major, des ingénieurs, poseurs de mines, sapeurs, artilleurs ainsi que pour les officiers supérieurs de l'armée s'adonnant à l'établissement des cartes.) (Fin XVIII⁰-début XIX⁰ s.) — 1 vol. de 15 f. mss, plume, lavis et aquarelle, 420 × 570 mm. — B.N., C. et pl., Rés. Ge.DD. 4786.

Le style, les uniformes des militaires, l'habit des civils permettent de dater ce recueil fin XVIII⁰-début XIX⁰ siècle. C'est un recueil et un modèle de signes conventionnels.

F. 10 : *Das hohe Meer worauf eine Flottille und Flossen-Batterien zu erschen, nebst einem Admiral-Schiff.* (La haute mer, avec une flottille et des batteries flottantes, non loin desquelles se trouve un vaisseau amiral).

F. 11 : Signes conventionnels de cartographie générale — pas seulement militaire — inscrits sur une draperie soutenue par un ange.

CHAPITRE IV

L'Espace mesuré

Les travaux de la cartographie savante du XVIe au XVIIIe siècle

Pendant que les marins et les explorateurs découvraient les parties inconnues du globe terrestre, que, grâce aux ingénieurs des fortifications, se développait la topographie, des savants, soit par des calculs effectués en cabinet, soit par des observations astronomiques et géodésiques effectuées au loin — souvent au prix de dangers réels — faisaient progresser la *connaissance de la Terre*.

> ... Vous qui cherchez par grand sollicitude
> L'Art de trouver la vraye longitude
> De tous les lieux proposés sur la Terre...
>
> (Oronce Fine, *L'Art et manière de trouver certainement la longitude*, 1543, f. 3 v°).

Dès la Renaissance, une forte impulsion fut donnée à l'astronomie et à la géographie mathématique venues des anciens Grecs par Ptolémée. Oronce Fine (1494-1555) est un mathématicien dont les travaux illustrent cette période : il pratiqua l'astronomie et dressa des cartes selon des principes scientifiques.

100

Nova totius galliae descriptio. Orontius F[ine] delphinas faciebat 1553. Paris, Hierosme de Gourmont, 1553. 4 flles gravées sur bois assemblées en 1 carte, 690 × 945 mm. — B.N., C. et pl., Rés. Ge.B. 1475.

A droite, dans un cartouche, description et légende. Encadrement portant en haut les armes du Dauphiné, de France et de Bretagne; en bas, celles de l'Université de Paris, d'Oronce Fine et de la ville de Paris.

Oronce Fine, né à Briançon en 1494, mort à Paris en 1555, occupa le premier la chaire de lecteur de mathématiques au Collège royal. Il fut aussi cosmographe et même graveur. Il composa des cartes dont une élégante mappemonde en projection cordiforme.

Sa carte de France offre un grand intérêt : elle opère la transition entre les conceptions du Moyen âge, de l'Antiquité retrouvée et celles de la nouvelle science naissante. En effet, elle emprunte sa projection aux cartes régionales de Ptolémée, elle porte encore une division en climats et longueurs de jours, un titre en latin, des tracés qui s'étendent à la Gaule belgique et à la Gaule transalpine, une toponymie en latin à côté des noms français : « afin de satisfaire à ceulx qui se délectent à lire les anciennes histoires de la dicte Gaule » (Avis au lecteur, ligne 35). Les contours de la France sont en nette progression par rapport aux cartes de Berlinghieri (1482) et Waldseemuller (1513), publiées dans des éditions de Ptolémée; ils ne s'améliorèrent davantage que vingt ans

après la carte de Fine, dans celles de Postel et de Jolivet (1570) puis de La Guillotière (1594, éd. 1613). Le relief est représenté par des taupinières très disséminées qui ne font aucunement ressortir les montagnes. Drapeyron a observé que les Alpes sont à peine visibles et ne constituent en rien une barrière en cette époque de guerres d'Italie : la première édition (perdue) de la carte aurait été publiée l'année même de la défaite de Pavie dont le nom apparaît en Lombardie. Gallois, le biographe de Fine, tout en exprimant son admiration, relève les sources mais aussi les inexactitudes du document. Signalons que Fine a ébauché une représentation des signes conventionnels : il a distingué les vignettes des villes suivant leur importance relative (Avis au lecteur, ligne 31).

Fine était lui-même un dessinateur de talent qui a su disposer tous les éléments de sa carte en un tableau très harmonieux : encadrement, corps et caractères des lettres, armoiries, et ce feuillage de lierre qui accompagne toutes ses œuvres.

101

Oronce Fine. L'Art et maniere de trouver certainement la longitude ou difference longitudinale de tous lieux proposez sur la Terre... Item la composition et usaige d'ung singulier metheoroscope géographique... le tout nouvellement inventé, descript et composé par Oronce Fine... l'an 1543. Ms. français. Vélin, 23 p., 270 × 210 mm. — B.N., Mss., Fr. 1337.

P. 19 : Fine allongé sur le sol mesurant le méridien radical de Paris avec son méthéoroscope.

Oronce Fine, tant pour ses travaux en cosmographie que pour établir scientifiquement ses cartes, étudia longuement le problème des coordonnées géographiques. S'il adopta pour Paris la latitude erronée mesurée par son contemporain Fernel, il se heurta au problème du calcul des longitudes, dont une solution approchée ne fut trouvée que cent ans après, et une solution définitive deux siècles plus tard : « Pour ce que sans la vraye longitude et latitude desdictz lieux il est impossible scavoir leur situation et distance et conséquent faire aucune carte geographique ou hydrographique qui soyt bonne et vallable » (p. 2).

Dans ce petit ouvrage, Fine proposait d'observer simplement le cours de la Lune (et non ses éclipses, qui sont rares et difficiles à distinguer nettement) et d'utiliser l'instrument qu'il inventa et nomma *méthéoroscope*; c'était un dérivé de l'astrolabe.

REPROD. EN COUL. PL. VII

102
ORONCE FINE. Protomathesis. Paris, 1532. 390 × 245 mm. — B.N., Impr., Rés. V. 120.

F. 155 : Canevas des méridiens et des parallèles.

Dans ce volume, Fine a regroupé quatre ouvrages dont la *Cosmographia sive de Mundi sphaera*. Après Gallois, le P. de Dainville a attiré l'attention sur ce texte en soulignant que l'auteur y a donné la théorie de la construction de sa carte de France sur un canevas de longitudes et de latitudes — conception très moderne. Fine énumère dans cette œuvre une liste de cent vingt-quatre positions de villes françaises : « *Locis... tum ab ipso Ptolemaeo, tum ab aliis, vel teipso, vel a nobis observatis* » (f. 155). Le P. de Dainville a noté qu'elles diffèrent nettement de celles de Ptolémée et de ses continuateurs, et qu'elles coïncident ou sont très proches de celles fournies par Fernel, le contemporain de Fine.

Les premiers travaux

« Cette longue lunette à faire peur aux gens... »
(Molière, *Les Femmes savantes*, 1672, acte II, sc. VII).

Dans les cent années qui suivirent (1550-1650), la cartographie française, stimulée par la réussite des Hollandais, accomplit de grands progrès, particulièrement en cartographie régionale, avec la publication des premiers atlas français. Les « géographes » — car tel était le nom donné alors aux cartographes — fondaient leur travail sur des textes et des itinéraires; s'y ajoutaient des documents que recueillaient sur place les savants provinciaux. Le dernier et le plus grand des géographes qui pratiquèrent cette méthode fut Nicolas Sanson d'Abbeville (1600-1667); grâce à son titre d'ingénieur du Roi, il eut aussi accès à la documentation réunie par les militaires.

La cartographie prenait ainsi son essor sous le nom de « géographie ». Cependant elle ne put atteindre une réelle exactitude qu'après un long cheminement avec l'astronomie. C'est cette fructueuse évolution qu'illustre le choix des cartes exposées.

A la suite des révolutions successives dans l'astronomie opérées par Tycho Brahe, Kepler et Galilée (mort en 1638), la fièvre provoquée par la découverte d'un univers nouveau gagna aussi la France. Dès 1638, des conférences scientifiques furent instaurées par le P. Mersenne. L'Académie des sciences fut fondée en 1666, la construction de l'Observatoire décidée en 1667. En 1668, Huygens et Picard dressaient des lunettes de 21 pieds (6,80 m), à la Bibliothèque du Roi, dans le jardin de la rue Vivienne pour y observer Saturne. Ce bouillonnement des esprits entraîna des découvertes techniques (en 1658, Huygens inventa le pendule), et le perfectionnement des instruments : « On voit aujourd'hui par le moyen des lunettes le diamètre des objets non pas seulement quarante fois comme au temps de Galilée, mais quatre ou cinq cens fois plus grands que lorsqu'on les regarde sans lunettes » (*Recueil d'observations... 1693. De l'Origine et du progrès de l'astronomie, par M. Cassini*, p. 28). L'importance de ce mouvement suscita un engouement pour les sciences qui provoqua dès 1672 les sarcasmes de Molière dans *Les Femmes savantes*. Cassini, attiré en France en 1669, découvrit une méthode de calcul des longitudes. Picard mit au point le système de triangulation géodésique. C'est grâce à ces mesures effectuées dans le Ciel qu'on put mieux connaître la Terre.

103
JEAN PICARD. La Mesure de la Terre. Paris, Impr. royale, 1671. 590 × 375 mm. — B.N., Impr., Rés. S.2.

On sait peu de choses sur la vie de ce savant modeste (1620-1682) dont les travaux eurent tant de répercussions. Il contribua au perfectionnement d'instruments, dont le micromètre, et adapta des lunettes à réticule aux niveaux (cf. notice 128) et aux quarts de cercle. Membre de l'Académie des sciences dès sa fondation, c'est à lui que celle-ci confia l'exécution du projet qui lui tenait le plus à cœur : la mesure d'un arc de méridien qui devait permettre de juger enfin des dimensions de la Terre. Cette mesure avait été tentée, après Fernel, à l'étranger, successivement par Snellius, Norwood et le P. Riccioli qui étaient parvenus à des résultats divergents. A l'aide de ses instruments, Picard améliora la triangulation inventée par Snellius en 1617, et mesura un arc de méridien entre Sourdon près d'Amiens et la ferme de Malvoisine près de la Ferté-Alais. Il faut l'imaginer mesurant deux fois de suite une première base d'environ onze kilomètres entre Villejuif et Juvisy, armé d'une toise en fer de près de 2 mètres. Il opéra ensuite ses visées en hissant ses quarts de cercle et ses télescopes en haut de tours et de clochers ; un de ses secteurs trop grand et qui risquait de se dérégler dut même être transporté à pied sur un brancard de Sourdon à Amiens ! Moyennant toutes ces précautions, Picard conclut que l'on devait compter 57 060 toises dans un degré. Ce chiffre très exact permit à Newton de vérifier sa théorie de la gravitation universelle qui ne pouvait se fonder sur le résultat erroné de Norwood. Outre cet exploit célèbre, Picard fit preuve d'une grande activité d'astronome et de géodésien, au Danemark, à Versailles, aux environs de Paris (pour surveiller les levés de Vivier), sur les côtes de France... Un an avant sa mort, il présenta un mémoire à Colbert : il y préconisait de dresser la carte du Royaume, en commençant par une « châssis général » c'est-à-dire un réseau de triangulation et en prolongeant en premier lieu « sa méridienne » d'un bout à l'autre de la France (*Registres de l'Académie*, IX, p. 96 r°, cité par Gallois, *l'Académie des sciences et les origines de la carte de Cassini*, 1909). Dans les cent années qui suivirent, le programme de ce précurseur s'accomplit.

104

MÉDAILLE commémorant la fondation de l'Académie des sciences en 1666. Frappe, argent, 41 mm. — B.N., Méd., S.V. n° 253.

Revers : *Naturae investigandae et perfic. [iendis] artib. [us]*. A l'exergue : *Regia scientiarum/Academia inst. [ituta] / M. DC. LXVI*. Minerve assise, entourée d'une sphère céleste (Astronomie), d'un squelette (Anatomie) et d'un alambic (Chimie).

L'avers porte : *Ludovicus XIIII. Rex Christianissimus*. Tête de profil à droite. Signé sous le cou : *J. Mauger. f*.

105

LA CONNOISSANCE DES TEMPS ou Calendrier et ephemerides du lever et coucher du Soleil, de la Lune et des autres planètes avec les eclipses pour l'année MDCLXXIX, calculées sur Paris... Paris, J.-B. Coignard, 1679. 140 × 82 mm. — B.N., Impr., Rés. V. 2159.

Grâce aux progrès de l'astronomie on put envisager la publication régulière de tables des positions des planètes ou éphémérides — dont jusqu'alors certains astronomes avaient seulement donné des listes fragmentaires. On y joignit un calendrier destiné à remplacer les almanachs populaires. Le méridien de Paris est pris pour la première fois comme méridien de référence. Cette édition a été à tort attribuée à Picard, qui a dû y collaborer, avec les autres astronomes de l'Observatoire ; le véritable auteur en est Joachim Dalencé. A partir de 1703, la page de titre porta : « au méridien de Paris, publiée par l'ordre de l'Académie royale des sciences » avec le nom de l'auteur. A cette époque, la table des positions ne donnait encore que cent neuf lieux déterminés astronomiquement.

La publication de cet annuaire, qui n'a jamais été interrompue, est actuellement assurée par le Bureau des longitudes.

106

GRAPHOMÈTRE à lunettes et à boussole de Sevin. Paris, (2e moitié du XVIIe s.). Cuivre. 250 × 450 × 180 mm. — Musée du CNAM, 922.

L'instrument de visée appelé graphomètre par son inventeur Philippe Danfrie (Paris, 1597) procède, comme ses devanciers, du demi-cercle — lequel continuera à être utilisé sous les noms de quart de cercle, sextant, octant, selon son amplitude. Au demi-cercle est fixée une alidade à pinnules formant diamètre, munie d'une boussole en son centre, une autre alidade mobile pivote autour du centre et sert à mesurer l'angle du point visé et celui du repère. Par la suite, on perfectionna l'instrument en y adaptant des lunettes.

Pierre Sevin était un fabricant d'instruments de mathématiques de Paris ; il fournit en 1669 les instruments que Richer emporta à Cayenne et, en 1683, ceux qui servirent pour les mesures de la Méridienne.

107

CARTE DE FRANCE CORRIGÉE PAR ORDRE DU ROI sur les observations de Mrs de l'Académie des sciences. Paris, s.d. 360 × 266 mm. — B.N., C. et pl., Ge. DD. 2987 (777).

« M. Colbert avoit conçu le dessein d'une carte générale du Royaume plus exacte que toutes les précédentes... Messieurs Picard et de La Hire nommés par le Roi allèrent en Bretagne en 1679 et l'année suivante en Guyenne. Ils firent une correction très importante à la côte de Gascogne, en la rendant droite de courbe qu'elle étoit auparavant, et en la faisant rentrer dans les terres ; de sorte que le Roi eut sujet de dire en plaisantant que leur voyage ne lui avoit causé que de la perte. C'étoit une perte qui enrichissoit la géographie et assuroit la navigation » (Fontenelle, *Œuvres*, 1742, t. VI, *Eloge de M. de La Hire*, p. 6-7). La carte de l'Académie ne mesurait que 25 386 lieues carrées tandis que celle de Sanson en comptait 31 657.

Cette carte célèbre fut présentée à l'Académie des sciences en 1682 et éditée en 1693 dans les *Recueils d'observations* de l'Académie. Elle est surimposée à la carte de Sanson (mort en 1667) qui est qualifiée « la plus juste de toutes les modernes qui ont esté données au public... » (*Recueil d'observations*, 1693, *Observations astronomiques... par Monsieur Picard*, p. 91).

C'est la première carte établie sur le méridien origine de Paris.

108

RECUEIL D'OBSERVATIONS faites en plusieurs voyages par ordre de Sa Majesté pour perfectionner l'astronomie et la géographie, avec divers traitez astronomiques, par Messieurs de l'Académie royale des sciences. Paris, Impr. royale, 1693. 390 × 250 mm. B.N., Impr., V. 1469.

P. 91 : « Pour la carte de France corrigée »...

Dans le mémoire intitulé *Observations faites en Provence et à Lyon... par Monsieur de la Hire* est insérée la *Carte corrigée* dont un exemplaire gravé à part est exposé sous le n° 107. Le commentaire de la carte, p. 91, commence ainsi : « On a jugé qu'il estoit à propos de donner icy dans la carte suivante un résultat des observations qui ont esté faites pour sa correction, afin que l'on pust voir dans une seule figure tout ce qu'elles contiennent, et où elles sont différentes de ce qui est posé dans la carte que M. Sanson, l'un des plus illustres géographes de ce siècle, présenta à Monseigneur le Dauphin en 1679. » C'est Guillaume Sanson, le fils de Nicolas (mort en 1667) qui présenta la carte de 1679, résultat de ses travaux et probablement aussi de ceux de son père. Au verso, p. 92, le texte souligne en conclusion « combien les observations [astronomiques] sont différentes des relations et des mémoires sur lesquels les plus excellens geographes sont obligez de travailler ».

109

CARTE PARTICULIÈRE DES ENVIRONS DE PARIS, par Messrs de l'Académie royalle des sciences en l'année 1674. Gravée par F. de La Pointe en l'an 1678. — (Paris,) 1678. 9 flles coloriées assemblées, 1 500 × 1 300 mm. — B.N., C. et pl., Ge. A. 594.

Comme Gallois l'a bien montré en 1909 dans son remarquable article sur *l'Académie des sciences et les origines de la carte de Cassini* (*Annales de*

géographie, t. XVII, 1909), dès avant la fondation de cette Académie (en 1666), Colbert se préoccupait de la cartographie de la France.

L'Académie se réunit à ce sujet en 1668... « Après avoir ouy Mr Sanson... on a résolu de travailler d'abord à une carte géographique des environs de Paris pour faire l'essay des différentes manières qui ont esté proposées; et d'envoyer pour cela un homme exprès sur les lieux qui exécutera les ordres de Messrs de Roberval et Picart... » (*Registres de l'Académie*, III, p. 30 r°, cité par Gallois, p. 197). Comme Picard effectuait au même moment ses mesures d'arc de méridien dans la région parisienne, la carte put s'appuyer sur sa triangulation. On chargea du levé David Vivier, auquel on adjoignit par la suite trois ou quatre autres topographes. Leur travail était suivi de très près par l'Académie : « Le mercredi 31e jour de juillet 1669, la Compagnie estant assemblée, M. Picard qu'on avoit prié d'aller à Mareuil avec M. Cassini pour veriffier le travail de ceux qui font des cartes géographiques des environs de Paris a lu un mémoire... » (*Ibid.*, p. 200). La carte comprend la région de Paris, de Mantes à la Ferté-sous-Jouarre et de Pont-Ste-Maxence à Milly-en-Gatinais. L'échelle est d'une ligne pour cent toises, c'est-à-dire 1 : 86 400 qui est aussi la valeur de la seconde de temps moyen — Cassini de Thury a adopté la même échelle pour la carte de France dite de Cassini —. *La Carte des environs de Paris* ne porte malheureusement pas les routes. Elle n'est pas non plus graduée : l'Académie n'a sans doute pas voulu cautionner un méridien origine encore trop peu déterminé. En toute absence de planimétrie, le relief est suggéré par des hachures — procédé qui fut également utilisé pour la carte de Cassini —. La *Carte particulière* a été gravée de 1671 à 1678 par F. de La Pointe, un des meilleurs artistes de l'époque.

Cette carte était, grâce aux soins minutieux de Messieurs de l'Académie, un essai parfaitement réussi. La voie était tracée pour parvenir, sur ce modèle, en cent vingt ans, à une cartographie complète du Royaume.

S'il existe de nombreux exemplaires de cette carte, celui-ci est, semble-t-il, le seul connu qui soit rehaussé de couleurs.

110

DOMINIQUE CASSINI, dessiné par Henri Cassini Ve, 1798. Dessin à la plume, 206 × 184 mm. — B.N., C. et pl., Ge. DD. 2066.

Portrait en frontispice du 1er volume des mémoires manuscrits intitulés : *La Vie et les ouvrages de Jean Dominique Cassini*.

Jean-Dominique Cassini naquit en 1625 à Perinaldo, dans le comté de Nice, actuellement en Italie. En 1650, il fut nommé à la chaire d'astronomie de l'Université de Bologne. Tout en se livrant à ses travaux d'observation du ciel et des comètes, il étudia diverses questions relatives aux inondations et à l'adduction d'eau et devint surintendant des eaux des États du Pape. Il découvrit en 1665 les occultations des satellites de

Par Mess.rs de
l'Academie Royalle
des Sciences.
en l'année 1674.

Gravée par F. de la Pointe en lan 1678.

FOREST
DE
FONTAINEBLEAU

FONTAINEBLEAU

Jupiter et surtout réussit à prévoir leurs immersions et émersions. Il en publia en 1668 les éphémérides qui permettaient enfin de calculer assez exactement les longitudes. A la suite de délicates tractations, Louis XIV obtint du Pape l'autorisation de le faire venir en France où il arriva en 1669 pour s'y installer bientôt définitivement. Il raconta lui-même : « J'avois l'honneur de voir souvent le Roy qui prenoit plaisir à entendre parler des observations astronomiques. Sa Majesté avoit la bonté de me donner l'heure pour me rendre dans son cabinet où je restois long temps à l'entretenir de mes projets pour faire servir l'astronomie à la perfection de la géographie et de la navigation » (*Mémoires manuscrits*, p. 44). Louis XIV s'intéressait surtout à l'astronomie de position. Aussi Cassini effectua-t-il de nombreux voyages en France et même à l'étranger pour déterminer les coordonnées d'une grande quantité de lieux. C'est lui qui fit reprendre le projet de Picard : dresser la Méridienne à travers toute la France; il y collabora activement et ne s'inquiéta pas outre mesure des résultats d'après lesquels les degrés de latitude étaient plus courts dans le nord que dans le sud de la France : « Cette différence n'est pas si considérable qu'on ne puisse l'attribuer aux erreurs qui se sont pu glisser en partie dans nos observations, en partie dans celles de Picard. » Cette phrase prophétique n'empêcha pas, après sa mort en 1712, son fils Jacques de conclure imprudemment en 1718 à l'allongement de la Terre vers les pôles.

« *Espaces infinis...* » (Pascal, *Pensées*).

111
DESSEINS ORIGINAUX DES TACHES DE LA LUNE d'après les observations de Jean-Dominique Cassini. 620 × 468 mm. — Archives de l'Observatoire, D. 6.40.
F. 52 : reconstitution de la face entière de la Lune à partir des observations faites de 1675 à 1677 et dessinées sur les feuillets précédents. Annotations de la main de Cassini en italien.

Lorsque Cassini fut installé à l'Observatoire, le Roi y fit transporter la tour de Marly pour soutenir ses grandes lunettes. Cassini effectua de très nombreuses observations du système solaire, de Jupiter, de ses satellites et de l'aplatissement de cette planète, de la parallaxe de Mars, etc. Il découvrit quatre satellites de Saturne et étudia les taches de la Lune de 1671 à 1679 : « On a fait une description exacte des taches de la Lune non seulement pour observer les éclipses avec plus de facilité et de précision, mais encore pour examiner si dans la suite des temps, il n'arrivera point de changement à quelques-unes de ces taches » (*Recueil d'observations faites en plusieurs voyages*, 1693, De l'Origine et du progrès de l'astronomie, p. 34). Cassini était si bon observateur qu'on remarqua que « cinquante ans après le premier Cassini, les astronomes étaient impuissants à voir ce qu'il avait vu, et avaient perdu même le souvenir de plu-

sieurs de ses découvertes » (Wolf, *Histoire de l'Observatoire*, p. 173). Il mourut aveugle, comme Galilée : « Ces deux grands hommes ont fait tant de découvertes dans le Ciel qu'ils ressemblent à Tirésias, qui devint aveugle pour avoir vu quelques secrets des dieux » (Fontenelle, *Œuvres*, t. V, 1742. *Eloge de M. Cassini*, p. 363).
Sébastien Leclerc, puis Jean Patigny exécutèrent, sous la direction de Cassini, ces beaux dessins à la pierre noire rehaussée de blanc sur papier bleu; les annotations précisent les jours et heures des observations. Ces dessins ont servi pour l'exécution de la grande carte de la Lune de quatre mètres de diamètre peinte par Philippe de La Hire, et pour la carte gravée en 1692.

112
GLOBE CÉLESTE, calculé pour l'an 1700, sur les observations les plus récentes, par G. De l'Isle, géographe. Paris, 1699. Globe colorié, diam. 326 mm. — B.N., C. et pl., Ge. A. 1123.
Ce globe est monté sur un méridien en cuivre et un équateur en bois. Quatre cartouches contiennent respectivement le titre, l'adresse, la dédicace au duc de Chartres et l'avertissement au lecteur. Un cinquième cartouche indique la « différence des étoiles ». Nomenclature en français.

« A l'âge de 25 ans, en 1700, il [Guillaume Delisle] publia... ses deux globes d'un pied de diamètre; le globe céleste avoit été construit sur les observations les plus exactes des astronomes de l'Académie des sciences, et M. Cassini le père avoit dirigé l'ouvrage. Ce savant astronome, à qui l'astronomie moderne doit presque toute la perfection où elle est maintenant... avoit communiqué au jeune géographe toutes les observations astronomiques qui avoient été faites » (*Mercure de France*, mars 1726, p. 475-476). Les progrès de l'astronomie et de la géographie donnèrent envie de les traduire sur des globes. Alors que leur fabrication semble avoir été arrêtée en France depuis le milieu du XVIe siècle, furent publiées successivement, en 1700 la paire de globes de Delisle et en 1712 celle de Bion. Ce nouveau départ fut peut-être suscité par Coronelli dont les grands globes, dits de Marly, datent de 1683 (diamètre = 3 850 mm), et la paire en réduction, de taille encore respectable (diamètre = 1 082 mm), de 1693 et 1702. Delisle a dénombré sur son globe environ 1900 étoiles, de six grandeurs différentes, qui sont groupées dans les cinquante constellations de l'Antiquité; il y a ajouté les constellations australes des récentes tables de Halley complétées par les PP. Jésuites de Chine, et a indiqué quelques « étoiles extraordinaires » (*novae*). « Il a aussi fait ajouter ce qu'on apele les nuées de Magellan et les deux taches noires observées par le P. Richaud à Pondichéry en 1689 » (*Journal des savans*, février 1700, p. 92). La facture du globe est très soignée, les constellations sont dessinées au naturel : « L'auteur... s'étant servi pour cela de M. Simonneau, graveur et dessinateur du Roi, que l'on sait être un des plus habiles homes de sa profession » (*ibid.*, p. 91).

« La Mesure de la Terre »

« La Géographie reçut des accroissements étonnants »
(Voltaire, *Siècle de Louis XIV*, 1752, chap. XXXI,
Des sciences. Édition Moland, 1878, t. 14, p. 536).

Les résultats obtenus par Cassini I et Picard encouragèrent l'Académie des sciences qui fut soutenue par Colbert jusqu'à sa mort en 1683, puis par l'abbé Bignon de 1691 à 1734. Elle décida que seraient entreprises de grandes expéditions à des fins astronomiques et géographiques : à Cayenne, à Gorée, aux Antilles, en Méditerranée, en Amérique du Sud, aux Canaries. Cassini I et son fils Jacques (Cassini II) se rendirent en Italie, puis Cassini II alla seul dans les Flandres, en Hollande, en Angleterre. L'Académie engageait d'autre part les voyageurs à faire des observations et à les lui envoyer. Cassini I rédigea une *Instruction générale pour les observations géographiques et astronomiques à faire dans les voyages* (*Recueil d'observations*, p. 52 et sq.). Les missionnaires, en particulier les Jésuites, effectuèrent de véritables stages à l'Observatoire avant de s'embarquer pour Siam ou pour la Chine : leurs connaissances scientifiques les introduisaient auprès des souverains d'Extrême-Orient et leur permettaient de transmettre des renseignements précieux. En France même, les astronomes et les ingénieurs complétèrent leurs observations sur les côtes. Cassini I et Cassini II, avec leurs collègues, mesurèrent la France du Nord au Sud : ce fut la *Première méridienne* de l'Observatoire (voir la notice nº 146). Ces déterminations de l'astronomie de position provoquèrent une révolution dans la cartographie. Les cartographes furent gagnés à un véritable esprit scientifique et passèrent dorénavant les documents au crible d'une critique sévère. Ainsi à propos de la question « Si la Californie est une île ou si elle fait partie du continent », Delisle écrivait à Cassini : « Je n'ai pas cru devoir me déterminer sur une chose qui est encore si incertaine : ainsi je n'ai fait de la Californie ni une isle, ni une partie du continent et je demeurerai dans ce sentiment jusqu'à ce que j'aye vû quelque chose de plus positif » (*Journal des savans*, 24 mai 1700, p. 225).

113
PROJET D'UNE CARTE RÉDUITE DE LA MÉDITERRANÉE assujetie aux observations astronomiques les plus certaines comparées avec la carte du Sr Berthelot, hydrographe du Roy, le 15 janvier 1735. S.l. 1 ffle coloriée, 1 050 × 485 mm. — B.N., C. et pl., S. H. Portefle 64, p. 12.

Dans le haut de la carte, à gauche et à droite : *Avertissement*.

Berthelot fut professeur à l'École d'hydrographie de Marseille de 1685 à 1734. En 1693, il avait dressé une carte de la Méditerranée qu'on utilisa longtemps, en lui faisant subir des corrections successives. Cependant cette carte était très fausse, comme le constatait Chazelles : « Mr de Chazelles, ingénieur et hydrographe des galères de France, qui a fait un grand nombre de voyages tant en Levant qu'en Ponant... s'est convaincu par lui-même du grand nombre d'erreurs des cartes géographiques et hydrographiques et des portulans de la Méditerranée... il a résolu d'en faire un nouveau portulan de toute la Méditerranée plus exact que tous les précédents » (*Histoire de l'Académie des sciences,* 1701, p. 122). Jean-Mathieu de Chazelles (1657-1710), mathématicien et astronome, qui travailla avec Cassini, fut aussi professeur d'hydrographie à Marseille et collabora au *Neptune françois*. En 1693, en prévision d'un second volume du *Neptune* consacré à la Méditerranée, qui ne fut jamais publié, Chazelles parcourut les côtes de la Méditerranée orientale pour y déterminer de nombreuses positions astronomiques. Les deux visions de la Méditerranée sont ici superposées comme dans la *Carte de France corrigée* (voir notice nº 107). La Méditerranée perd selon les calculs de Chazelles plus de 100 km de longueur. Pourtant ce ne fut que vingt-cinq ans après la mort de Chazelles que l'on se préoccupa de rectifier la carte de la Méditerranée suivant ses déterminations. La nouvelle carte fut publiée en 1737.

114
LE NEPTUNE FRANCOIS ou Atlas nouveau des cartes marines levées et gravées par ordre exprès du Roy pour l'usage de ses armées de mer dans lequel on voit la description exacte de toutes les côtes de la mer Océane et de la mer Baltique depuis la Norwege jusques au detroit de Gibraltar... le tout fait sur les observations et l'expérience des plus habiles ingénieurs et pilotes, reveu et mis en ordre par les sieurs Pene, Cassini et autres. Paris, H. Jaillot, 1693. 650 × 510 mm. — B.N., C. et pl., Ge. CC. 1114.

Carte nº 17 : 2e *Carte particulière des costes de Normandie*.

« Après tout ce que le Roy a fait pour mettre la Marine dans l'estat

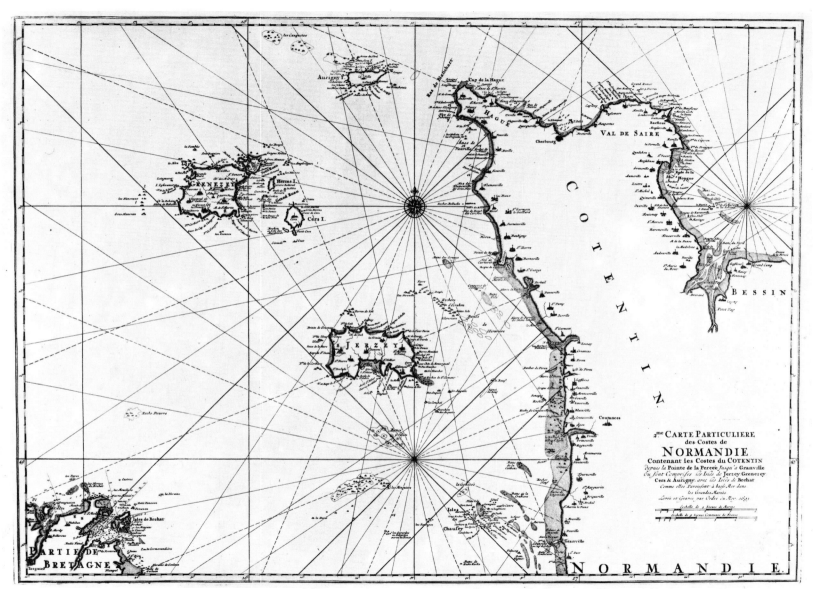

2.me CARTE PARTICULIERE
des Costes de
NORMANDIE
Contenant les Costes du COTENTIN
Depuis la Pointe de la Percée Jusqu'à Granville
Où sont Comprises les Isles de Jersey Guernezey
Cers & Aurigny, avec les Isles de Brehat
Comme elles Paroissent à basse Mer dans
les Grandes Marées
Levée et Gravée par Ordre du Roy. 1693.

COTENTIN

VAL DE SAIRE

BESSIN

PARTIE DE
BRETAGNE

NORMANDIE

florissant où elle est aujourd'huy, il ne manquoit à la perfection de ce grand ouvrage que des cartes fideles. Et pour y parvenir, Sa Majesté a non seulement établi une Académie composée des plus sçavants mathematiciens et astronomes, qui ont determiné par leurs observations les latitudes et les longitudes des principaux lieux de la Terre; mais elle a en même temps employé plusieurs habiles ingénieurs et pilotes à lever les côtes, tant de son royaume que des pays étrangers et a fait ramasser de toutes parts les cartes et les mémoires qui pouvoient servir à ce dessein. » Ces quelques lignes de l'introduction expriment l'ambition de la publication. Richelieu avait déjà dépêché des ingénieurs de la Marine lever les côtes de France; par la suite Clerville (mort en 1677) avait opéré des levés systématiques. Mais toutes ces cartes étaient restées dans des dossiers manuscrits. Le présent atlas, voulu par Colbert et Seignelay, est une réalisation d'une autre envergure : il est destiné à rivaliser avec les atlas maritimes hollandais, les seuls recueils de cartes gravées pour la navigation existant jusqu'alors, et même à les dépasser grâce à des chiffres vérifiés récemment et à des documents à plus grande échelle. Il faut aussi remarquer qu'il est le fruit des travaux conjugués pendant une vingtaine d'années d'ingénieurs du Roi, d'hydrographes et d'astronomes : Cassini, Sauveur, Chazelles, La Voye, Minet, de Gennes y ont collaboré nommément. Le privilège daté du 27 décembre 1692 est accordé à Charles Pene, ingénieur et géographe, dont on connaît également des levés de la Méditerranée.

115

Isle de Cayenne. (Vers 1667.) 1 flle ms. coloriée, 480 × 620 mm. — B.N., C. et pl., S.H. Porteflle 164, d.5, p. 4 D.

Orienté le Nord en bas. En carton : *Le Fort Louis en l'Isle de Cayenne.* Armes du royaume de France. 1667 environ, d'après la comparaison avec une carte gravée de cette date.

Cette carte rappelle le voyage que l'astronome Jean Richer accomplit dans cette île équinoxiale de 1671 à 1673. Il décrit ainsi son installation pittoresque : « Je fis bastir par les Sauvages une petite maison à leur manière... couverte de branches et de feuilles de palmiers... laquelle m'a servi d'observatoire pendant que j'ay esté en cette isle » (*Recueil d'observations, Observations astronomiques faites en l'isle de Caïenne*, par M. Richer, p. 36). « La longueur du pendule à seconde... fut trouvée sensiblement plus petite proche de l'equinoxial que dans nos climats » (*Ibid., De l'Origine et du progrès de l'astronomie*, p. 41). Ce phénomène insolite, discuté par Huygens et Newton, les fortifia dans leur opinion de la diminution de l'attraction terrestre à l'équateur, due à un renflement du globe à cet endroit.

116

Carte du Cap Vert et des environs. (Après 1677.) 1 flle ms. coloriée, 460 × 217 mm. — B.N., C. et pl., S.H. Porteflle 111, d.4, p.6 D.

« La Gorée est une petite isle éloignée de deux lieues de l'extrémité plus occidentale du cap Verd vers le Sud-Est, et d'une demie lieue de la terre ferme d'où commence la coste méridionale d'Afrique. Elle fut prise sur les Hollandois par M. le maréchal d'Estrée en 1677... » (*Recueil d'observations 1693, Voyage au cap Verd et aux isles de l'Amérique*, p. 65).

« L'Académie jugea qu'il estoit nécessaire de connoître précisément la situation de ce cap, parce que c'est la partie de notre continent la plus avancée dans l'Océan occidental et que quelques géographes y ont establi le premier méridien » (*ibid.*, p. 42).

On y envoya en 1682 MM. Varin, des Hayes et de Glos. Ils constatèrent que la différence de longitude entre Gorée et Paris s'élevait à 19° 25'.

117

Mappemonde ou Carte générale du monde dessignée en deux planhémisphères par le Sr Sanson d'Abbeville, géographe ordinaire de Sa Majesté. Rivière sculp. Paris, P. Mariette, 1651. 1 flle coloriée, 407 × 536 mm. — B.N., C. et pl., Ge. DD. 2987 (76).

« Tout le monde sait que la géographie ne commença à fleurir dans le Royaume que sous Louis XIII et c'est aux talents et aux travaux continuels de Nicolas Sanson que cette science fut redevable du lustre qu'elle y reçut » (Robert de Vaugondy, *Essai sur l'histoire de la géographie*, 1755, p. 217). En effet, ingénieur puis premier géographe du Roi, Nicolas Sanson d'Abbeville (1600-1667) fut le premier cartographe français à publier une œuvre considérable, cohérente et raisonnée, qu'il a réunie en atlas. Il dressa en particulier de nombreuses cartes des circonscriptions administratives, civiles ou religieuses de la France. Son fils Guillaume hérita de la notoriété paternelle; il fut consulté pour les travaux de cartographie entrepris par la jeune Académie des sciences.

Le dessin de cette mappemonde, en progrès sur les cartes des prédécesseurs de Sanson, donne encore aux continents des contours bien trop massifs. La mer du Sud est encore peuplée d'îles et la terre Magellanique y est toujours figurée. La Californie est nettement représentée comme une île. Le Japon orienté Est-Ouest est trapu. Sanson lui-même constatait tristement : « Il n'y a guère d'asseurance à la plus part des relations [de voyage] qui viennent de loin » (Sanson, *Atlas*, f. 76).

« Il vaut mieux ignorer absolument où l'on est et savoir qu'on l'ignore, que de se croire avec confiance où l'on est pas » (Cassini).

118

PLANISPHÈRE TERRESTRE, ou sont marquées les longitudes de divers lieux de la Terre par les observations des eclipses des satellites de Jupiter, dressé et présenté à Sa Majesté par Mr de Cassini le fils, de l'Académie royale des sciences. — A Paris, chez Jean-Baptiste Nolin, 1696. 645 × 565 mm. — B.N., C. et pl., Ge. DD. 2987 (112).

Au titre : *Avertissement : les lieux où l'on a fait des observations sont marqués par une estoille.* — Projection polaire.

Cette carte qui fut aussitôt copiée aux Pays-Bas (à Amsterdam par F. Halma, à Leyde par P. Van der Aa) est la réduction et le seul témoin qui nous reste du grand planisphère (7,80 m de diamètre) que J. D. Cassini fit graver sur le sol de l'Observatoire : « On a dressé une carte de toute la Terre connüe sur le plancher d'une tour de l'Observatoire dans laquelle on s'est éloigné de quelques cartes plus modernes jusqu'à 20 degrez dans les longitudes des terres orientales... (*Recueil des observations 1693, De l'Origine et du progrès de l'astronomie*, p. 42).

On compte quarante-trois lieux marqués d'une étoile, qui ont été vérifiés sur place, dont un certain nombre par les Jésuites envoyés à Siam ou à la Chine : en 1685, passant au cap de Bonne Espérance au moment de l'éclipse de lune du 16 juin, ceux-ci l'observèrent à bord de leur vaisseau — mais à l'œil nu en raison du roulis (Bigourdan, *Cptes rendus Académie des sciences*, 3 juin 1918).

Lorsque le grand astronome anglais Halley vint voir le planisphère de l'Observatoire, il trouva les positions déterminées en conformité avec ses propres observations (*Recueil des observations 1693, Les Elemens de l'astronomie*, p. 74).

La projection polaire ne permet de laisser aucune équivoque sur l'ignorance où l'on se trouvait alors en ce qui concernait le hiatus entre le nord de l'Asie et le nord de l'Amérique, ainsi que les îles septentrionales du Japon (cf. *3ᵉ lettre du S. de Lisle à M. Cassini* sur la question que l'on peut faire si le Japon est une isle, *Journal des scavans*, 31 mai 1700, p. 236 et sq.).

« Une Terre presque nouvelle que M. Delisle présenta. »

119

MAPPEMONDE dressée sur les observations de Mrs de l'Académie royale des sciences et quelques autres et sur les mémoires les plus recens... par... G. de l'Isle géographe. Gravé par Berey. Paris, l'auteur, 1700. 490 × 770 mm. — B.N., C. et pl., Ge. DD. 2987 (84).

Mappemonde en deux hémisphères. Titre dans un cartouche aux armes des Orléans, orné de figures féminines, symbolisant les quatre parties du monde. Sur une banderole : *Avertissement. L'auteur rend raison dans la Nouvelle introduction à la géographie des changements qu'il a fait sur cette carte aussi bien que sur les autres qu'il a mises au jour.*

« Guillaume Delisle, né en 1675 d'un père savant dans l'histoire de la géographie, fut pour ainsi dire nourri de ces sciences dès le berceau » (Robert de Vaugondy, *Atlas*, p. 18). Dès l'âge de 25 ans, Guillaume publia coup sur coup deux globes, une mappemonde, des cartes des continents et une carte d'Italie. « M. Delisle entra en l'Académie [des sciences] en 1702, élève en astronomie du grand M. Cassini, quoiqu'il ne fût ni ne voulût être observateur, mais on compta que l'usage qu'il sçavoit faire des observations lui devoit tenir lieu de celles qu'il ne faisoit pas... » (*Introduction à la géographie*, 1746, t. I, *Éloge de M. Delisle*, p. XXXI). En effet, Delisle fut le premier géographe à utiliser de façon systématique la centaine de positions déterminées astronomiquement. Il complétait sa documentation par un travail de critique serrée des cartes déjà existantes — et même des portulans qu'il jugeait plus exacts que Ptolémée — et les comparait aux textes des historiens et des voyageurs. Il établit ainsi environ cent cartes. Il mourut à 51 ans en 1726. Fontenelle, dans son *Éloge de M. Delisle* put dire avec emphase, mais à juste titre : « L'ouverture du siècle présent se fit donc, à l'égard de la géographie, par une Terre presque nouvelle que M. Delisle présenta » (p. 301).

Sur cette mappemonde « la mer Méditerranée est raccourcie de 15 degrés... l'Asie a aussi moins d'étendue... les pays barbaresques sont rapprochés de la France de 60 lieues... la grande mer du Sud entre l'Amérique et l'Asie est ici beaucoup plus étendue... et se voit enrichie de plusieurs îles » (*Journal des savants*, 1700, p. 78-79). Delisle prit résolument le parti de laisser en blanc les régions inconnues comme le Nord-Ouest de l'Amérique du Nord. Remarquer l'indication *Terres Australes* qui subsiste aux abords du pôle antarctique. Delisle tenait ses cartes à jour et a réédité cette mappemonde avec des compléments en 1720.

120

HÉMISPHÈRE ORIENTAL ou de l'Ancien Monde. — HÉMISPHÈRE OCCIDENTAL ou du Nouveau Monde. Publié... par le Sr d'Anville,... MDCCLXI. G. De-la-Haye [sculp.]. (Paris,) l'auteur, 1761. 2 flles, 715 × 640 mm. — B.N., C. et pl., Ge. DD. 2987 (96, 100).

Jean-Baptiste Bourguignon d'Anville (1697-1782) avait 29 ans en 1726 à la mort de Guillaume Delisle : la relève était assurée. Au cours

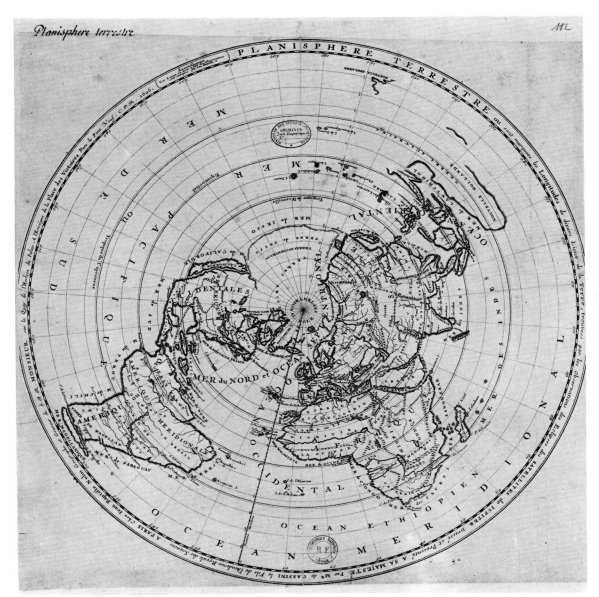

de sa longue et laborieuse existence, d'Anville travailla en solitaire; il eut pourtant de nombreux correspondants et informateurs. « M. d'Anville connaissait la Terre sans l'avoir vue » (cf. Dacier, *Éloge de M. d'Anville*, p. 37). Il vint à la cartographie par l'histoire ancienne; il fit d'ailleurs partie de l'Académie des inscriptions (1754) avant d'être élu tardivement à l'Académie des sciences (1773). Il voulut « comparer... le monde ancien avec le monde moderne, l'état actuel du globe avec son état dans les temps les plus reculés ainsi que dans les temps intermédiaires » (cf. *ibid*, p. 22-23). Il débuta par des cartes historiques destinées à illustrer divers ouvrages. L'*Atlas de la Chine*, qui devait accompagner la *Description* du P. Du Halde, et dont les Jésuites lui confièrent la réalisation, établit sa réputation (1734) : ce monument, scrupuleux et soigné, fixa la cartographie de l'Extrême-Orient pendant un siècle. Après le succès de ses travaux sur l'Italie (voir notice n° 123), il aborda les grandes cartes générales qui clarifièrent l'aspect de la Terre; cinquante ans après leur publication, ses cartes d'Afrique (1749), de l'Inde (1752), d'Egypte (1765), faisaient encore l'admiration des explorateurs. Dacier signale aussi (cf. *ibid*, p. 9) : « M. de Bougainville, en traversant les Moluques, ne trouva aucune carte marine correcte dans cette partie; mais le hasard lui ayant présenté celle de M. d'Anville, il s'explique ainsi à ce sujet : Celle qui m'a donné le plus de lumières est la carte d'Asie de M. d'Anville, publiée en 1752. Elle est très bonne depuis Ceram jusqu'aux îles Alambaï... j'ai vérifié par mes observations l'exactitude de ses positions... » D'Anville accompagnait ses cartes d'études critiques dans lesquelles il justifiait ses tracés. Cependant l'abus du raisonnement en cabinet l'entraîna à soutenir la théorie de la Terre allongée vers les pôles.

La mappemonde de d'Anville est bien supérieure à celle de Delisle. L'auteur, il est vrai, bénéficiait d'un nombre de déterminations astronomiques deux fois supérieur, et du résultat de plusieurs explorations, dont les trois voyages de Behring qui découvrit les îles Aléoutiennes et le détroit qui porte son nom. L'Amérique allégée paraît nager dans un grand océan qui appelle irrésistiblement la curiosité; les imaginaires Terres australes ont été déplacées et désignent la future Australie; la côte occidentale de l'Amérique du Nord s'esquisse; le Nord du Japon se précise. Quant à l'Afrique, elle est tellement débarrassée du fatras accumulé par des siècles de notations erronées qu'elle semble vide. D'Anville était si épris d'exactitude qu'à quatre-vingts ans, en 1777, il modifia son océan Pacifique à la lumière des découvertes de Cook. Les cartes de d'Anville sont reconnaissables par leur trait précis et net, un peu sec, mais toujours harmonieux. D'Anville était fort bon dessinateur, comme son frère le célèbre graveur Gravelot.

121

PLANISPHÈRE PHYSIQUE, où l'on voit du pôle septentrional ce que l'on connoît de terres et de mers avec les grandes chaînes de montagnes, qui, traversant le globe, divisent naturellement les terres soit en parties élevées soit en terreins de fleuves inclinés vers chaque mer et partagent les mers par une suite de montagnes marines indiquées par les isles, rochers ou vigies... Dressée par Phil. Buache... Gravé par Desbruslins. Paris, 1756. 1 flle coloriée, 342 × 446 mm. — B.N., C. et pl., Ge. DD. 2091 (2).

Philippe Buache (1700-1773) commença des études d'architecture; il s'attacha ensuite à Guillaume Delisle dont il devint l'élève et dont il épousa la fille. En 1729, le Dépôt des cartes et plans de la Marine le prit pour dessinateur. En 1730, on créa pour lui à l'Académie des sciences le titre d'adjoint-géographe. Il continua à éditer en les complétant les cartes de son maître et beau-père Guillaume Delisle; il collabora étroitement avec le frère de ce dernier Joseph-Nicolas Delisle pour la fameuse affaire de la Lettre de l'amiral De Fonte, et du passage du Nord-Ouest dans l'Amérique du Nord. Esprit curieux et systématique, Buache, sans négliger totalement la géographie mathématique ni la géographie historique, s'est attaché à la géographie physique ou naturelle. Il ne faut pas oublier qu'il est le contemporain de Buffon et de Guettard qui a dressé les premières cartes minéralogiques; l'Académie des sciences associa le nom de ce dernier à celui de Buache (*Histoire de l'Académie des sciences*, 1746, p. 105, cité par Broc, *La Géographie des philosophes*, p. 205). Buache échafauda une théorie très ingénieuse de la charpente du globe soutenue par les chaînes de montagnes : celles-ci devaient former une véritable ossature qui se continuait sous les mers et dont les sommets émergeaient sous forme d'îles. L'Académie des sciences fut séduite par ce canevas ordonné : « Cette façon de considérer notre globe ouvre une nouvelle carrière à la géographie. Il est peut-être plus intéressant de connaître la direction de ces chaînes de montagnes... que de reconnaître les anciennes bornes d'un pays ou d'un empire qui n'existe plus » (*Histoire de l'Académie des sciences*, 1752, p. 124, cité par Broc, *ibid.*, p. 203). Ainsi Buache put-il prédire la liaison de l'Asie et de l'Amérique avant que les Russes ne l'aient découverte. Par contre, Buache systématisa à l'extrême des notions qui n'étaient vraies qu'en partie : il raccorda entre elles les chaînes de montagnes existantes par d'autres qu'il créa de toutes pièces. Cette systématisation fut encore exagérée par les successeurs de Buache, ce qui finit par ruiner son intuition d'une nouvelle vision de la surface terrestre.

122

CARTE DES PAIS VOISINS DE LA MER CASPIENE dressée pour l'usage du Roy sur la carte de cette mer faite par l'ordre du Czar, sur les mémoires manuscrits de Soskam-Sabbas, prince de Géorgie, sur ceux de Mrs Crusius, Zurabek et Fabritius, ambassadeurs à la

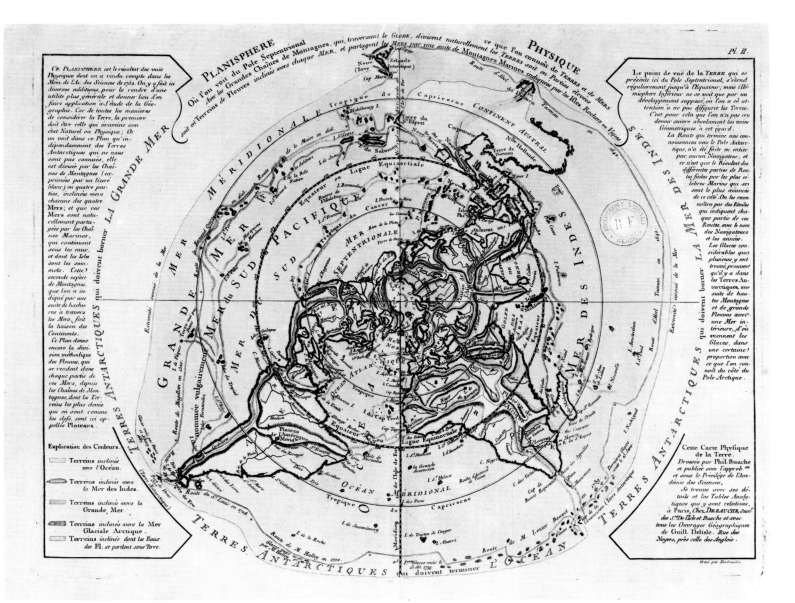

cour de Perse, et sur les éclaircissements tirez d'un grand nombre de personnes intelligentes du pais, assujetie aux observations astronomiques, par Guillaume Delisle,... 15 août 1723. Marin sculpsit. Paris, Delisle, 1723. 490 × 645 mm. — B.N., C. et pl., Ge. D. 16764.

Sur cette carte, l'auteur indique lui-même les sources d'information très variées auxquelles il fit appel pour une région jusqu'alors fort mal connue. Au Moyen âge, on pensait que la mer Caspienne communiquait avec l'océan Arctique; plus tard on la représenta tournée de 180° et on s'imaginait qu'elle communiquait par quelque canal souterrain avec la mer Noire. On sait que durant son séjour à Paris en 1717, « le Czar allait voir familièrement [Guillaume Delisle] pour lui donner quelques remarques sur la Moscovie, et plus encore, pour connaître mieux que partout ailleurs son propre empire » (Fontenelle, Œuvres, 1742, t. VI, Éloge de M. Delisle, p. 313). Néanmoins, écrit Delisle : « Ce prince me fit l'honneur de me dire que c'étoit mal à propos que l'on avoit supposé un gouffre dans la mer Caspienne » (Mémoires de l'Académie royale des sciences, 1720, p. 382). En 1721, Pierre le Grand avait offert à l'Académie des sciences un exemplaire manuscrit de la carte de cette mer dressée sur ses ordres (B.N., C. et pl., Rés. Ge. AA. 581). Delisle s'était empressé d'en faire une réduction, d'où le tracé correct de la Caspienne sur cette Carte des pais voisins; on y trouve d'autres mentions provenant des conversations avec le Czar, par exemple : « Mer salée est d'une si grande amertume que les poissons qui y entrent meurent aussitôt » (cf. ibid.) Les autres sources citées ont été discutées par W. D. Allen (The Sources for G. Delisle's Carte des pays voisins de la mer Caspienne of 1723, Imago Mundi, t. XIII, 1956, p. 137-150). Soskam Sabbas est le prince géorgien Saba Sulkhan Orbeliani qui vint en 1714 demander à Louis XIV d'intercéder auprès du Chah en faveur de la religion catholique en Géorgie (ibid., p. 142 et sq.).

123

L'ITALIE, publiée sous les auspices de Monseigneur le duc d'Orléans,... par le Sr d'Anville. Paris, l'auteur, 1743. 806 × 670 mm. — B.N., C. et pl., Ge. DD. 2987 (4966).

Titre dans un cartouche en forme de draperie représentant la religion chrétienne triomphant du paganisme, et le fleuve Tibre, signé : « Coypel inv., Aveline sculp. ». En dessous, note : « L'auteur rend compte de la construction de cette carte dans un ouvrage intitulé : Analyse géographique de l'Italie. »

Le goût de d'Anville pour l'Antiquité et son désir de vérifier les iti-

néraires des Anciens le poussèrent à dresser cette carte. Dans l'Analyse géographique de l'Italie, il expliquait : « Divers motifs ont déterminé mon choix pour l'Italie. Premièrement, le mérite et l'importance du sujet : en second lieu, l'espèce et la quantité des matériaux propres pour le traiter, et dont il paroissoit néanmoins résulter un ouvrage neuf à bien des égards, ce qui avoit plus lieu de surprendre d'un pays comme l'Italie que de beaucoup d'autres » (p. 5). Il en tira cette belle carte aux contours rectifiés.

D'Anville était fier de la façon dont il était parvenu à exprimer le relief : « On peut regarder comme un article des plus importants et si j'ose le dire plus recommandable dans la carte d'Italie la manière dont les Alpes avec les rameaux qui en sortent et qui leur servent de degrés pour parvenir à leur cime ou crête principale, y sont représentées » (ibid, p. 288). D'Anville perfectionna sa carte par la suite : « En 1754 il a fait quelques changements... entre Pise et Florence et en 1764 il en a fait encore d'autres, particulièrement la suppression de la Linosa, petite île à l'ouest de Malte » (Catalogue des cartes de M. d'Anville, p. 76).

124

PARALLÈLE DU CONTOUR DE L'ITALIE, selon les cartes de MM. de l'Isle et Sanson et celle qui résulte de l'« Analyse géographique » de ce continent par le S. d'Anville. Gravée par P. Bourgoin. (1744.) 457 × 364 mm. — B.N., C. et pl., Ge. DD. 2987 (4997).

D'Anville a publié cette carte en annexe à son Analyse géographique, en signalant : « Si je compare cet ouvrage à ceux de MM. de l'Isle et Sanson, c'est précisément parce qu'ils sont regardés avec justice comme les auteurs les plus habiles en fait de cartes générales » (p. 277). Il a utilisé le procédé de la surimposition des tracés et constata dans la note placée sous le titre de la carte : « Le continent de l'Italie selon le trait du S d'Anville est composé de 10 650 lieues quarrées au plus... dans le trait de M. de L'Isle [il] renferme 13 200 lieues ou environ, c'est-à-dire 2 550 d'excédent... et dans M. Sanson la même évaluation donne 14 100 lieues ou 3 450 d'excédent. » Dacier, dans son Éloge de M. d'Anville ajoute p. 30 les précisions suivantes : « Quelques années après, le pape Benoit XIV ayant fait mesurer le degré du méridien dans l'État ecclésiastique [par Maire et Boscovitch, 1750-1755], et tirer une chaîne de triangles dans tout l'intervalle des deux mers, M. d'Anville eut la satisfaction... de voir ses corrections confirmées par les opérations des géomètres, et d'être presque parvenu, par l'érudition et la critique, à une exactitude qui paroissoit réservée à la géométrie. »

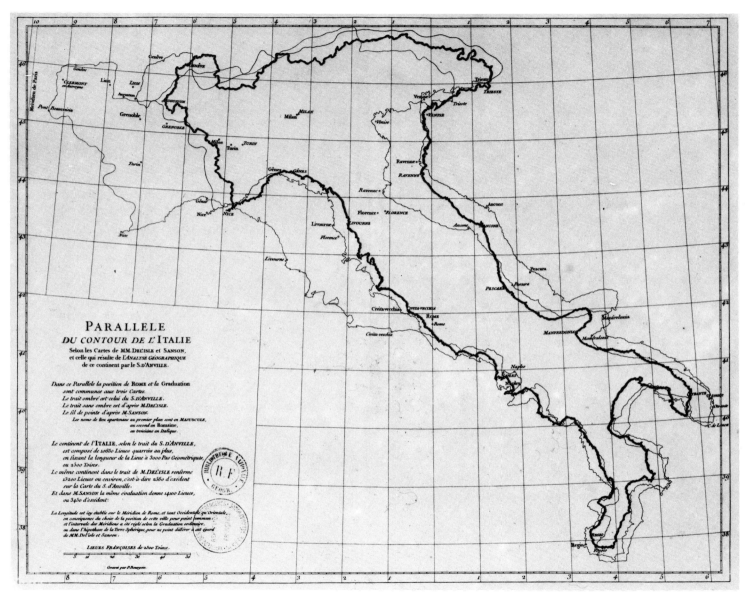

PARALLELE
DU CONTOUR DE L'ITALIE
Selon les Cartes de MM. DE L'ISLE et SANSON,
et celle qui résulte de l'ANALYSE GÉOGRAPHIQUE
de ce continent par le S. D'ANVILLE.

Dans ce Parallele la position de ROME et la Graduation
sont communes aux trois Cartes.
Le trait ombré est celui du S. D'ANVILLE.
Le trait sans ombre est d'après M. DE L'ISLE.
Le fil de pointe d'après M. SANSON.

Les noms de lieu appartenant au premier plan sont en MAJUSCULE,
au second en Romaine,
au troisième en Italique.

Le continent de l'ITALIE, selon le trait du S. D'ANVILLE,
est composé de 10650 Lieues quarrées au plus,
en fixant la longueur de la Lieue à 3000 Pas Géométriques,
ou 2500 Toises.
Le même continent dans le trait de M. DE L'ISLE renferme
13200 Lieues ou environ, c'est-à-dire 2560 d'excédent
sur la Carte du S. D'Anville.
Et dans M. SANSON la même évaluation donne 14100 Lieues,
ou 3450 d'excédent:

La Longitude est icy établie sur le Méridien de Rome, et tant Occidentale qu'Orientale,
en conséquence du choix de la position de cette ville pour point commun ;
et l'intervale des Méridiens a été réglé selon la Graduation ordinaire,
ou dans l'hipothese de la Terre Sphérique, pour ne point différer à cet égard
de MM. De l'isle et Sanson.

LIEUES FRANÇOISES de 2500 Toises.

Gravé par P. Bourgoin.

125

Jean-Baptiste Bourguignon d'Anville. Analyse géographique de l'Italie. Paris, vve Estienne, 1744. 258 × 198 mm. — B.N., C. et pl., Ge. FF. 9383.

P. 136 : Section III. P. 29, carte dépl. : *Position des points discutés*.

« Si... l'auteur d'une nouvelle carte s'éloigne considérablement des cartes précédentes, il devient comptable envers le public des raisons qu'il a eu pour le faire » (p. 3). Cet ouvrage consacre 290 pages à expliquer le tracé de la carte de l'Italie publiée l'année précédente (voir notice nº 123). Il contient deux cartes justificatives, le *Parallèle des contours de l'Italie* (voir notice nº 124) et la *Position des points discutés dans l'Analyse*. On voit avec quelle passion et quel soin méticuleux d'Anville s'est adonné à ces recherches. En s'appuyant sur les coordonnées astronomiques calculées pour la plupart par Cassini I, il a discuté dans chaque chapitre consacré à une région différente la position des lieux suivant les itinéraires des Anciens et les cartes publiées jusqu'alors : « l'Analyse... roulera presque entièrement sur la discussion des espaces » (p. 5).

126

Carte de la paroisse de St Pierre de Cormenon. 1 flle ms. coloriée, 555 × 470 mm. — B.N., C. et pl.,, Ge. DD. 2987 (1209).

Le fond de carte et les signes conventionnels sont gravés. Texte dans le bas et au verso.

François Chevalier (mort en 1738), professeur de mathématiques au Collège royal, membre en 1699 de l'Académie des sciences, connaissait les problèmes de la cartographie, puisqu'il avait dressé en 1696 pour Bossuet une belle carte de l'évêché de Meaux. Fort de son expérience, il exposa en 1707 à l'Académie des sciences une méthode ingénieuse pour se procurer sans frais des levés rapides et exacts. Il s'agissait, avec la caution des évêques, de faire remplir par les curés des paroisses un canevas gravé portant des cercles concentriques de quart de lieue en quart de lieue : les curés devaient y marquer ce qu'ils apercevaient du haut de leur clocher (*Histoire de l'Académie des sciences, 1707*, par Fontenelle, 1777, p. 184-189). D'Anville emprunta à Chevalier cette idée du « Plan de carte ou châssis »; il y joignit un *Mémoire instructif* expliquant l'usage du châssis, les détails à fournir et le mémoire qui doit accompagner chaque carte. C'est grâce en partie à ces renseignements de première main que d'Anville dressa vers 1730 sa carte du diocèse de Lisieux. Il entreprit ensuite la carte du diocèse de Blois (qui n'a jamais paru) pour laquelle il fit imprimer en 1732 le *Mémoire instructif* de quatre pages. Il conservait dans sa magnifique collection de cartes (cf. notice 48)

plusieurs châssis complétés par des curés du diocèse, qui nous sont ainsi parvenus. Le P. de Dainville a signalé que des intendants avaient envisagé aussi d'utiliser ces modèles d'enquête (cf. Dainville, *Cartes anciennes de l'Église de France*, 1956, p. 62 et 599).

La paroisse de Cormenon se trouve dans le canton de Mondoubleau, arrondissement de Vendôme. Le curé a inscrit au verso de la carte un long texte de complément.

127

Jean-Baptiste Bourguignon d'Anville. Mémoire instructif pour que dans toutes les paroisses d'un diocèse, il soit dressé en même-tems et uniformement, par une méthode aisée à pratiquer, des cartes et des mémoires particuliers, qui puissent fournir un détail suffisant pour la carte générale de ce diocèse ou d'une province. Paris, L.-D. Delatour, 1732. 4 p., 435 × 292 mm. — B.N., Impr., Vp. 527.

Dans ce *Mémoire* (cf. notice précédente), d'Anville fait très adroitement appel à l'intérêt des curés pour obtenir leur collaboration active; le texte commence ainsi : « Monseigneur l'évêque de Blois, pour parvenir à la composition d'une carte de son diocèse, plus exacte et d'un plus grand détail que la plupart de celles qui ont paru jusqu'ici, a cru ne pouvoir mieux faire que de se servir du ministère de Messieurs les curés, personnes intelligentes, bien intentionnées, et intéressées par bien des endroits dans le succès de ce projet : il s'agit non seulement du bien temporel de leurs paroisses... mais encor d'aider aux fonctions de leur état »...

128

Niveau a lunette de Martin. (Versailles, XVIIIe siècle.) Cuivre. 450 × 450 mm. — Musée du CNAM, 4253.

Une croix en cuivre porte une lunette à sa branche horizontale et un anneau à chaque extrémité de sa branche verticale. On suspend l'appareil par l'un ou l'autre anneau pour effectuer une visée horizontale.

Le niveau à lunette a été inventé par Picard qui en donne la description dans *La Mesure de la Terre*, p. 27 (cf. notice 103). Il l'a utilisé en particulier dans les travaux de nivellement pour l'adduction des eaux du parc de Versailles. « Les nivellements que l'on a faits avec des niveaux où l'on avait appliqué des lunettes sont des preuves certaines de la justice de cette invention » (*Recueil d'observation... 1693. De l'Origine et du progrès de l'astronomie... p. 29*).

129

Boussole de Langlois. (Paris, 1ʳᵉ moitié du XVIIIᵉ s.) Cuivre. 130 × 240 mm. — Musée du CNAM, 7485.

Boussole munie d'un cercle en cuivre gradué avec verniers et d'un viseur à fentes pour repérer la position de l'aiguille.

Claude Langlois fut pendant vingt ans l'ingénieur en instruments de mathématiques de l'Académie des sciences et à ce titre était logé au Louvre. Il fournit les quarts de cercle et sextants du Pérou, de Laponie et du Cap (pour l'abbé de La Caille) qui furent construits par lui entre 1730 et 1750, ainsi que les deux toises du Pérou et de Laponie.

130

Le P. Louis Feuillée. Voyage aux Isles Canaries, ou Journal des observations physiques, mathématiques, botaniques et historiques faites par ordre de Sa Majesté, par le R. Père Louis Feuillée, religieux minime, mathématicien et botaniste du Roy. Paris, 1724. 276 × 200 mm. — B.N., Mss., Ms. fr. 12222.

Sous le titre, note : « Cette copie a été faite par mon ordre sur le manuscrit de l'Académie, original du P. Feuillée... 1746. [Signé :] La Condamine ». — Ex-libris de La Condamine.

P. 124 : *Observations dont je me servis dans la suite à déterminer, tant en longitude qu'en latitude, la position de l'Isle de Fer.*

Le P. Louis Feuillée (1660-1732) faisait partie du groupe très actif d'astronomes provençaux auquel Chazelles appartint aussi quelque temps. En 1699, le P. Feuillée fut nommé correspondant de J.-D. Cassini à l'Académie des sciences. En 1700, il entreprit un voyage dans toute la Méditerranée pour effectuer de nombreux calculs de longitudes. En 1704-1705, c'est aux Antilles et en Amérique centrale qu'il transporta ses instruments. En 1707, il fut nommé mathématicien du Roi et repartit aussitôt pour faire d'autres observations astronomiques en Amérique méridionale; il dressa à son retour en 1711 des cartes très exactes de ces régions, dont certaines furent pourtant critiquées par Halley. En 1724, les circonstances politiques permirent enfin de réaliser l'opération envisagée depuis longtemps par l'Académie des sciences : vérifier la position de l'île de Fer, dans l'archipel des Canaries. C'est au P. Feuillée que l'on confia cette mission : « Je fus encore choisi par Sa Majesté pour le voyage des isles Canaries a dessein d'y aller faire des observations qui déterminassent immédiatement la différence en longitude entre l'isle de Fer et l'Observatoire royal de Paris et s'assurer de la situation de cette isle et du pic de Ténérif par où la plupart des géographes font

passer le premier méridien du monde sans savoir certainement sa situation » (p. 1-2). Malgré les difficultés météorologiques, il mena à bien en trois mois et demi ses travaux et fixa à 19°55'3" l'écart entre l'île de Fer et l'Observatoire de Paris. Les travaux du P. Feuillée étaient encore appréciés un siècle plus tard par Humboldt.

« De la Grandeur et de la figure de la Terre »

Poire ou pomme, datte ou oignon

Cependant le problème de la *figure de la Terre*, d'où découlait toute la géographie, comme l'expliquait Maupertuis dans ses *Elemens de géographie*, 1740, préoccupait les esprits des savants : « Sur la découverte que M. Richer fit à Caïenne... que le pendule devoit y être accourci... M. Huygens a formé un système de la Terre applatie par les pôles, et plusieurs grands philosophes, notamment le célèbre M. Newton ont soutenu cette hypothèse » (D'Anville, *Proposition d'une mesure de la Terre*, 1735, p. XII-XIII). La question devint brûlante lorsque Cassini II déduisit des calculs de la *Première méridienne* (voir notice n° 146) que les degrés de latitude décroissaient en longueur de l'équateur vers les pôles; il affirmait : « A la réserve des inégalités causées par les montagnes, sa surface doit avoir la figure d'une ellipse allongée vers les pôles » *(De la Grandeur et de la figure de la Terre, 1718, p. 238). En 1733, Cassini II fut chargé par le contrôleur général Orry de mesurer la perpendiculaire à la Méridienne de Paris en vue d'une future carte de France. Il en profita pour vérifier les calculs du degré du méridien : ceux-ci concordèrent encore avec les résultats précédents. Les polémiques redoublant entre « Cassiniens » et « Newtoniens », l'Académie des sciences décida « l'entreprise la plus grande que les sciences eussent jamais tentée » (D'Alembert, *Eloge de M. de La Condamine, Histoire de l'Académie des sciences, Mémoires pour 1774*, p. 91) : elle envoya en même temps « une troupe d'astronomes et de géographes » mesurer à l'équateur et au cercle polaire la valeur d'un degré de latitude (1735-1744 et 1736-1737). « Mrs du Nord », rentrés les premiers, tranchèrent le débat en faveur de l'aplatissement. Cassini II s'inclina. L'Académie des sciences chargea alors son fils, César-François Cassini de Thury (Cassini III) et l'abbé de La Caille d'opérer avec le plus grand soin la vérification de la Méridienne : la *Méridienne vérifiée* confirma enfin les mesures de « Mrs du Nord ». Dans le même temps, Cassini de Thury, Maraldi fils et La Caille poursuivaient depuis 1733 la « Description géométrique de la France », c'est-à-dire un énorme travail de triangulation générale de la France entière. Les conditions étaient réunies pour la grande réalisation de la seconde moitié du siècle : une carte à grande échelle de tout le Royaume. Ce fut la dernière entreprise patronnée par l'Académie royale des sciences.

*« Je vous félicite, Monsieur, d'avoir aplati
la Terre et les Cassini »* (Voltaire).

131

PIERRE-LOUIS MOREAU DE MAUPERTUIS. Peint par R. Tournière, gravé par J. Daullé, 1741. 520 × 355 mm. — B.N., Est., N 3.

En dessous du portrait, quatre vers de Voltaire :

« Ce globe mal connu, qu'il a scu mesurer,
Devient un monument où sa gloire se fonde ;
Son sort est de fixer la figure du Monde,
De lui plaire et de l'éclairer. »

Voltaire, agacé des légendes en latin qui accompagnaient généralement les portraits avait suggéré de remplacer la formule latine du tableau par ces vers, dans une lettre adressée de Bruxelles à M. de Locmaria le 17 juillet 1741 (correspondance éditée par Besterman, D. 2153). L'attitude de Maupertuis, enveloppé de ses fourrures laponnes, et appuyant la main sur un globe terrestre semble aussi illustrer une boutade attribuée à Voltaire : « Je vous félicite, Monsieur, d'avoir aplati la Terre et les Cassini ».

Maupertuis, né à Saint-Malo en 1698, fut d'abord mousquetaire. En 1722, il vint à Paris, et, en 1723, entra à l'Académie des sciences en qualité de mathématicien. Il se convertit en Angleterre aux théories de Newton qu'il tenta, le premier, de faire admettre en France. A la suite de la décision d'envoyer une mission au Pérou mesurer le degré de latitude, Maupertuis proposa à Maurepas de compléter l'expérience par une autre mesure au cercle polaire « afin que non seulement la comparaison de l'un de ces degrés avec le degré de la France, fît connaître si la Terre étoit allongée ou applatie, mais encore la comparaison de ces deux degrés extrêmes l'un avec l'autre déterminât sa figure le plus exactement qu'il étoit possible » (Maupertuis, *La Figure de la Terre*, 1738, p. XI). L'expédition comprenait outre Maupertuis, trois autres académiciens : Clairaut (1713-1765), Camus (1699-1768), Le Monnier fils (1715-1799), l'abbé Outhier, un secrétaire et un dessinateur. L'astronome suédois Celsius se joignit à eux. Leur séjour fut assez court, avril 1736-août 1737, comparé à celui des savants de l'équateur ; leur endurance fut mise aussi à l'épreuve. Ils rapportèrent une valeur du degré de Laponie d'une précision remarquable ; elle prouvait l'aplatissement de la Terre. Néanmoins, à son retour, Maupertuis s'astreignit à vérifier la mesure de Picard, entre Paris et Amiens.

132

CARTE DE L'ARC DE MÉRIDIEN mesuré aux environs de Tornea et du cercle polaire. 1 flle ms. coloriée, 1 920 × 640 mm. — Bibliothèque de l'Institut, Ms. 1890.

On voit sur cette carte le réseau de triangulation effectué de Kittis, près de Pello, au-delà du cercle polaire, à Tornea au fond du golfe de Bothnie. Les membres de l'expédition parcoururent toute cette région en été et en hiver. Maupertuis décrivait ainsi leur aventure : « Il falloit faire dans les déserts d'un pays presque inhabitable, dans cette forêt immense qui s'étend depuis Tornea jusqu'au cap Nord des opérations difficiles... Il n'y avoit que deux manières de pénétrer dans ces déserts, et qu'il falloit toutes les deux éprouver ; l'une en naviguant sur un fleuve rempli de cataractes, l'autre en traversant à pied des forêts épaisses, ou des marais profonds.... il falloit... escalader des montagnes escarpées... il falloit vivre dans ces déserts avec la plus mauvaise nourriture ; et exposés aux mouches qui y sont si cruelles... » (Maupertuis, *La Figure de la Terre*, p. 12). Ces difficultés sont évoquées dans un des épisodes raconté par l'abbé Outhier : « Nous montâmes donc sur la montagne d'Avasaxa traînés par des réennes dans des pulkas... M. de Maupertuis et moi versions continuellement ; si nous voulions nous relever d'un côté avec notre bâton, nous renversions de l'autre ; M. de Maupertuis se froissa même un bras » (Outhier, *Voyage au Nord*, p. 140-141).

La carte exposée fait partie d'un ensemble de trois rouleaux, comprenant une carte analogue du méridien de Quito, et une autre du 34e degré austral (mesuré par La Caille au Cap). Ils étaient sans doute tous trois pendus aux murs de la salle de séances de l'Académie des sciences pour rappeler les travaux de ses membres.

133

Abbé Reginald Outhier. Journal d'un voyage au Nord en 1736 et 1737. Paris, Piget, Durand, 1744. 225 × 200 mm. — B.N., C. et pl., Ge. FF. 2802.

P. 84 : *Veüe de la montagne de Niemi, du côté du Midy.*

L'Abbé Outhier (1694-1744), excellent astronome, était secrétaire de l'évêque de Bayeux. C'est à ce titre qu'il dressa les cartes du diocèse de Bayeux en 1736, du comté d'Ons-en-Bray en 1740 et du diocèse de Sens en 1741. Il opéra également en 1739 la triangulation des côtes de Normandie et de Bretagne. Cependant, invité par Maupertuis à l'accompagner, il ne se fit pas prier : « [M. de Maupertuis] me fit aussi l'honneur de me demander pour faire avec lui le voyage. Quoique prévenu contre le climat du pays du Nord, je partis sur le champ... » (p. 2). Le récit de voyage de l'abbé Outhier, vivant et pittoresque, est rempli de notations sur le pays et les habitants. A propos de cette vue il expliquait : Niemi est la montagne sur laquelle l'officier suédois avoit dressé un signal... M. de Maupertuis fut enchanté de la montagne de Niemi » (p. 82-83). En effet, Maupertuis écrivait de son côté : « Cette montagne que les lacs qui l'environnent et toutes les difficultés qu'il fallut vaincre pour y parvenir faisoient ressembler aux lieux enchantés des fables, seroit charmante partout ailleurs qu'en Laponie » (Maupertuis, *La Figure de la Terre*, 1738, p. 27).

« *Datte ou oignon* »

134

Lettre d'un horloger anglois à un astronome de Pékin traduite par M. [de Maupertuis]. (Paris,) 1740. 190 × 120 mm. — B.N., Impr., Rés. V. 2100.

Sur la page de garde de cet exemplaire, note manuscrite : « Présent de M. de La Condamine ».

Ouvrage de polémique rédigé sous forme de conte par Maupertuis contre les partisans de la théorie des Cassini. L'auteur fait dire aux personnages dont l'un représente Newton et l'autre Cassini : « L'un rapporta que la Terre avait la figure d'une datte, l'autre la figure d'un oignon » (p. 7).

135

Toise du Pérou. (Paris, 1735.) Fer. 1949 mm. — Musée de l'Observatoire de Paris.

L'étalon de la toise conservé au Châtelet avait été remis en état en 1668. En 1735, en prévision de l'expédition au Pérou, Godin fit établir par le grand fabricant Langlois deux copies de cette toise du Châtelet. Elles consistaient en de simples barres de fer plates qui comportaient un redent à chaque extrémité; elles devaient servir d'étalon. On confectionna en même temps deux règles de fer qui s'adaptaient exactement aux redents des étalons. Ceux-ci (disparus depuis) furent alors conservés à l'Académie des sciences. La Condamine emporta l'une des deux règles exposées ici au Pérou. La seconde servit à Maupertuis en Laponie (voir notice suivante). Elles furent toutes deux confiées à l'Observatoire le 1er vendémiaire an IX.

En 1766, le Roi fit remplacer la toise du Châtelet qui s'était déformée par la règle du Pérou; on en fit exécuter quatre-vingts copies pour les donner aux parlements provinciaux et à l'étranger.

136

Toise du Nord. (Paris, 1735.) Fer. 1949 mm. — Musée de l'Observatoire de Paris.

Voir la notice précédente.

« *Ma muse et son compas sont tous deux au Pérou*
Il suit, il examine, et je peins la nature
Je m'occupe à chanter les pays qu'il mesure »

(Voltaire, *Sur La Condamine*).

137

Carte de la cote du Pérou comprenant deux degrés au Nord et au Sud de l'équateur, dressée sur les observ^ons astronomiques de MM. Bouguer et de La Condamine, de l'Académie royale des sciences. S.d. 1 flle ms., 420 × 560 mm. — B.N., C. et pl., Ge. D. 7955.

La mission scientifique du Pérou (16 mai 1735-1744) chargée d'aller mesurer un arc de méridien à la latitude de l'équateur comprenait trois académiciens : Louis Godin (1704-1760), astronome, le plus jeune, mais le plus ancien à l'Académie et donc chef en titre de l'expédition, Pierre Bouguer (1698-1758), hydrographe, et Charles-Marie de La Condamine (1701-1774), officier puis adjoint-chimiste à l'Académie, qui avait accompli un voyage au Levant pour s'exercer aux observations nautiques. Ils étaient accompagnés de sept adjoints et de deux jeunes officiers de marine espagnols. La Condamine et Bouguer dirigèrent en fait l'expédition, mais ils s'entendaient mal. Par suite de toutes sortes de difficultés et de péripéties, les observations astronomiques et géodésiques durèrent plusieurs années. Bouguer et La Condamine parvinrent à un résultat concordant, avec trois ou quatre toises d'écart seulement pour la longueur du degré. Les membres de l'expédition revinrent en France par des itinéraires variés à des dates différentes. Bouguer explora la région du rio Magdalena jusqu'à Cartagena (golfe de Darien) et arriva en France en juin 1744. La Condamine descendit le Marañón puis l'Amazone dont il donna la première description scientifique, et rentra à Paris en avril 1745. Tous deux achevèrent de se brouiller à la publication de leurs travaux.

Cette carte manuscrite, qu'on peut attribuer à d'Anville, permet de suivre pas à pas les premiers contacts de La Condamine avec le Pérou tels qu'il les raconta lui-même dans son *Introduction* au *Journal du voyage...* 1751, p. 11 et 59. Le navire laissa à Manta, Bouguer et La Condamine le 16 mars 1736; Godin et les autres membres de la mission repartirent par mer pour Guayaquil, port plus au Sud. Bouguer et La Condamine reconnurent toute la côte jusqu'au Rio Palmar où La Condamine détermina « l'équateur ou ligne équinoxiale » et grava sur un rocher l'inscription qui apparaît sur le cartouche. Au bout d'un mois, Bouguer, malade, gagna Guayaquil avec de grandes difficultés. « N'ayant pu trouver de guide pour pénétrer à Quito en ligne droite au travers des bois où l'ancien chemin étoit effacé... » (*ibid.* p. 13), ce qui est expliqué sur la carte : « il y a eu anciennement un chemin... », La Condamine se résigna à suivre la côte vers le Nord jusqu'à l'embouchure du Rio de las Esmeraldas et se rendit de là à Quito : « Tout ce terrain est couvert de bois épais, où il faut se faire jour avec la hache; je marchois la boussole et le thermomètre à la main, plus souvent à pied qu'à cheval... je restai huit jours dans ces déserts, abandonné de mes guides... les bananes et quelques fruits sauvages faisoient ma ressource... je passai plusieurs torrens sur ces ponts... formés d'un réseau de lianes semblable à un filet de pêcheurs tendu d'un bord à l'autre et courbé par son propre poids... je rencontrai sur ma route deux... hameaux, dans l'un desquels l'argent m'ayant manqué, je laissai mon quart-de-cercle et ma malle en gage chez le curé pour avoir des mulets et des Indiens jusqu'à Nono, autre village » (*ibid.*, p. 14). On distingue ce village sur la carte au nord de Quito.

138

CARTE MANUSCRITE DE L'ITINÉRAIRE DE M. BOUGUER d'Ibarra à Popayan. 1 flle ms., 410 × 316 mm. — B.N., C. et pl., Ge. DD. 2983 (1).

Ce croquis, qui, d'après une note manuscrite au crayon, serait de la main de La Condamine, illustre l'itinéraire de Bouguer, au nord-est de Quito, sur le chemin de son retour, en 1743.

139

CARTE DES LIEUX OÙ LES DIFFÉRENTES LONGUEURS DU PENDULE à secondes ont été observées, comprenant toutes les observ.ons qui en ont été faites par divers astronomes de l'Académie r.le des sciences, de la Société r.le de Londres, etc., depuis 1670 jusques... en 1735, 1736 et 1737 à Paris, en Amérique et en Laponie... pour déterminer la figure de la Terre avec les tables calculées... par MM. Newton, Bradley et de Maupertuis, dressée par Philippe Buache,... Paris, 1740. 1 flle coloriée, 240 × 372 mm. — B.N., C. et pl., Ge. DD. 2091.

Dans les marges : *Observations de la longueur du pendule par ordre des latitudes du Nord au Sud ; Tables de l'augmentation de la pesanteur de l'Équateur vers les pôles.*

Cette carte illustre le tableau récapitulatif de toutes les observations effectuées pendant soixante ans sur les différences de longueur du pendule et l'accélération des horloges à pendules suivant les latitudes. Selon Huygens puis Newton, ces anomalies provenaient d'une augmentation de la pesanteur qui était une preuve de l'aplatissement de la Terre. Il a fallu toutes ces années de recherches des astronomes français et aussi des deux astronomes anglais Newton et Bradley pour imposer finalement une révision des mesures françaises et l'envoi de deux missions au Pérou et en Laponie. Celles-ci firent triompher définitivement la théorie de Newton.

140

CARTE DU CAP DE BONNE-ESPÉRANCE par M. l'abbé de La Caille. (Vers 1752.) 1 flle ms. coloriée, 630 × 400 mm. — B.N., C. et pl., S.H. Portefle 114, d. 6, p. 37[1].

Sur le tracé de la carte, note pour aborder au Cap, destinée aux vaisseaux. — Au verso : « Communiqué par M. l'abbé de La Caille à Mr Louzier-Bouvet »...

L'abbé Nicolas-Louis de La Caille (1713-1762) commença sa carrière d'astronome en 1737 auprès de Jacques Cassini (Cassini II) et fut toute sa vie un travailleur infatigable. En 1738, il alla vérifier avec Maraldi fils les positions des lieux sur les côtes du Ponant, de Nantes à Bayonne. Il fut ensuite le principal artisan, sous la direction de Cassini, de la vérification de la grande méridienne de France en 1739-1740. En 1740, il fut nommé à la chaire de mathématiques du Collège Mazarin; il se fit construire en haut du collège un observatoire avec un toit tournant qui lui permettait de mesurer les hauteurs des étoiles. En 1741, il fut élu adjoint-astronome à l'Académie des sciences. Il proposa à l'Académie d'aller observer le ciel de l'hémisphère austral au cap de Bonne-Espérance. Il y resta près de trois ans (1751-1754); il put ainsi dresser la première carte du ciel austral, sur laquelle il dénombra trois fois plus d'étoiles que Halley n'en avait compté à Sainte-Hélène en 1677. Il profita de son séjour pour établir cette carte des environs du Cap; on ne possédait jusqu'alors que celle de Kolbe, de 1727, entièrement fausse. Enfin il mesura un arc de méridien austral; par suite des conditions locales, le degré de longitude fut trouvé trop grand « ce qui sembleroit indiquer que l'aplatissement de la Terre n'est pas régulier » (*Histoire de l'Académie des sciences*, 1715, p. 166). On imagina alors l'éventualité d'une Terre en forme de *poire*, aplatie dans un hémisphère et allongée dans l'autre. Du Cap, La Caille se rendit à l'île de France, dont on lui demandait de dresser la carte géométrique. Il rentra à Paris en 1754, et y poursuivit ses travaux et publications jusqu'à sa mort.

Cette carte prouve que La Caille s'est préoccupé également de fournir des renseignements aux navigateurs : le Cap était une escale importante sur la route des Mascareignes et des Indes. On distingue les signaux géodésiques de La Caille en haut des deux petits monts qui surplombent le Cap à l'Ouest. Cette carte, utilisée sans doute par Lozier-Bouvet, fit ensuite partie des documents de travail de Fleurieu au Dépôt de la Marine.

141

NICOLAS-LOUIS de LA CAILLE. Journal historique du voyage fait au cap de Bonne-Espérance. Paris, 1763. 170 × 100 mm. — B.N., Impr., M. 28709.

Publication posthume du journal de voyage accompagné d'une petite carte du Cap et de ses environs et précédé d'un long éloge biographique de l'auteur. Un passage de son récit, p. 178, paragraphe 11, donne une idée des conditions dans lesquelles il a mené à bien sa triangulation : « Nous sommes partis de Groenkloof pour le Picquet-Berg; nous avions deux chariots, l'un attelé de six chevaux pour nous porter nos provisions et notre lit, et l'autre attelé de dix bœufs pour porter les instruments; nous avions huit esclaves tant pour conduire les chariots que pour porter le quart de cercle sur la montagne »...

142

PLAN DE LA PLAINE DE LÉOGANE et des rivières et ravines et mornes qui l'environnent, dédié à Monseigneur de Pontchartrain, ministre d'État, par son très humble et très obeissant serviteur Brosseard, arpenteur, le 10 juillet 1713. — 1 ffle ms. coloriée, 505 × 680 mm. — B.N., C. et pl., S.H. Portefle 151, d. 9, p. 5D.

Titre courant : *Plan de la plaine de Léogane, à St. Domingue.* — Au titre,

note : *Veu, Mithon.* — Orienté le Nord en bas à gauche. — Dans le bas, à droite, deux amours juchés sur un dauphin soutiennent les armes de Jérôme de Pontchartrain, ministre et secrétaire d'État à la Marine de 1699 à 1715.

A l'instar des travaux effectués en France, on se préoccupa de bonne heure dans toutes les colonies de reconnaître l'étendue des pays à administrer et de les cartographier. On y dressa fréquemment des cadastres : ce plan en est un exemple. Mithon qui a apposé sa signature — prouvant ainsi que ce document est une pièce officielle — était à l'époque commissaire-ordonnateur faisant fonction d'intendant avant d'être nommé en titre à ce poste en 1718. On lit son nom sur le tracé de sa propriété et à un autre endroit celui de Ducasse, le célèbre marin qui fut gouverneur de l'île de 1691 à 1703.

143

RECUEIL DE PLANCHES SUR LES SCIENCES, LES ARTS LIBÉRAUX ET LES ARTS MÉCHANIQUES, avec leur explication. 5ᵉ volume. Paris, Briasson, David, Le Breton, 1767. 248 pl., 410 × 260 mm. — B.N., C. et pl., Bibliothèque de la Société de géographie, S. G. F. 2.

Pl. II : *Arpentage.*

Ce volume est le cinquième des onze volumes de planches qui accompagnent les dix-sept volumes de *l'Encyclopédie ou Dictionnaire raisonné des sciences, des arts et des métiers, par une société de gens de lettres*, Paris, 1715-1772.

144

THÉODOLITE à pinnules donnant les angles horizontaux et verticaux. Début du XVIIIᵉ siècle. Cuivre. 370 × 260 mm. — Musée du CNAM, 5480.

Le théodolite aurait été inventé au milieu du XVIᵉ siècle par l'Anglais Leonard Digges, qui en donna la description dans son ouvrage *A geometrical practical treatize*, 1571. Il représentait alors l'aboutissement d'améliorations successives d'instruments antérieurs. De perfectionnement en perfectionnement, en particulier grâce à Ramsden à la fin du XVIIIᵉ siècle, il continue toujours à être utilisé en géodésie pour les visées terrestres.

145

Sextant mobile à deux lunettes perpendiculaires l'une à l'autre, par Langlois. Paris, 1750. Laiton. 2 600 × 1 000 mm. — Musée de l'Observatoire de Paris.

Les astres sont pointés par l'une ou l'autre des lunettes dont l'une (à droite) est portée par un côté du sextant. Les angles sont lus sur l'arc gradué inférieur.

Sextant employé par l'abbé de La Caille (1713-1762) à son observatoire du Collège Mazarin. En dépit de son encombrement, il l'emporta au cap de Bonne-Espérance et arriva à le faire hisser en haut de la montagne de la Table (1 000 m environ), où il l'utilisa pour ses observations du ciel austral et ses opérations de triangulation.

L'auteur du *Discours sur la vie de La Caille* écrivait à son propos : « La précision de ses instruments d'astronomie étoit une chose aussi singulière que le reste de ses travaux; il faisoit faire ses instruments sous ses yeux, il en verifioit tous les points par les opérations les plus pénibles, il les connoissoit jusques dans les moindres parties; mais aussi personne n'en approchoit » (La Caille, *Journal historique*, 1763, p. 107).

146

Carte fort curieuse de la méridienne de l'Observatoire de Paris. (1718.) 1 flle ms. coloriée, 5 040 × 460 mm. — B.N., C. et pl., Ge. DD. 5509.

Ce document de travail représente le résultat des efforts réitérés des astronomes de l'Académie des sciences pour dresser la première méridienne complète de la France; il s'agit d'un réseau de points (principalement des localités) déterminés astronomiquement et par triangulation géodésique, qui jalonnent le tracé théorique du méridien passant par l'Observatoire de Paris. Cette énorme entreprise fut réalisée par morceaux, interrompue par diverses circonstances politiques, toujours reprise grâce à la ténacité de J.-D. Cassini (Cassini I), et terminée après sa mort sous la direction de son fils Jacques (Cassini II) : elle fit l'objet de trois campagnes en 1683, 1701 et 1718.

Picard avait de 1668 à 1670 mesuré l'arc de méridien de Sourdon au Nord de Paris à Malvoisine au Sud. Il avait ensuite préconisé dans un mémoire présenté à Colbert en 1681 la prolongation de cette méridienne... Le projet fut repris par Cassini I qui en démontra l'utilité : « Rien n'était plus important que d'avoir un méridien bien tracé... Les géographes diffèrent entre eux dans le terme du Méridien de Paris dans la Méditerranée de toute l'étendue du païs qui est entre l'embouchure orientale du Rhosne où Ptolémée le dirige dans sa Géographie et la ville de Valence en Espagne par où le tire Hondius dans sa carte de l'Europe » (*Histoire de l'Académie des sciences*, 1701, *De la Méridienne de l'Observatoire*

prolongée, p. 169.) On eut la surprise d'observation en observation, de triangle en triangle, d'aboutir au Canigou : « La méridienne de Paris ne va pas à Perpignan comme par les cartes de la France, mais... elle passe par les montagnes occidentales du Roussillon. Cette détermination qui paroissoit alors extraordinaire a été confirmée par la méridienne de l'Observatoire prolongée jusqu'à ces montagnes l'an 1701 » (*Mémoires de l'Académie des sciences*, 1701, p. 87). Cette constatation prouve combien la connaissance de la France restait approximative trente ans encore après les calculs de la *Carte de France corrigée*. Mais ceux-ci amenèrent Cassini II à conclure imprudemment : « Nous essayerons de mesurer son étendue [de la France] après avoir démontré qu'à la réserve des inégalités causées par les montagnes, sa surface doit avoir la figure d'une ellipse allongée vers les Pôles » (*Mémoires de l'Académie royale des sciences*, 1718, *De la Grandeur et de la figure de la Terre*).

Sur la carte, la méridienne de l'Observatoire tracée en rouge traverse toute la France; les distances en toises du Châtelet y sont marquées de 1 000 en 1 000 depuis l'Observatoire jusqu'aux extrémités du Royaume au Nord et au Sud. On voit, bien soigneusement repérée, la base de triangulation de Picard entre le moulin de « Villejuive » et Juvisy.

147

Carte de France levée par ordre du Roy sous les auspices de l'Académie des sciences, par César-François Cassini de Thury, à l'échelle d'une ligne pour 100 toises [= 1 : 86 400]. Paris, 1756-1784. Chaque flle, 645 × 950 mm. — B.N., Impr., Rés. L[14] 11.

La collection entière comprend 182 feuilles dont les dernières furent publiées par Jacques-Dominique, comte de Cassini.

Flle 2 : Beauvais, 1756.

Flle 3 : Amiens, s.d.

Cassini de Thury (Cassini III), dès la phrase d'introduction de sa *Description géométrique de la France*, 1783, tiendra à souligner que la réalisation de cette carte est l'aboutissement logique de tous les travaux des cent années précédentes : « Les grands frais qu'exigeoit la description d'un royaume aussi étendu que la France, la longueur du temps nécessaire pour l'exécution... sont cause que l'Académie ne s'est occupée que des préparatifs nécessaires pour commencer ce grand ouvrage » (p. 5).

Cassini III avait présenté lui-même à l'Académie des sciences en 1747 une carte de France comprenant un réseau de huit cents points déterminés par triangulation sur lesquels il devenait enfin possible d'appuyer « le détail de la France ». De son côté, « le Ministère sentoit la nécessité d'avoir des cartes exactes pour diriger les travaux des ponts et chaussées » (*ibid.*, p. 6). Louis XV, à la vue d'une belle carte des Flandres que lui

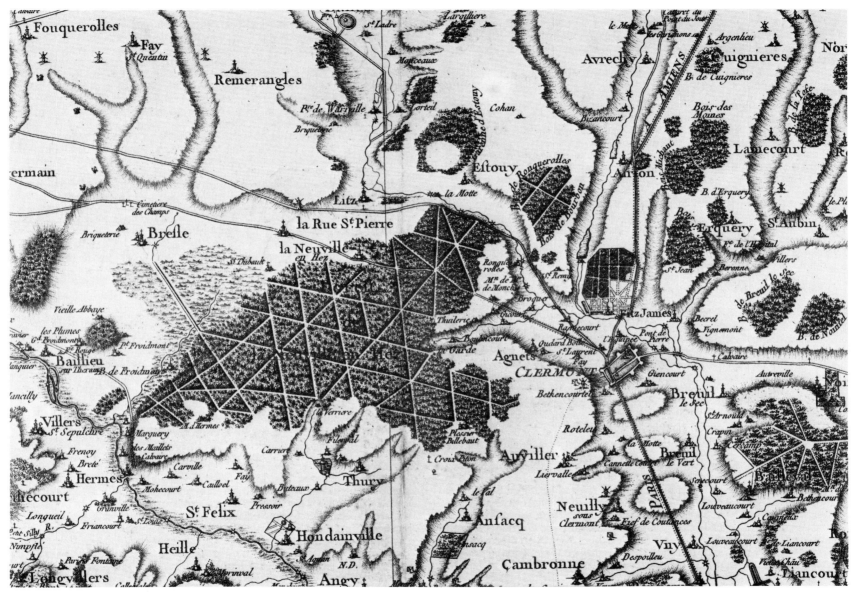

Fouquerolles
Fay
St Quentin
Remerangles
Brie de Warville
Briquetterie
Germain
Cimetière des Champs
Briqueterie
Bresle
la Rue St Pierre
la Neuville en Hez
St Thibault
Vieille Abbaye
les Plumes
Gd Froidmont
Pt Froidmont
Bailleu sur Therain
B. de Froidmont
Villers St Sepulchre
Frenoy
Breté
Hermes
Mohecourt
Longueil
Francourt
St Louis
Nimpste
Heille
Longvillers
St Felix
Preaoir
Hondainville
Angy
N. D.
St Agnan
Thury
B. de Maillets
Carrier
Carville
Caillol
Fay
la Verrire
Filleval
Hez
la Garde
Boulencourt
Plessier Billebaut
Croix Blon
Auviller
Ansacq
Ansacq
le Val
Neuilly sous Clermont
Cambronne
Litz
la Motte
la Rue St Pierre
Rongue rolles
Mn de de Monchi
Thuilerie
Jucour
Agnets
Fay
St Laurent
Bethencourtel
Roteleu
la Motte
Liervalle
Cannette Court
Fief de Coutances
Vny
Despoilleu
Estouy
de Ronquerolles
Bois de Bourbon
St Remi
Broquel
Rainecourt
Oudard Bott
Pont de Pierre
l'Equipee
CLERMONT
Giencourt
Breuil le Sec
St Arnoul
Crapin
Breuil le Vert
Senecourt
Louveaucourt
Cugnieux
Louveaucourt
le Liancourt
Vieux Chau
Liancourt
Cohan
la Motte d'Estouy
Bizancourt
Arron
Bois des Moines
B. de Cuignieres
B. d'Erquery
Bois
Erquery
St Aubin
Fe de l'Hospital
St Jean
Baronne
Litz James
Becrel
Vignemont
de Breuil le Sec
B. de Nointel
Calvaire
Autreville
Cercamp
Bethencour
Avrechi
Cuignieres
Lamecourt
Nor
le Me
les Gurnons
Argenlieu
B. de la Fote
le Pla
AMIENS
Marguery des Mallets
Calvaire
la Largilliere
Morceaux
St Ladre
Pt du Jour
PARIS

147

présenta Cassini III en 1747, donna l'ordre à celui-ci d'entreprendre la carte du Royaume. Les deux premières feuilles, Paris et Beauvais, avaient déjà paru en 1756, lorsque du fait de la guerre de Sept ans, le contrôleur général suspendit les subsides. Cassini III, ne voulant pas renoncer, eut l'idée de créer une association de cinquante personnes dont les premiers souscripteurs furent le Roi et Mme de Pompadour. Par la suite, ce fut grâce à l'aide des États provinciaux, intéressés à la confection de cette carte, que Cassini III put triompher de ses difficultés financières. On mesure la tâche surhumaine qu'il dut assumer : gestion, recrutement et formation des ingénieurs, fourniture des instruments, rapports plus ou moins faciles avec les populations, vérification et mise en forme des données recueillies, invention d'une projection dite de Cassini, présentation des minutes, gravure... En cinquante années, les 182 feuilles furent pourtant établies. A la mort de Cassini III, en 1784, il ne restait plus que les feuilles de Bretagne à terminer. C'est Cassini IV qui acheva la carte. Cette œuvre suscita l'admiration et fut imitée par certains États provinciaux et à l'étranger. Il faut néanmoins signaler que c'est une carte planimétrique qui se contente d'un relief à l'estime rendu par un système de hachures qui avait été créé pour la *Carte des environs de Paris* de l'Académie (cf. notice n° 109). Cassini III adopta aussi la même échelle.

Les deux feuilles exposées font partie d'un exemplaire colorié et entoilé pour Marie-Antoinette et sont conservées dans un emboîtage à ses armes (cf. notice n° 148).

On a souligné sur la feuille de Beauvais l'emplacement du château de Thury (arrondissement de Clermont-sur-Oise), propriété des Cassini.

148

ÉTUIS en maroquin rouge aux armes de Marie-Antoinette destinés à contenir les feuilles de la carte de Cassini. — B.N., Impr., Rés. L¹⁴ 11.

Cf. notice précédente.

149

LIVRE DES DÉLIBÉRATIONS de la Compagnie associé [sic] pour la confection de la *Carte générale de la France*. Paris, 1756-1793. Ms. français. 250 × 190 mm. — B.N., C. et pl., Ge. DD. 2 065.

Copie manuscrite contenant les règlements de la compagnie créée pour gérer la publication de la carte, et les procès-verbaux des réunions depuis la constitution de la compagnie lors de l'assemblée du 28 juin 1756 chez le fermier général Borda jusqu'à la confiscation de la carte le 5 novembre 1793. On a ouvert l'ouvrage à l'année 1779-1780; on y lit les signatures entre autres de : Louis Capitaine qui effectua plus tard une réduction de la carte de Cassini; Mignot de Montigny, Cassini de Thury et son fils Cassini, Perronet, directeur des Ponts et Chaussées, Bochart de Sarron, membre de l'Académie des sciences, Bouvier de Corberon, remplaçant du fermier général Borda, le Cte de Buffon, Malesherbes...

Nombreux sont les documents qui auraient pu illustrer ce chapitre consacré à « l'espace quotidien ». Les premières cartes, les premiers itinéraires remontent en effet, à des temps lointains, ils étaient surtout destinés à rendre les déplacements moins hasardeux. On a pu qualifier la *Table de Peutinger*, cet itinéraire romain du Bas Empire, de carte Michelin de son époque. Bon nombre de manuscrits pouvaient aussi à la fois satisfaire la curiosité de tout homme soucieux d'appréhender ce monde que voyageurs et navigateurs découvraient et lui révélaient, et l'aider lorsqu'il se déplaçait pour ses affaires ou des raisons personnelles, ou lorsqu'il faisait un pèlerinage. L'apparition de la gravure et de l'imprimerie permettant une diffusion plus étendue et moins onéreuse ne pouvait que faciliter l'accès des documents à un public plus large que celui des savants, spécialistes, érudits.

Quels sont donc ces documents dont pouvait disposer le Français, écolier ou adulte, citadin ou rural ? Nous n'en présentons qu'une sélection. Ont été écartés délibérément, faute de place, les récits de ces voyageurs, de ces navigateurs, de ces hommes courageux qui ont participé aux expéditions lointaines. Leurs nombreuses éditions témoignent de l'intérêt qu'ils ont suscité. Seuls ont été retenus les ouvrages (atlas, manuels, traités) qui pouvaient répondre facilement et rapidement à toutes les questions et satisfaire ainsi une curiosité toujours en éveil : ouvrages de références que l'on aimait avoir chez soi, à la portée de la main. Les livres utiles à l'enseignement de la géographie, discipline considérée longtemps comme auxiliaire de l'histoire, et les méthodes proposées pour en faciliter l'étude, ainsi que les divers objets tels que : globes, sphère armillaire, plan-relief sont également présents, sans oublier les jeux, moyens plus attrayants pour l'acquisition des connaissances. Cartes routières, guides, itinéraires étaient indispensables aux pèlerins, aux commerçants, aux voyageurs dans leurs multiples déplacements.

Connaissance du monde

« Tous le monde sait que la géographie ne commença à « fleurir » dans le Royaume que sous Louis XIII et c'est aux talents et aux travaux continuels de Nicolas Sanson que cette science fut redevable du lustre qu'elle y reçut »

(Robert de Vaugondy, *Essai sur l'histoire de la géographie*, 1755).

Commençaient à se répandre au cours du XVIe siècle des traductions en langues vulgaires d'ouvrages publiés en latin. Le souci des éditeurs était de les mettre à la portée de tous. Ce phénomène est spécialement sensible pour les ouvrages géographiques et les atlas, ces recueils de cartes qui faisaient le point des connaissances d'un monde que l'on découvrait peu à peu. Ceux-ci furent tout d'abord publiés, de façon très soignée, sur de beaux papiers, en de grands formats, en latin ; mais très vite apparurent concurremment des éditions abrégées qui furent ensuite traduites et imprimées sur des papiers de moins bonne qualité, dans des formats plus petits. Leur prix modique, leurs dimensions plus modestes assurèrent leur succès. Les atlas de poche étaient nés. Ils sont devenus de nos jours rarissimes et fort recherchés.

Nombreux mais peu originaux sont les manuels et traités de géographie. Celle-ci y est associée à l'histoire ou à la physique : elle n'était pas encore une science à part entière bien qu'elle eût sa place dans les *Tableaux accomplis des arts libéraux* de Christophle de Savigny (1587). « La chronologie et la géographie sont... les deux soutiens de l'histoire. L'une place les hommes dans le temps ; l'autre les distribue sur notre globe » (D'Alembert, *Discours préliminaire de l'Encyclopédie*). L'Université de Paris ne fit pas mention de la géographie dans ses statuts de 1600, 1626, 1720. Cependant les condisciples d'Ignace de Loyola, candidats à la maîtrise-ès-lettres devaient prouver leurs connaissances du traité de la sphère.

La géographie se voulait description de l'univers ; aussi n'est-il pas étonnant de trouver dans les nombreux ouvrages proposés aux lecteurs au cours des XVIIe et XVIIIe siècles un traité de la sphère ou du globe accompagnant une relation historique et ethnographique des pays évoqués.

150

Sébastian Munster. La Cosmographie universelle contenant la situation de toutes les parties du monde, avec leurs proprietez & appartenances. (Bâle, aux depens de Henry Pierre), 1556. 305 × 200 mm. — B.N., C. et pl., Ge. FF. 3058.

5 : *Description nouvelle des Gaules*. Gravée sur bois, c'est encore une représentation très fruste de la France.

Mathématicien et cartographe, Munster, moine franciscain qui adhère à la Réforme, est l'ami de Luther; né à Ingelheim en 1489 il meurt de la peste en 1551. Sa *Cosmographie* résume toute son œuvre. Elle est une véritable somme des connaissances que l'on pouvait avoir alors du monde. Appelé le « Strabon de l'Allemagne », Sebastian Munster laisse en effet plus de place à l'histoire et à l'ethnologie qu'à la géographie pour lui essentiellement descriptive. Il a cependant le souci d'illustrer de cartes ses descriptions et donne des explications neuves et intéressantes, quoique peu développées, sur les phénomènes physiques tels que les inondations et les tremblements de terre.

« Sébastian Munster par l'importance et l'étendue de ses travaux peut être considéré comme résumant l'œuvre de l'école allemande » du XVIᵉ siècle. Après lui, l'Allemange aura encore de bons cartographes mais plus de géographes. (Cf. Gallois, *Les Géographes allemands de la Renaissance*, p. 190 et 237.)

151

Christofle de Savigny. Tableaux accomplis de tous les arts libéraux contenans... par singulière méthode de doctrine, une générale et sommaire partition des dicts arts amassez et reducts en ordre pour le soulagement et profit de la jeunesse... Paris, J. et F. de Gourmont, 1587. 14 pl., 445 × 330 mm. — B.N., Impr., Rés. Atlas Z. 5.

F. X : *Geographie*.

Dans un ovale douze petits rectangles séparés par des vignettes donnent la répartition de la Terre en « provinces », « régions », « pays », « contrées », « territoires », « champs », « arpens », « vergés », « pans », « pieds », « espans » et « doigts ». Au centre représentation du monde. Cinquante-cinq cartouches indiquent les divisions et subdivisions de la géographie. C'est à cet érudit français né vers 1530 et mort en 1608 à Savigny dans les Ardennes « qu'on doit avoir obligation des premières idées d'une liaison, chaîne, ou arbre encyclopédique de toutes les Sciences & Arts libéraux, attribué jusqu'à présent avoir été imaginé et inventé par le célèbre chancelier Bacon » (cf. Papillon, *Traité historique et pratique*

de la gravure en bois, t. I., p. 279). Selon Papillon la première édition pourrait avoir été faite entre 1566 et 1578, et la planche gravée serait l'œuvre de Jean Cousin.

152

Abraham Ortelius. Epitome du « Theatre du monde »... reveu, corrigé & augmenté de plusieurs cartes, pour la troisième fois. Anvers, Ch. Plantin pour Ph. Galle, 1588. 105 × 160 mm. — B.N., C. et pl., Ge. FF. 579.

19 : *Normandia*.

La première édition française est de 1583. C'est à Philippe Galle (1537-1612), graveur et marchand d'estampes à Anvers, ami d'Ortelius — (1527-1598) Anversois, géographe, cartographe, éditeur de cartes, un des fondateurs de la cartographie moderne — que l'on doit l'initiative de cette édition de poche du *Theatrum orbis terrarum* (1570), une « première » dans l'édition cartographique (cf. Koemann, *Atlantes neerlandici*, t. III, p. 30). Galle grava les soixante-douze cartes. Le succès fut immense; de nombreuses éditions se succédèrent avec de nouvelles cartes. L'édition de 1601 publiée à Anvers par Keerbergen n'en comprend pas moins de cent trente-trois, avec un texte nouveau de Michel Coignet et des cartes gravées par Ambrosius et Ferdinand Arsenius.

Pierre Heyns dans son édition de 1583 qualifie cet ouvrage de « portatif et de petit pris ».

153

Nova et accurata terrae marisq. sphaera denuo recognita et correcta a Guilielmo Blaeu. (Amsterdam), 1606. 1 globe, diam. 136 mm. — B.N., C. et pl., Bibliothèque de la Société de géographie, Globe Blaeu 2.

Globe formé de douze fuseaux gravés sur papier allant d'un pôle à l'autre. Des mentions à l'extrémité de l'Amérique du Sud faisant état du voyage de Le Maire et Schouten (1615-1617) dans ces régions, et la signature de Blaeu, qui apparaît vers 1621, indiquent que le globe a été vraisemblablement corrigé entre 1621 et 1622.

Tout en maintenant au cartouche la date d'origine, Willem Janszoon Blaeu (né à Alkmaar en 1571, mort en 1638, cartographe, éditeur, marchand de cartes géographiques, fabricant de globes et d'instruments, installé à Amsterdam et fondateur d'une célèbre famille de cartographes) faisait régulièrement des mises à jour, en particulier de ses globes.

DESCRIPTIO ORBIS PTOLOMAICA.

Zona Frigida   et inhabitabilis dicta

Circulus   *Arcticus*

Zona Temperata   EUROPA   ASIA   et habitabilis

Tropicus   *Cancri*

Zona Torrida   AFRI   et ob Solis ardorem

à veteribus   *Aequinoctialis*   CA   *Linea*   inhabitab habita

Tropicus   *Capricorni*

Zona Temperata et habitabilis credita

Circulus   *Antarcticus*

Zona   Frigida

Excusum et cælatum a Judoco Hondio Amsterodami in platea Vitulina prope Curiam

156-1

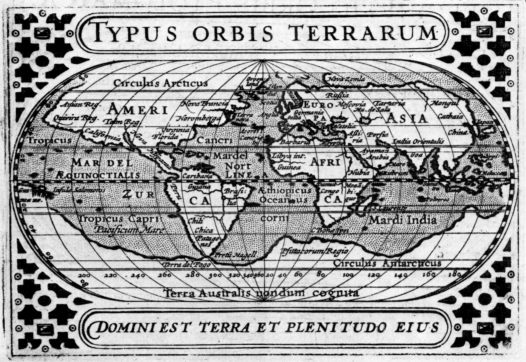

156-2

154

SPHAERA STELLIFERA accurate exhibens dispositionem stellar. fixar. excertiss^mis D. Tych. Brahæ observationib. ad annum 1606... Auct. Guil. Blaeu. (Amsterdam), 1606. 1 globe, diam. 135 mm. — B.N., C. et pl., Bibliothèque de la Société de géographie, Globe Blaeu 2 bis.

Globe formé de douze fuseaux gravés sur papier, les constellations sont représentées par les personnages ou les animaux dont elles portent le nom.

Les montures des deux globes sont identiques : quatre pieds de bois à colonnes torses. Malgré leurs petites dimensions, ils donnent des indications très précises.

155

GÉRARD MERCATOR. Atlas minor de Guerard Mercator traduict du latin en françois par le Sieur de La Popeliniere... 1613. De nouveau reveu et augmenté. Amsterodami, excusum in ædibus Judoci Hondii, s.d. 165 × 215 mm. — B.N., C. et pl., Ge. FF. 9678.

P. 23 : *Le Pôle arctique.*

Mathématicien et géographe, Mercator (1512-1594) l'un des fondateurs de la géographie moderne est l'auteur d'une projection encore utilisée de nos jours et d'un atlas universel — le premier ouvrage de ce genre désigné sous le nom d'atlas — paru en 1595, réédité par Jodocus Hondius et son fils Henricus, puis par Janssonius.

En 1607 paraît pour la première fois un atlas de poche, bien dans le goût du jour; maintes fois réimprimé en de nombreuses langues (même en turc) c'est une réduction de l'*Atlas major* de Mercator.

Dans cette première édition française le pôle est encore représenté selon la tradition par un continent comprenant au centre une mer d'où partent quatre fleuves. Guillaume Postel y plaçait le Paradis terrestre. Dans les éditions suivantes, ce continent imaginaire a disparu; le pôle y est cartographié selon les connaissances qu'on venait d'acquérir en ce début du XVIIe siècle.

156

PIERRE BERTIUS. La Géographie raccourcie... avec des belles cartes géographiques de nouveau tirées et exactement taillez par Jodocus Hondius... Amsterdam, J. Hondius, 1618. 120 × 195 mm. — B.N., Impr., G. 9178.

P. 828 : *Description du monde ptolemaïque.* P. 829 : *Nostre description du*

monde. Représentations du monde du temps de Ptolémée, et à l'époque de Mercator en 1578.

Bertius est un flamand né en 1569; professeur, il enseigna en Hollande; il voyagea en Europe et se fixa à Leyde où il occupa les fonctions de professeur et de bibliothécaire à l'Université. Ses opinions religieuses l'obligèrent à gagner avec sa famille la France; Louis XIII l'avait déjà nommé cosmographe du Roi. Il prit la nationalité française et se convertit au catholicisme. Une chaire de mathématiques fut créée spécialement pour lui au Collège de France, il l'occupa jusqu'à sa mort le 3 octobre 1629.

D'abord publiée en latin (1600) l'édition abrégée des *Tabularum geographicarum* connut le succès que Bertius en attendait : « Quant a moy qui suyvant l'exemple des autres, ay aussi pris la hardiesse d'attenter une grande chose, je me repute y bien honoré si la lecture de ces miens tableaux et descriptions maintenant translatés en françois peuvent être agréables au peuple de V.[Votre] M. [Majesté]... estant accoustrées d'un habillement de leur pays. » La place faite aux cartes régionales et la richesse de nomenclature en ont fait un ouvrage recherché et onze ans après sa mort Tavernier s'en inspire encore pour ses cartes (cf. M. Foncin, *Une carte manuscrite du Vivarais en 1626, Actes du 89e Congrès des sociétés savantes, Lyon,* 1964 pp. 159-166).

157

PIERRE DU VAL. Le Monde ou la Géographie universelle contenant la description, les cartes et le blason des principaux pais du monde... Paris, l'auteur, 1682. 85 cartes coloriées, 155 × 100 mm. — B.N., C. et pl., Bibliothèque de la Société de géographie, Rés. Bon. 8º B. 24.

Isles terceres dites Açores.

Né à Abbeville en 1619, mort à Paris sans doute en 1683, Pierre Du Val, neveu de Nicolas Sanson, géographe du Roi, ouvre en 1647 à Paris une boutique de livres et de cartes géographiques. Si l'on connaît peu de choses de sa vie, on sait qu'il joua, comme éditeur, un rôle très important dans la diffusion des connaissances géographiques. Son *A.B.C. du monde* publié en 1658, dictionnaire géographique alphabétique, sa *Sphère, traité de géographie qui donne la connaissance du globe et de la carte,* parue l'année suivante, sont des ouvrages destinés aux débutants. A son époque on compte de nombreux traités, atlas et ouvrages géographiques qui étaient les précieux auxiliaires des pédagogues. Du Val est également l'auteur de jeux géographiques qui permettaient d'acquérir en s'amusant des connaissances.

158

PIERRE DU VAL. La Carte générale et les cartes particulières des costes de la mer Méditerranée... Paris, l'auteur, 1665. 12 cartes en coul., 200 × 280 mm. — B.N., C. et pl., Ge. FF. 846.

1 : *La Carte générale de la mer Méditerranée.*

L'auteur dans sa table indique la signification des couleurs. « Le bleu ce qui appartient au Roy... le rouge ce qui est au roy d'Espagne... le gris de lin fait voir les costes des Vénitiens & et le vert celles des Turcs, des Mores et des corsaires... le jaune y represente les estats de mer des autres princes. »

159

Le P. AUGUSTIN LUBIN. Mercure géographique ou le Guide du curieux des cartes géographiques... Paris, Ch. Remy, 1678. 155 × 90 mm. — B.N., C. et pl., Bibliothèque de la Société de géographie, Bon. 8° B. 68.

L'auteur (1624-1695) se propose de donner aux curieux « avec l'intelligence des cartes, la parfaite connaissance de la géographie ». Prédicateur et géographe du Roi, il apprit à graver lui-même les cartes afin qu'elles fussent plus correctes car, écrit-il, « le géographe qui ne sait pas graver est contraint de voir son ouvrage passer dans les mains du public tout plein de fautes ». Son ouvrage est un vrai dictionnaire alphabétique des termes géographiques.

160

NICOLAS et GUILLAUME SANSON. Description de tout l'univers en plusieurs cartes & en divers traitez de géographie et d'histoire... l'on a ajouté à cette édition plusieurs cartes très-exactes... comme aussi des tables géographiques pour l'intelligence des cartes; & un traité des globes célestes & terrestres... Amsterdam, F. Halma, 1700. 4 parties en 1 vol., 225 × 165 mm. — B.N., C. et pl., Bibliothèque de la Société de géographie, Rés. Bon. 8° B. 18.

P. 1 : *Europe.*

Cet exemplaire est particulièrement soigné, les planches finement coloriées avec des rehauts d'or, sont gravées par A. de Winter.
Nicolas Sanson (1600-1667) est le premier cartographe français à avoir publié un atlas mondial paru sous le titre *Cartes générales de toutes*

les parties du monde en 1658. Il est le fondateur d'une célèbre dynastie de cartographes français qui sont à l'origine du développement de la production cartographique française au XVIIᵉ siècle. La famille Jaillot, autre grande famille de cartographes, acquit les cartes et les atlas de sa maison à la mort d'Adrien Sanson en 1708.

Fait suite à cet ouvrage un *Traité de la sphère* de Nicolas Bion, ingénieur français (1552-1633), marchand de globes et de sphères.

161

SPHÈRE ARMILLAIRE. (1725.) Cuivre. Diam. 295 mm. — B.N., C. et pl., Ge. A. 284.

Mouvement du soleil et de la lune autour de la Terre suivant le système de Ptolémée.

162

NICOLAS DE FER. Introduction à la géographie... Seconde édition. Paris, Danet, 1727. 190 × 102 mm. — B.N., C. et pl., Ge. FF. 3427.

P. 6 : *Mappe-monde ou Carte générale de la Terre*, 1717, En médaillons, portraits de P. « Tachard », « M. Cavilli de La Salle » (Cavelier de La Salle), « Dampierre », « Magellan », « Drac », « Christophe Colomb », « Amerique Vespuce », « Marc Paul » (Marco Polo) et « Guillaume Schouten ».

Nicolas de Fer (1646-1720), cartographe et éditeur, géographe de Mgr le Dauphin, dans son *Introduction à la géographie*. — la première édition est de 1708 — se soucie de rendre compte des dernières découvertes. « Monsieur de Fer n'a rien négligé de tout ce qui peut rendre utile et agréable ce petit cours de géographie » (cf. *Journal de Trévoux*, juin 1708, p. 1079).

163

CARTE POUR CONDUIRE A L'INTELLIGENCE DE L'HISTOIRE SACRÉE, qui renferme en abrégé la généalogie, la géographie et la chronologie de l'Histoire sainte. Paris, Roussel le Clair, 1725. 1 flle coloriée, 395 × 475 mm. — B.N., C. et pl., Ge. D. 13541.

La carte est souvent un document au service de l'enseignement de l'histoire.

164

GÉOGRAPHIE ANCIENNE ET MODERNE DE LA FRANCE en six cercles... dressée par le Sr Allègre. Paris, G. Le Juge, (début XVIIIᵉ siècle). 325 × 325 mm. — B.N., C. et pl., Pf. 80 (60).

« Le premier cercle contient selon l'ordre des archeveschez les noms modernes des villes. Le 2ᵉ leurs noms anciens. Le 3ᵉ les peuples anciens. Le 4ᵉ les noms modernes des rivières. Le 5ᵉ leurs noms anciens. Et le dernier qui est le plus près du centre les noms des provinces... ». Cette présentation permet de retrouver facilement les noms anciens et leurs équivalents modernes.

165

ÉTRENNES GÉOGRAPHIQUES. Paris, Ballard, 1760. 26 cartes en coul., 120 × 70 mm. — B.N., C. et pl., Bibliothèque de la Société de géographie, Rés. Bon. 8° B. 26.

Nᵒ 12 : *France — Premᵉ Partie.*

« Les cartes ont été réduites d'après les meilleurs auteurs » par Jean-Antoine Rizzi-Zannoni, géographe italien né en Dalmatie en 1736. Il est chargé en 1753 par Auguste III, alors roi de Pologne, de mesurer les triangles de la méridienne de Varsovie en vue de dresser une carte exacte de la Pologne. Il séjourne en Suède et au Danemark et est fait prisonnier par les Français à la bataille de Rosbach (1757). Il demeure en France de 1757 à 1776. En 1769 Choiseul le charge de dresser les cartes « qui ont servi à la Porte pour faire la guerre aux Russes »... « M. Rizzi-Zannoni est le premier géographe de l'Europe » écrit l'abbé Galiani à Belzunce... (cf. Drapeyron, *Jean-Antoine Rizzi-Zannoni, géographe italien (1736-1814)*, *La Revue géographique*, 1897, pp. 401-413).

166

GÉOGRAPHIE DES DAMES ou Almanach géographique historique où l'on a mis tout ce qu'on doit savoir de la géographie moderne en 55 cartes dont plusieurs semi-topographiques pour les environs de Paris... 1762... Paris, Pasquier-Denis. 110 × 50 mm, avec cartes en coul. — B.N., C. et pl., Ge. FF. 9826.

P. 100 : Carte des environs de Versailles.

Un petit atlas mondial en tête suivi de cartes des environs de Paris, des notions générales sur les principales régions géographiques, une table alphabétique des principales villes font de cette « géographie de poche » l'ouvrage de références indispensable, plus particulièrement pour les dames et les jeunes gens... Les éditeurs assurent l'excellence des cartes dues, disent-ils, aux meilleurs cartographes de l'époque.

167

Le P. CLAUDE BUFFIER. Géographie universelle, exposée dans les différentes méthodes qui peuvent abréger l'étude, & faciliter l'usage de cette science, avec le secours des vers artificiels... Dixième édition... Paris, P.-Fr. Giffart, 1774. 170 × 90 mm. — B.N., C. et pl., Ge. FF. 12094.

P. 131 : *L'Italie.*

Publié pour la première fois en 1715 cet ouvrage connut un réel succès, en particulier en Italie où neuf éditions se succédèrent entre 1727 et 1824. Jésuite, professeur au collège Louis-le-Grand, le Père Buffier, auteur d'ouvrages pédagogiques, voulait faciliter l'enseignement de la géographie par des moyens mnémotechniques déjà prônés par le P. Pétau en 1655 dans sa *Geographia nova versibus technicis et historicis explicata.*

Les petites cartes de la *Géographie universelle* tiennent compte des données nouvelles de l'Académie des sciences.

168

EDME MENTELLE. Choix de lectures géographiques et historiques... Précédé d'un abrégé de géographie... Paris, l'auteur, 1783. 6 vol., 195 × 120 mm. — B.N., Impr., G. 9875-9880.

T. 1, p. 87 : *Asie.*

On peut lire dans la dédicace : « Puissent les mères qui s'occupent du soin de former & d'instruire leurs enfans, leur donner... la plus utile de toute les leçons, l'exemple des connaissances solides, des talens essentiels, & la pratique des plus sublimes vertus. »

Historien et géographe, né et mort à Paris (1730-1818), très soucieux de l'enseignement de la géographie encore absente du haut enseignement (cf. N. Broc, *La Géographie des philosophes*, p. 466), Mentelle enseigna à l'École militaire et construisit pour le fils de Louis XVI, dont il était le précepteur, un globe en relief. A la création de l'École normale par la Convention, il assura avec Buache de La Neuville l'enseignement de la géographie. Parmi ses élèves, il eut, à côté des « paysans illettrés... l'amiral Bougainville... doyen de cette armée disparate ». Membre de l'Institut dès sa création, il fut le premier à être inhumé aux frais de ses collègues et son éloge funèbre fut prononcé par Barbié du Bocage. Ses « lectures géographiques » étaient particulièrement intéressantes par les emprunts faits à des récits de voyage alors inédits. Par son œuvre géographique et pédagogique il contribua à répandre le goût de la géographie en France. Il insista pour que l'Institut adoptât une orthographe définitive pour les noms géographiques.

Apprentissage de la géographie

Le souci des pédagogues et des éditeurs fut de faciliter l'étude de la géographie. Diverses méthodes étaient proposées : moyens mnémotechniques qui utilisaient la versification, présentation des notions en cercles, questions et réponses, etc.

Si la connaissance de l'univers était utile à tous, elle était essentielle pour les princes appelés à régner. Catherine de Médicis eut le souci de faire connaître le Royaume à Charles IX. Louis XIII créa le poste de géographe du Roi pour Nicolas Sanson. « Savoir sa carte » faisait partie de l'éducation des princes; Louis XVI comme ses frères reçut un enseignement soigné, il prit lui-même goût à la cartographie. Et, le duc de Bordeaux, fils du duc de Berry, prétendant au trône de France, suivit la tradition.

Un effort fut entrepris au moment de la création des départements, pour les faire accepter par la population et nombreuses furent les publications, cartes ou opuscules, destinés à familiariser les Français avec les nouvelles divisions administratives.

Les objets et les jeux étaient des auxiliaires précieux pour l'apprentissage de la géographie.

169

CARTE DE CHERBOURG ET DES ENVIRONS depuis l'anse de Nacqueville jusqu'au port du Becquet exclusivement. 1 flle ms. coloriée, 280 × 460 mm. — B.N., C. et pl., Rés. Ge. DD. 2780.

Louis XVI enfant dessina cette carte. Une note de sa main signée L. indique que « Monsieur de Cassini sera consulté sur l'effet des paysages et celui des teintes ». Comme ses frères, Louis XVIII et Charles X, le dauphin reçut — selon la volonté de son grand-père Louis XV — un très bon enseignement de la géographie qui lui fut donné par Philippe Buache (1700-1773), l'un des meilleurs géographes de son temps. Celui-ci fut en effet le premier à occuper en 1730 le siège réservé à un géographe, à l'Académie des sciences.

Ayant gardé le goût de la cartographie Louis XVI dressa plus tard une carte des environs de Versailles (cf. notice n° 170).

170

CARTE DES ENVIRONS DE VERSAILLES par Mgr le Dauphin. 1769. 1 flle ms. coloriée, 610 × 950 mm. — B.N., C. et pl., Rés. Ge. B. 1179.

Orientée le Nord à gauche, cette carte a été dessinée par Louis XVI à l'âge de quinze ans. Il a été vraisemblablement guidé par Jean-Baptiste Berthier (1721-1804). Avec l'aide de huit ingénieurs géographes comme lui, Berthier avait été, en effet, chargé en 1764 de lever la carte des chasses royales.

171

ATLAS DES ENFANS, ou Méthode nouvelle, courte, facile et démonstrative pour apprendre la géographie en XXII cartes enluminées. Avec un nouveau traité de la sphère... Amsterdam, J.-H. Schneider, 1760. 155 × 90 mm. — B.N., C. et pl., Bibliothèque de la Société de géographie, Bon. 8° B. 136.

P. 19 - 11 : Carte muette en couleurs de l'Europe.

Ce petit manuel comme bien d'autres enseigne la géographie par la méthode des questions et des réponses. Il donne également des renseignements sur les gouvernements et les mœurs des habitants des pays cités.

172

L'ENFANT GÉOGRAPHE, étrennes intéressantes. Petite introduction à la géographie et géométrie divisée par leçons, demandes et réponses... Paris, Desnos, (1777). 110 × 65 mm. — B.N., C. et pl., Ge. FF. 18428.

173

CARTE DE LA FRANCE DIVISÉE SUIVANT LE PLAN PROPOSÉ À L'ASSEMBLÉE NATIONALE par son comité de constitution le 29 septembre 1789 par L. Hennequin,... (Paris, 1789). 1 flle en coul., 545 × 560 mm. — B.N., C. et pl., Rés. Ge. C. 4925.

C'est sur une carte de Robert de Hesseln, topographe du Roi, ayant pour titre : *Nouvelle topographie de la France*, 1780 que les limites des départements ont été tracées.

SPHÈRE DE PTOLEMÉE

Pole Arctique · Méridien · Cercle Polaire · Tropique de Cancer · Equateur · Horison · Tropiq. de Capricorn · Pole Antarctique

L'ENFANT
GÉOGRAPHE,
ETRENNES INTÉRESSANTES.

PETITE INTRODUCTION
à la Géographie et Géometrie;
Divisée
par leçons, Demandes et Reponses,

MÉTHODE SI SIMPLIFIÉE

*Que l'on pourra apprendre en peu de
tems, ces Sciences et toutes les différentes positions de la Sphère sans le
secours d'aucun Maître, avec Fig,
et Tablettes Economiques
pour que chacun puisse écrire
ce qu'il desirera*

A PARIS
Chez Desnos, *Ingénieur - Géographe,
et Libraire de Sa Majesté Danoise,
rue St. Jacques, au Globe.*

174

Tables pour l'intelligence de la nouvelle carte de France divisée en departemens et en districts... Ouvrage utile même à ceux qui n'ont pas la carte. — Paris, Moutard, 1790. 190 × 115 mm. — B.N., Impr., L 13. 3.

P. IV : « Ces tables seront utiles non seulement à ceux qui auront la nouvelle carte, mais encore à ceux qui s'occupent des opérations de l'Assemblée nationale; car elle ne parle plus aujourd'hui que de departemens & de districts : de sorte que si l'on ne connoit pas leur position, on ignore de quel endroit il est question; & ces Tables l'apprennent sur le champ. »

175

Petit atlas moderne ou collection de cartes élémentaires dédié a la jeunesse... Paris, Lattré, (1791). 210 × 150 mm. — B.N., C. et pl., Ge. FF. 3939.

N° 29 : *Carte des régions et des lieux dont il est parlé dans le Nouveau Testament.*

La carte des départements français de 1791 actualise cet ouvrage publié d'abord en 1783. Comme tous les atlas de cette époque, il commence par quelques planches représentant la Terre, la lune, le soleil, les systèmes de Ptolémée, Copernic, Tycho Brahé, et il se termine sur des cartes de géographie ancienne.

176

Atlas national portatif de la France, destiné à l'instruction publique, composé de 93 cartes... par les auteurs de l'« Atlas national de France ». Paris, 1792. Cartes en coul., 210 × 280 mm. — B.N., C. et pl., Ge. FF. 2488.

Atlas précédé d'un *Précis élémentaire et méthodique de la nouvelle géographie de la France, suivi d'une table alphabétique des chefs-lieux de cantons, indicative des districts et départements auxquels ils appartiennent, pour servir de développement à l'atlas national portatif de la France... 1791.*

177

Carte de France adoptée pour l'éducation de S.A.R. Monseigneur le duc de Bordeaux. Paris, J. Langlois, (1825). 10 flles en coul., 355 × 435 mm. — B.N., C. et pl., Ge DD. 5502.

Carte générale de la France et carte muette.

La carte générale est accompagnée de cartes muettes pour servir aux exercices. Leur destinataire est le prince Henri de Bourbon (1820-1883), duc de Bordeaux, comte de Chambord, prétendant au trône de France, fils posthume du duc de Berry, qui reçoit selon la tradition de la famille royale de France un bon enseignement géographique.

178

E.F. Jomard et V. Parisot. Géographie de la France... Paris, 1832, 140 × 80 mm. (Bibliothèque populaire ou l'instruction mise à la portée de toutes les classes et de toutes les intelligences.) — B.N., Impr., Z. 43379.

Carte h.-t. : *France en quatre-vingt-six départements.* 1831.

« Populariser les études géographiques, c'est ajouter à la prospérité publique et rendre un signalé service à la civilisation » (cf. Jomard, *Les Cartes en relief, Bull. de la Société de géographie*, t. III, 1845, p. 397).

179

K. W. Kummer. Le Mont-Blanc. (Berlin, 1824.) Plan-relief en coul., 520 × 420 mm. — B.N., C. et pl., Ge. A. 156.

Ce plan fut acquis par Jomard en 1830. Celui-ci attachait, en effet, une grande importance à ce genre de document indispensable à la perception du relief. Au début du XIXe siècle on cherchait à reproduire, multiplier, diffuser à bas prix ces cartes en relief demeurées jusqu'alors fort coûteuses.

Jeux

180

Le jeu de France pour les dames, par P. Du Val,... Paris, l'auteur, 1652. 430 × 405 mm. — B.N., C. et pl., Ge. D. 14855.

Dans ce jeu de dames, les provinces occupent les cases noires.

181

LE JEU DE FRANCE, par P. Du Val... Le tout gravé et mis à jour par Estienne Voüillemont,... Paris, 1659. 1 flle en coul., 380 × 530 mm. — B.N., C. et pl., Ge. D. 14811.

Ce jeu de l'oie « représente les provinces de France avec leurs villes capitales, archeveschez, eveschez et autres remarques : les provinces qui sont vers le Septentrion y sont descrites les premières... » Au centre se trouve la carte générale de la France.

182

LE JEU DES PRINCES SOUVERAINS DE L'EUROPE, par le sieur Du Val,... Paris, A. de Fer, (vers 1665). 360 × 355 mm. — B.N., C. et pl., Ge. D. 12173.

Pour ce jeu concentrique on utilise des dés. Les états souverains de l'Europe : *Roiaume de France, Roiaume d'Espagne, Roiaume de Portugal, Provinces Unies des Pais bas, Duché de Lorraine, Suisse, Italie, Empire d'Alemagne, Roiaume de Danemarc, Roiaume de Suede, Roiaume de Pologne, Duché de Curlande, Grand duché de Moscovie, Turquie, Transilvanie, Grand Bretagne* occupent la partie excentrique du cercle. Édité par Antoine de Fer, on peut dater ce jeu de 1665 environ. Les premières mentions d'A. de Fer comme « marchand d'images en taille douce » remontent à 1634-1635, en 1665 on le dit « marchand en taille douce et enlumineur de cartes géographique ». Il sera inhumé le 9 juin 1673 dans sa paroisse, Saint-Barthelemy.

183

LES TABLES GÉOGRAPHIQUES RÉDUITES EN UN JEU DE CARTES, par P. Du Val,... Cordier sculp. Paris, l'auteur, 1669. 410 × 540 mm. — B.N., C. et pl., Reg. C. 4096 (768).

Sur une même planche ont été gravées les cinquante-deux cartes à jouer. En cartouche les cartes de l'*Afrique* et de l'*Amérique* encadrent les armes du Dauphin à qui le jeu est dédicacé, tandis que celles de l'*Europe* et de l'*Asie* entourent le titre.

184

L'ÉMULATION FRANÇAISE ou Description historiographique du royaume de France. L'itinéraire de Paris aux principales villes des provinces de ce royaume, ouvrage aussi utile que curieux mis en jeu. Paris, Crepy, (1760). 430 × 560 mm. — B.N., C. et pl., Ge. CC. 4682 (76).

La *Carte de la France assujetie à ses nouvelles observations par le sr Moithey ingénieur géographe... 1760* occupe le centre de ce jeu de l'oie. Cent neuf cases tracent l'itinéraire de Paris à Paris à travers la France. Un *Index des signes contenus dans ce jeu* et des *Remarques* sur les longitudes et les latitudes des villes mentionnées rendent ce document parfaitement instructif.

185

JEU GÉOGRAPHIQUE de Nicolas de Poilly. Paris, J.B. Mitoire, 1763. Cartes à jouer coloriées, 80 × 55 mm. — B.N., Estampes, Rés. Kh. 167 (boîte 2).

Roussillon et comté de Foix. 13 cartes à jouer.

Ce jeu comporte plusieurs séries pour les quatre parties du monde; l'une d'elles concerne les provinces françaises.

186

CARTE D'AFRIQUE dressée pour l'usage du Roy par Guillaume Delisle,... Corrigée et augmentée... (par Ph. Buache). Paris, Buache, 1772. 1 flle avec limites en coul., 500 × 660 mm. — B.N., C. et pl., Ge. A. 303.

Ce puzzle comprend quatre-vingt-trois morceaux.

187

JOSEPH CHANALET-VALPÈTRE. Jeu géographique de l'Empire français, d'après sa nouvelle division, avec le tableau de ce jeu; à l'usage des élèves des collèges et pensions de l'Université impériale... Corbeil, l'auteur; Paris, Delalain, 1811. 175 × 105 mm. — B.N., Impr., L¹². 1.

Comme pour le jeu de l'oie on effectue des mises et grâce à ce divertissement on apprend les départements, leurs chefs-lieux et sous-préfectures.

188

NOUVELLE CARTE DE FRANCE AVEC LE JEU DE LA BOUSSOLE AN 1814. Delion inv. 325 × 295 mm. — B.N., C. et pl., Ge. D. 13616.

La France divisée en départements s'inscrit dans une circonférence qui délimite trente-deux aires de vent. « Se joue avec une aiguille qui représente d'un côté un aigle, de l'autre une abeille... »

REPROD. EN COUL. PL. VIII

189

NOUVEAU CADRAN DE LA MONTRE GÉOGRAPHIQUE indiquant l'heure qu'il est au même instant dans toutes les parties du monde. Delion ivenit (sic pour invenit). (Vers 1815.) 1 flle coloriée, 360 × 300 mm. — B.N., C. et pl., Ge. D. 12786.

« Se joue avec une aiguille qui représente d'un côté le soleil et de l'autre la lune... »

190

NOUVEAU JEU DE MARINE. 1830. 15 flles, 420 × 315 mm. — B.N., C. et pl., Ge. DD. 5392.

Le monde est représenté en deux hémisphères dans un cercle divisé en trente-deux aires de vent. C'est un jeu de boussole, jeu très en vogue au début du XIXe siècle. Aux quatre angles de la carte, figuration des quatre parties du monde.
Selon le registre du dépôt légal, le déposant est l'éditeur H. Langlois fils et l'auteur A.H. de Simencourt qui publia des atlas en livraison et des cartes routières à la même époque.

191

GÉOGRAPHIE DE LA FRANCE. Loto de la carte de France. Paris, Danlos ainé, (vers 1840). 15 cartes en coul., 195 × 205 mm, en une boîte 320 × 425 × 65 mm. — B.N., C. et pl., Ge. A. 398.

192

GÉOGRAPHIE ILLUSTRÉE ET MISE EN JEU par H. Duru. Paris, l'auteur, (1841). 88 cartes avec titre et notice, 125 × 90 mm, en une boîte 215 × 155 × 55 mm. — B.N., C. et pl., Ge. FF. 1148.

Nº 7 : *Espagne*

Jeu sous forme de questions et de réponses. L'élève qui a la notice correspondant à la carte tirée doit la lire à haute voix.

Documentation du voyageur

Pour préparer ses déplacements, le voyageur (pèlerin, homme d'affaires) avait besoin de nombreux renseignements : itinéraires à suivre, distances à parcourir, lieux à éviter, mauvais état des chemins, des ponts, dangers possibles (par exemple, pour la traversée des forêts), dates des foires, tables des monnaies et des changes particulièrement utiles en pays étrangers, gîtes d'étapes, horaires des transports, etc... S'il se déplaçait pour son plaisir, il aimait faire connaissance avec les régions, les villes où il se rendait : il glissait alors dans ses bagages un ouvrage répondant à sa curiosité. De quels livres, cartes, guides pouvait-il disposer ? Ces ouvrages déjà nombreux à la fin du XVIe - début du XVIIe siècle furent très souvent réédités depuis. Il semble qu'ils aient suffit aux voyageurs jusqu'au XVIIIe siècle où ils connurent un renouveau, préfigurant alors par leur contenu et leur forme nos cartes et guides modernes.

L'amélioration du réseau routier et des voies fluviales fut une préoccupation constante du pouvoir royal, « le roi est lui-même le premier usager — et bien souvent le plus important — de la route pour lui-même, ses messagers, ses diplomates, ses armées » (G. Livet, *La Route royale et la civilisation française de la fin du XVe au milieu du XVIIIe siècle*, dans *Les Routes de France depuis les origines jusqu'à nos jours*, Paris, 1959). Peu active au XVIIe siècle, particulièrement pendant les campagnes de Louis XIV, la remise en état des routes fut relancée par Louvois et ses successeurs. Arthur Young dans ses *Voyages en France en 1787, 1788 et 1789* ne cesse d'admirer le réseau routier et va même jusqu'à écrire sur le Languedoc : « Les routes ici sont des travaux étonnants... Ces routes sont superbes jusqu'à la folie. » Le service des postes et des messageries fut réorganisé en 1738. Le confort des voitures amélioré, la durée des trajets raccourcie grâce aux diligences, rendaient à la fin de l'Ancien régime les déplacements plus agréables et plus faciles. L'apparition des bateaux à vapeur donna à la circulation fluviale toute son importance. Il n'est pas étonnant de trouver réunis dans les guides du début du XIXe siècle tous les renseignements possibles. Des notations sur la manière de voyager y révèlent des indications fort précieuses sur la vie quotidienne. Le rôle et l'importance de Paris, point de convergence des routes est très significatif.

Le choix nécessairement restreint des documents présentés ne peut donner une idée exacte de toute l'abondance de la production des cartes et des guides qui ne fait que s'amplifier à partir du XIXᵉ siècle. L'apparition du chemin de fer, la publication du premier *Guide Joanne* en 1841 et celui de *Baedeker* en 1843 ouvraient une ère nouvelle.

Pèlerinages

193
BERNHARD VON BREYDENBACH. Bernardi de Breydenbach Opusculum sanctarum peregrinationum ad Sepulchrum Christi venerandum. Mayence, E. Reuwich, 1486. 300 × 190 mm. — B.N., C. et pl., Rés. Ge. FF. 8304.

(F. 19) : *Venise*.

Cet ouvrage connut dès sa publication un immense succès. Très vite, en effet, apparurent éditions et traductions — on en compte onze entre 1486 et 1522 — en diverses langues de l'Europe. C'est le récit que Breydenbach (mort en 1497) donna de son pèlerinage en Terre Sainte en 1483. Deux itinéraires par mer s'offraient alors aux pèlerins. L'un partait de Marseille ou d'un port de la Provence et conduisait directement vers la Palestine, par Alexandrie et Jaffa, c'était le plus court mais aussi le moins sûr, à cause de la présence des corsaires toujours à redouter en Méditerranée. L'autre partait de Venise et longeait les côtes de l'Adriatique, de la Grèce, de l'Asie Mineure et de la Syrie; Venise était un centre de départ pour les pèlerins, bien organisé.

Erhard Reuwich, imprimeur de l'ouvrage, mais également auteur des illustrations, accompagna Breydenbach dans son voyage et dessina sur le vif les vues de Candie, Parenzo, Modon, Venise, Rhodes et Jérusalem (celle-ci est plus une carte de la Palestine dont Jérusalem occupe le centre).

Cet ouvrage est le premier exemple de livre illustré, dont l'auteur des illustrations est connu de façon certaine, et qui contient des planches dépliantes.

194
DAS IST DER ROM WEG VON MEYLEN ZU MEYLEN MIT PUNCTEN VERZEYCHNET VON EYNER STAT ZU DER ENDERN DURCH DEUTZCHE LANTT... (Vers 1500.) 289 × 404 mm. — B.N., C. et pl., Rés. Ge. D. 7986.

Orientée le Nord en bas cette carte s'étend de *Kopenhagen* (Copenhague) à *Neapolis* (Naples) et de *Parisis* (Paris) à *Cracau* (Cracovie). Les routes qui mènent toutes à Rome sont indiquées par des pointillés, les villes figurées par des vignettes ou de petits cercles, les noms des mers inscrits dans des cartouches. La nomenclature et les légendes sont en allemand. C'est la première fois qu'une boussole est représentée sur un document cartographique.

L'auteur, Erhard Etzlaub (1460-1532), est l'un des plus importants cartographes de son époque bien qu'il soit moins célèbre que d'autres. Il s'agit d'une carte routière, la première carte gravée du Saint Empire romain germanique qui était destinée aux voyageurs mais surtout aux pèlerins se rendant à Rome. Exécutée en 1492, elle fut réimprimée en 1500 à l'occasion de l'Année sainte. On en connaît trois éditions dont onze exemplaires sont conservés dans diverses collections.

195
DEN WECH NA ROMEN VAN MILEN TOT MILEN EN WAT GHELDE ONDER WEGHEN GOET EN VAN NOODE IS. Item oock den wech na Venegien toe. Item ooch den wech na sint Jacobs toe. Item ooch den wech na Jerusalem... Leyden J. Mathijszoom, (vers 1560). 145 × 90 mm. — B.N., C. et pl., Bibliothèque de la Société de géographie, Bon. 8° C. 11.

Petit guide de pèlerinage, cet ouvrage indique les itinéraires conduisant des Pays-Bas à Venise, à Jérusalem et à Saint-Jacques de Compostelle. A la page de titre une vignette représente les armes d'un pape de la famille des Médicis. Il s'agit, sans doute, de Pie IV (1559-1565). Le même guide a paru à Anvers chez Symon Cook en 1556.

196
LE VOYAGE DE MADRID ET LE CHEMIN DE ST JACQUES EN GALICE (par P. Du Val). Paris, Bailleu, (vers 1700). 370 × 520 mm. — B.N., C. et pl., Ge. D. 15456.

En carton : *La Route des postes de Paris à Bayonne. La Rivière et les environs de Bourdeaux*, par P. Du Val.

« Les règles de la géographie requièrent que le septentrion soit dans la plus haute partie des cartes, mais en celle-cy l'auteur a préféré la commodité des voiageurs et pour cet effet il a mis le midy en haut comme la région du monde que l'on regarde allant en Espagne. »

Cette carte intéressante publiée par Langlois en 1658 a échappé à Fordham (*Les Routes de France*, 1929).

Itinéraires

197

JACQUES SIGNOT. La Totale et vraie description de tous les paysaiges, lieux et destroictz par lesquels on peut passer et entrer des Gaules es Ytalies... Paris, Toussains Denis, 1515. 190 × 130 mm. —B.N., Impr., Rés. G. 1245.

F. II : *La Description du pais Dytalie.*

Si « la carte est fruste et dépourvue de renseignements » (cf. Lavis-Trafford, *L'Évolution de la cartographie du Mont-Cenis*, 1950), par contre l'ouvrage abonde en renseignements très précis. Nombreuses sont les indications qui ont du être bien utiles aux voyageurs comme aux cartographes de ce début du XVI\ e siècle. L'auteur donne en particulier l'itinéraire de Paris à Rome par le Mont-Cenis; il décrit « troyes chemins pour aller audict Mont Genesvre » en partant de Grenoble et deux chemins « pour entrer au pais Dytalie à la descente du Genesvre ». C'est une des premières œuvres où la position et la dénomination des cols du Petit et du Grand Saint Bernard sont indiquées avec précision.

198

LA CARTE DITALIE (par Jacques Signot). (Paris,) Toussains Denis, (1515). 510 × 300 mm. — B.N., C. et pl., Rés. Ge. D. 7687.

Orientée Nord-Ouest cette carte est extraite de l'ouvrage de Jacques Signot (cf. notice n° 197).

Préparant son expédition en Italie, Charles VIII demanda à Jacques Signot de reconnaître les cols et les routes qui lui permettraient de franchir les Alpes. Signot dressa une carte manuscrite connue sous le nom de *Code Signot* (1495-1498). Elle fut imprimée sans modifications notables en 1515. Les routes ne sont pas indiquées sur la carte, c'est dans l'ouvrage que l'on trouve ce type de renseignements concrets et précieux.

199

CHARLES ESTIENNE. La Guide des chemins de France (veue, corrigée & augmentée pour la seconde fois). Paris, l'auteur, 1552. 138 × 90 mm. — B.N., Impr., Rés. 8° L²⁵. 1.

P. 18 : *Chemins de la basse & vraye Picardie.*

Charles Estienne (1504-1564) qui venait de succéder en 1551 à son frère Henri, avait cédé à la sollicitation de ses amis qui lui demandaient de rédiger un livre semblable à ceux dont disposaient les pèlerins qui se rendaient à Rome ou à Saint-Jacques de Compostelle, avec les gîtes d'étapes et les meilleurs chemins à suivre. Pour la première fois paraît avec *La Guide* un recueil d'itinéraires détaillés. Estienne publiera la même année un autre ouvrage : *Les Voyages de plusieurs endroits de France et encores de Terre Saincte, d'Espaigne, d'Italie et autres pays...* Vingt-huit éditions de *La Guide* se sont échelonnées de 1552 à 1668. « Dans les poches des voyageurs et des marchands (elle) s'est usée au long de ces chemins de France, dont elle avait marqué les étapes et c'est-à-peine si l'on retrouve quelques exemplaires dans les bibliothèques publiques ou les collections particulières » (cf. Bonnerot, « *La Guide des chemins de France* » *de 1553 par Charles Estienne*, Paris, 1936). Mercator ne l'ignorait pas, il lui rendit même hommage dans son *Atlas ou Représentation du monde universel*, Amsterdam, 1633. Th. de Mayerne-Turquet y puisa sans vergogne une documentation pour sa *Sommaire description de la France* (cf. notice n° 211). Après une éclipse durant le XVIII\ e siècle et la première partie du XIX\ e, *La Guide* retrouvera un public. D.M. Vignon, ingénieur en chef des Ponts et chaussées, directeur du Dépôt des cartes et plans et des archives du Ministère des travaux publics dans une série d'*Études historiques sur l'administration des voies publiques en France au XVII\ e et au XVIII\ e siècles* qualifie cet ouvrage de « document historique d'une véritable valeur ». Il rend en effet très exactement compte de ce qu'était le réseau routier français sous Henri II, et les chemins indiqués sont pratiquement les mêmes que parcoureront malles de poste et diligences trois siècles plus tard.

200

CARTE GÉNÉRALE DE TOUTE LES POSTE ET TRAVERSE DE FRANCE. Paris, N. Berey, (vers 1650). 400 × 530 mm. — B.N., C. et pl., Reg. C. 18550 (268).

La carte due à Nicolas Sanson, première carte française des postes publiée par Melchior Tavernier en 1632, est reprise par Nicolas Berey, éditeur parisien du milieu du XVII\ e siècle. Il y a ajouté des vues de villes : *Roan, Lion, Bordeaux, Marseille, Bourges, Tours, Poitiers, Orléans, Nantes.* La vue cavalière de *Paris* au centre de la partie supérieure est entourée de deux coches précédés de postillons.

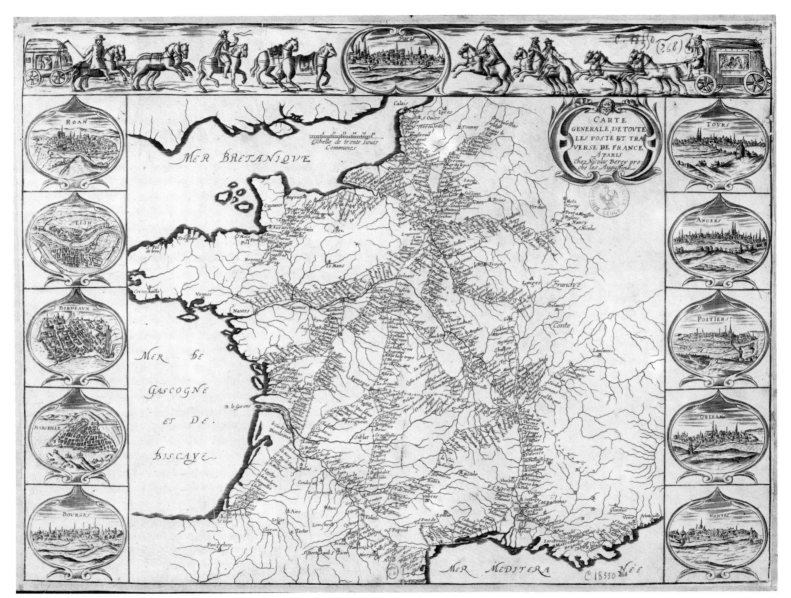

CARTE
GENERALE DE TOVTE
LES POSTE ET TRA
VERSE DE FRANCE.
A PARIS
chez Nicolas Berey pro
che les Augustins

MER BRETANIQVE

Eschelle de trente lieues
Communes

ROAN

LION

BORDEAVX

MARSEILLE

BOVRGES

TOVRS

ANGERS

POITIERS

ORLEANS

NANTES

MER DE

GASCOGNE

ET DE.

BISCAYE

MER MEDITERA NEE

201

Nouvelle carte des postes de France par ordre et dédié à Son Altesse sérénissime Monseigneur le Duc... par Bernard Jaillot. Paris, l'auteur, 1726. 1 flle avec tracés en coul., 510 × 650 mm. — B.N., et pl., Ge. D. 15300.

Le cartouche décoré de figures allégoriques montre deux cavaliers et l'intérieur d'un bureau des postes. Les villes des postes sont marquées d'un point rouge.

Bernard Jaillot (1673-1739) est le fils d'Alexis-Hubert Jaillot, gendre de Nicolas Berey, qui publia en 1689, sur les ordres de Louvois, une *Carte particulière des postes de France*, « carte intéressante... à cause de son caractère à la fois économique et militaire » (Bourgeois, *Les Sources de l'histoire de France XVIIᵉ siècle*, 1913, p. 22), qui renouvelait la carte de Sanson parue en 1632. Les Jaillot eurent en quelque sorte l'exclusivité de la publication des cartes des postes et des listes des postes (cf. notice nº 203) jusqu'en 1780. Ils faisaient paraître régulièrement des cartes mises à jour, les premières de la production cartographique française à être disponibles immédiatement. Lenglet du Fresnoy a pu écrire de Bernard Jaillot dans sa *Méthode pour étudier la géographie*, t. I, 1768, p. 167 : « Le jeune Bernard Jaillot, qui avoit acheté le fond de son père & de son aïeul, avoit commencé à travailler avec succès, & à relever par ses soins & son attention, cette Science toujours nécessaire dans les temps de guerre, & très agréable durant la paix. Il avoit du goût et de l'étude, il ne laissoit pas de travailler par lui-même; mais dans les choses sur lesquelles il lui naissoit quelque doute, il se laissoit volontiers guider par les personnes habiles qui lui faisoient le plaisir de l'aider de leurs lumières. »

202

Cartes des bureaux des postes établis sur les différentes routes du Royaume de France... Premier octobre 1741. 7 cartes ms. coloriées, reliées en 1 vol., 560 × 415 mm. — B.N., C. et pl., Rés. Ge. CC. 1569.

IV : *Départements de Champagne et Brye, Trois eveschez, Lorraine et Alsace.*

Les armoiries figurant sur la page de titre sont celles de la famille Grimod dont trois frères étaient fermiers généraux des postes en 1741 (cf. M. Pastoureau *La Carte de la « Poste aux lettres » en 1741, Bulletin de la Bibliothèque nationale*, juin 1978, p. 51). Destiné aux administrateurs de la Poste, ce document sur un fond de carte indiquant les limites des généralités du Royaume fait le point du réseau des bureaux et des postes au 1ᵉʳ octobre 1741. Il apporte des renseignements d'autant plus précieux que les archives des bureaux de la Ferme des postes ont disparu.

203

Liste générale des postes de France dressée par ordre de Son Eminence Monseigneur le cardinal de Fleury,... surintendant général des couriers, postes et relais de France pour le service du Roy et la commodité du public... Paris, Jaillot, 1741. 130 × 80 mm. — B.N., Impr., 8º L²³. 1 (1741).

« Corrigé le premier janvier 1741. » « Le Sr Jaillot donne avis qu'il corrige la ditte liste des postes chaque fois qu'il en reçoit les ordres, et qu'elle devient inutile d'une année à l'autre. »

204

Louis Brion de la Tour. Coup d'œil général sur la France... pour servir d'introduction au tableau analytique et géographique de ce royaume... Paris, Desnos, 1765. 270 × 200 mm. — B.N., C. et pl., Ge. FF. 3545.

Pl. 32 : *Carte odographique de la France* ou Tableau des distances des principales villes du Royaume à la capitale avec les provinces dont elles dépendent et le nombre de postes relatives à Paris comme centre, dressée par M. Rizzi-Zannoni, 1763.

Carte en couleurs où les villes classées dans l'ordre alphabétique s'inscrivent dans deux anneaux.

205

Carte générale des postes de l'Europe dans laquelle on a tracé toutes les routes et marqué toutes les places où la poste est établie. Par le Sr Rocques, topographe de Sa Majesté britannique. J. Gilson sculp. 1771. London, R. Sayer (s. d.) 1 flle avec limites en coul., 860 × 895 mm., pliée 170 × 105 mm. — B.N., C. et pl., Ge. AA. 1237.

Dans un beau cartouche décoré on voit représentés des courriers à cheval et des malles de poste.

La carte est montée sur toile avec des charnières qui facilitent son pliage. Ce procédé fut fréquemment utilisé à partir de cette époque.

206

Carte des postes aux lettres de l'Isle de Saint Domingue. R.D.B. del., Bordier scul. (1781.) 1 flle en coul., 525 × 585 mm. — B.N., C. et pl., Ge. C. 2823.

« Les routes des grands courriers sont désignées sur le plan par la ligne rouge et celles des communications ou traverses par la ligne noire. » Depuis 1778 onze bureaux ont été créés portant leur nombre à trente neuf. « Le doublement des grands courriers a été exécuté en 1781 sur l'ordonnance rendue de MM. de Lillancourt et Le Brasseur administrateurs de la colonie. » M. de Lillancourt fut gouverneur de l'île par intérim du 7 mars 1780 au 13 février 1782 et M. Le Brasseur intendant par intérim du 21 juin 1780 au 13 février 1782. L'arrivée et le départ des courriers, leurs trajets sont indiqués de façon très précise et très détaillée. Par contre, la carte assez succincte ne donne pratiquement pas de renseignements géographiques, la frontière même, séparant la partie française de l'île de la partie espagnole, tracée Nord-Sud, ne tient pas compte des limites fixées en 1776.

207

NOUVELLE CARTE DES POSTES DU ROYAUME DES PAYS-BAS ET D'UNE PARTIE DE LA FRANCE ET DE L'ALLEMAGNE. Gravé par J. A. Lancrin. Amsterdam, La Haye, F. J. Weygand (vers 1820). 1 flle en coul. sur toile, 540 × 420 mm, pliée 110 × 75 mm. — B.N., C. et pl., Ge. F. carte 6178.

Connaissance de la France

208

FRANCOIS DES RUES. Description contenant toutes les singularitez des plus celebres villes et places remarquables du royaume de France... Rouen, D. Geuffroy, (vers 1608). 160 × 105 mm. — B.N., Impr., 8° L²⁰. 6.

P. 6 : portrait de Louis XIII. P. 7 : *La Carte universelle, ou Description de toute la Gaule, appelée France.*

Historien, littérateur et géographe, né vers 1575, mort en 1633, François Des Rues publia d'abord en 1605 *les Antiquitez, fondations et singularitez des plus celèbres villes, chasteaux et places remarquables de France* réimprimées de nombreuses fois et à partir de 1610 à Lyon sous le titre *Delices de la France*. Le nom de *Délices* connut un très grand succès, repris

par plusieurs éditeurs au cours du XVIIᵉ et même au début du XVIIIᵉ siècle.

Dans cet ouvrage « reveu, corrigé et augmenté du sommaire de l'estat, cartes des provinces et de quelques portraitz des plus signalées villes dudict royaume » on trouve la « liste des livres et autheurs desquels a esté colligé cest œuvre ».

209

ADRIANUS ROMANUS. Parvum theatrum urbium sive urbium præcipuarum totius orbis brevis & methodica descriptio... Francfort, R. Richter, 1608. 200 × 150 mm. — B.N., C. et pl., Ge. FF. 850.

P. 14 : *Geneva.*
P. 15 : *Bituris* vulgo Bourges.

L'auteur (1561-1615), médecin et mathématicien, est né à Louvain. Il donna une édition abrégée des *Civitates orbis terrarum* publiées par Braun et Hogenberg entre 1572 et 1598; la première édition du *Parvum theatrum* parut à Francfort en 1596.

210

JODOCUS SINCERUS. Jodoci Sinceri Itinerarium Galliae... Amstelodami, J. Janssonius, 1655. 103 × 75 mm. — B.N., C. et pl., Ge. FF. 9842.

P. 118 : *Marseille.*

Né en 1590, Jodocus Sincerus (Zingerling) voyagea en Europe, parcourut la France, les Pays-Bas, l'Angleterre et se fixa à Lyon où il publia en 1612 son *Itinerarium Galliæ* à l'usage des étrangers désireux de connaître la France et de s'y rendre. Cet ouvrage fut réimprimé plusieurs fois à Strasbourg, Genève et Amsterdam.

211

THÉODORE DE MAYERNE-TURQUET. Sommaire description de la France, Allemagne, Italie & Espagne. Avec la guide des chemins pour aller & venir par les provinces & aux villes plus renommées de ces quatre régions. A quoy est adjousté un recueil des foires plus celebres presque de toute l'Europe. Et un traité des monnoyes... — Rouen, Cl. Le Villain, 1615. 140 × 80 mm. — B.N., Impr., G. 10896.

P. 261 : *Les Foires principales.*

« C'est une des incommoditez de ceste vie que de voyager par le monde... »

Médecin, chimiste, fils de l'historien genevois Louis Turquet de Mayerne, Théodore de Mayerne Turquet (1573-1655) s'établit à Paris puis en Angleterre. Si ses descriptions — et le titre l'annonce — sont succinctes, son ouvrage est néanmoins précieux particulièrement par la liste des principales foires européennes qu'on y trouve — ainsi que par un traité des monnaies. Le but recherché était de faire un guide pratique pour les marchands et les voyageurs. Paru en 1591 tout d'abord sous le titre : *Recueil des principales et franches foires qui se tiennent tant au royaume de France, Allemagne, Italie, qu'Espagne...* et en 1624 sous celui de *Guide des chemins de France, d'Italie, d'Allemagne et d'Espagne...* cet ouvrage remanié connut entre 1591 et 1653 douze éditions imprimées à Rouen, Lyon, Genève.

212

COULON. Le Fidèle conducteur pour les voyages de France, d'Angleterre, d'Allemagne montrant exactement les raretez & choses remarquables qui se trouvent en chaques villes & les distances d'icelles... Troyes, N. Oudot ; Paris, G. Clouzier, 1654. 160 × 100 mm. — B.N., Impr., G. 10904.

P. 1 : *France nouvellement décrite. 1641.*

Pour la première fois, sans doute, une carte est introduite dans ce type d'ouvrage. Il s'agit d'une impression populaire due à Nicolas Oudot dont les descendants se feront un nom dans la publication de livrets de colportage jusqu'au XVIIIe siècle. Le titre de *Fidèle conducteur* connaîtra un succès de longue durée.

213

ATLAS DE POCHE à l'usage des voyageurs et des officiers avec un traité de la sphère, de la géographie & de l'hydrographie. Amsterdam, H. Du Sauzet, 1734. 240 × 100 mm. — B.N., C. et pl., Ge. FF. 10842.

Le format oblong de ce genre de publication permettait de glisser facilement l'atlas dans la poche des redingotes ou dans les fontes des selles des cavaliers.

214

MICHEL et L.C. DESNOS. L'Indicateur fidèle ou Guide des voyageurs... accompagné d'un itinéraire instructif et raisonné sur chaque route qui donne le jour et l'heure du départ de la dinée et de la couchée tant des coches par eau que des carosses, diligences et messageries... avec le nombre de lieües que ces différentes voitures font chaque jour, dressé par le sieur Michel... mis à jour... par le Sr Desnos,... Paris, Desnos, 1764. 270 × 210 mm. — B.N., C. et pl., Ge. FF. 9024.

2e éd. 1765. — Ge. FF. 2498.

Sur la page de titre dédicacée « A Monsieur de Cassini de Thury » on voit dans un paysage animé un coche d'eau et une diligence. La 3e feuille donne les *Routes de Paris à Toulouse, 1765.*

Cet indicateur fidèle souvent publié et relié avec d'autres ouvrages en particulier avec ceux de Brion (cf. notice nº 204) était également vendu séparément soit relié plein veau pour la somme de 15 livres, soit cartonné pour 14 livres ou broché « d'une manière commode & portative, pour être mis dans la poche », 12 livres. Les cartes valaient séparément 15 sols ; certaines étaient collées sur toile ou sur taffetas.

Une édition de poche parut en 1771 sous le titre : *Étrennes utiles et nécessaires aux commerçans et voyageurs »*, (cf. notice nº 215). Nous avons peu de renseignements sur la vie de Louis Charles Desnos. Ingénieur géographe, libraire, marchand de sphères et d'instruments astronomiques, il dressa un grand nombre de cartes, publia des atlas, édita et remania *L'Indicateur fidèle.* Comme éditeur il contribua grandement à la diffusion des connaissances géographiques.

215

ÉTRENNES UTILES ET NÉCESSAIRES AUX COMMERCANS ET VOYAGEURS ou Indicateur fidèle enseignant toutes les routes royales et particulières de la France... Ouvrage rendu si complet, tant pour le détail topographique que pour l'exécution, que les amateurs y trouveront tout ce qu'ils peuvent désirer. Paris, Desnos, 1773. 111 × 60 mm. — B.N., C. et pl., Ge. FF. 10026.

P. 40 : *Route de Besançon à Nancy.*

Il est précisé sur la page de titre qu'il s'agit de la « dernière édition corrigée et augmentée en 1773 », mais en fait il y en a eu d'autres.

216

Louis Denis. Le Conducteur français contenant les routes desservies par les nouvelles diligences, messageries & autres voitures publiques, avec un détail historique & topographique des endroits où elles passent... des notes curieuses sur les chaînes des montagnes que l'on traverse relativement au système de Ph. Buache, enrichi de cartes topographiques... dressées et dessinées sur les lieux par L. Denis... — Paris, Ribou, 1776-1780. Cartes coloriées, 222 × 140 mm. — B.N., C. et pl., Ge. FF. 5528-5531.

Carte de la route d'Amiens à Abbeville... 1776.

Les itinéraires groupés par régions se présentent le plus souvent en neuf volumes (au Département des Imprimés, L²⁵. 15), mais ils étaient également vendus séparément comme le montrent les quelques fascicules conservés au Département des Cartes et plans. Leur présentation sous couverture de papier gris prouve bien qu'il s'agit d'éditions populaires.

De l'auteur, on sait seulement qu'il fut graveur et géographe du futur Louis XVI.

217

Louis Denis. Guide royal ou Dictionnaire topographique des gr^des routes de Paris aux villes, bourgs et abbayes du Royaume orné de traits historiques des endroits les plus remarquables, du commerce, des foires franche, poids et mesures etc... Paris, l'auteur, Pasquier, 1774. 2 vol., cartes coloriées, 165 × 99 mm. — B.N., C. et pl., Bibliothèque de la Société de géographie, Rés. S.G., 8° 4.

T. I, p. 1 : *Grandes routes royales de France.*

T. II, p. 385 : *Route de Paris à Moulins.* Les cartes disposées en bandes parallèles représentent les routes de St Pierre le Moutiers à Nevers et de Moulins à La Ferté Langeron. Le Nord est en bas.

218

Itinéraire portatif ou guide historique et géographique du voyageur dans les environs de Paris... ouvrage amusant & instructif pour les personnes qui veulent avoir une connoissance exacte des villes et villages où elles passent... Paris, Nyon l'aîné, 1781. 170 × 95 mm. — B.N., C. et pl., Ge. FF. 2510.

P. 460 : *Carte dressée pour l'intelligence de la route des coches d'eau qui sont sur la rivière de Seine, d'Yonne, de Marne, d'Oise et Aisne, 1781.*

L'itinéraire des environs de Paris, en forme de dictionnaire, un plan de Paris et une carte générale de ses environs, la liste des bureaux des coches d'eau, leurs jours et heures de départ, leurs itinéraires, le détail des routes et chemins de traverse, les renseignements utiles aux voyageurs, une liste alphabétique des villes, villages, hameaux... et leurs distances à la capitale, font de cet ouvrage l'instrument indispensable à tout déplacement.

219

Plan de la ville de Bourdeaux et de ses faux-bourgs dressé selon les nouvelles divisions qu'il représente. Paris, Jean, an XIII (1805). 540 × 730 mm, plié sous étui 185 × 105 mm. — B.N., C. et pl., Ge. FF. 3548.

220

Carte gastronomique de la France. Weimar, Institut géographique, 1810. 280 × 215 mm. — B.N., C. et pl., Ge. D. 1447.

Cette carte provient du *Guide des voyageurs en France...* de M. Reichard, 6e édition du *Guide des voyageurs en Europe*, Weimar, 1810.

Heinrich August Ottokar Reichard (1751-1828) édita son premier guide en allemand en 1784. Il en donna neuf éditions françaises entre 1793 et 1819. Le texte adapté par J.M.V. Audin (1793-1851) fut utilisé dans des guides régionaux publiés sous le nom de M. Richard. Ce sont les premiers guides modernes.

221

Plan de Paris et de ses faubourgs réduit d'après celui publié en deux feuilles par Ch^les Picquet... avec tous les changements survenus jusqu'en 1814. Paris, (1814). 1 flle en coul., 185 × 240 mm., pliée sous étui 95 × 65 mm. — B.N., C. et pl., Ge. F. carte 1005.

222

Conducteur, ou guide des étrangers dans Lille et son arrondissement, ouvrage également utile aux habitans de cette belle cité, et à ceux des communes environnantes... Lille, Castiaux, (1817). 165 × 95 mm. — B.N., C. et pl., Ge. FF. 2483.

H.-t. : *Plan de Lille en 1817.*

Ce guide est très riche en renseignements. Il permet, en effet, de satisfaire la curiosité du voyageur sur l'histoire de la ville et de son arrondissement, sur ses monuments et ses hommes célèbres, sans négliger pour autant les renseignements pratiques : plan de la ville, liste des auberges, cafés, restaurations, etc.

223

RICHARD. Guide du voyageur en France... Paris, Audin; Toulon, Bellue, (1823). 170 × 95 mm. — B.N., C. et pl., Ge. FF. 2768.

H.-t. : *Carte des curiosités de la France.*

Dans ce guide de Richard (ou Reichard) on trouve — comme dans nos guides actuels — des itinéraires de ville à ville avec les distances qui les séparent, des renseignements topographiques et historiques, les régions traversées et leurs curiosités. Y figurent également des indications pratiques : conseils sur la manière de voyager, liste des messageries, tableau des heures des marées, départs des courriers, adresses d'auberges, etc. Un voyage gastronomique en six pages signale « les artistes en comestibles les plus renommés de la province »... Une table des postes suivie d'une table alphabétique des villes et bourgs facilitent l'utilisation de ce guide.

224

MANUEL DU VOYAGEUR de Paris à Calais. 1° par Beauvais, Abbeville et Boulogne; 2° par Clermont, Amiens, St Pol et St Omer; 3° par les deux embranchements d'Amiens et d'Abbeville. Paris, P. Dupont; Calais, Leleux, 1828. 145 × 95 mm. — B.N., C. et pl., Ge. FF. 5532.

H.-t. : *Route de Paris à Calais, par Beauvais ou par Amiens.*

La carte en couleurs dessinée et gravée par Ambroise Tardieu se présente en trois bandes à la manière anglaise. John Ogilby fut, en effet, le premier en 1675 à publier des cartes routières avec cette disposition pratique. Les renseignements concernant les voyages sont portés sur la couverture. Le texte retrace l'historique des pays et villes traversés.

225

Ch. MALO. Voyage pittoresque de Paris au Havre sur les rives de la Seine. Paris, L. Janet, (1828). 150 × 90 mm. — B.N., C. et pl., Ge. FF. 2769.

226

F.-G. de MALVOISINE. Itinéraire de Paris au Havre par Rouen, Vernon, Louviers... — Paris, T. Dehay, 1830. 135 × 85 mm. — B.N., C. et pl., Ge. FF. 5538.

P. 1 : carte de l'itinéraire de Paris à Rouen, dessinée par A.M. Perrot, 1828, et gravée par Pierre Tardieu.

Une autre carte complète l'itinéraire de Rouen au Havre.
Cet ouvrage donne des renseignements uniquement historiques. Sur la couverture une vignette représente une diligence.

227

ITINÉRAIRE DES BATEAUX A VAPEUR DE BORDEAUX A MARMANDE... avec une carte représentant le cours de la Garonne... et indiquant les lieux... ou s'arrêtent les bateaux à vapeur. Bordeaux, Suwerinck, 1836. 190 × 115 mm. — B.N., C. et pl., Ge. FF. 5540.

H.-t. : carte dessinée et gravée par Farge.

Les escales sont indiquées par une petite ancre. Sur la couverture une vignette représente un bateau à vapeur.

228

VOYAGE HISTORIQUE ET PITTORESQUE DE ROUEN A PARIS ET DE PARIS A ROUEN SUR LA SEINE en bateau à vapeur, par un Rouennais (Ed. Frère). Avec une carte... Paris, Ed. Frère, 1837. 135 × 85 mm. — B.N., C. et pl., Ge. FF. 2773.

H.-t. : *Carte des rives de la Seine.*

229

VICTOR RICHARD. Le Publicateur officiel de l'omnibus... réunissant enfin tous les renseignements journellement utiles au Parisien et à l'Etranger, accompagné d'un échiquier omnibusien, tableau-plan résumant synoptiquement les cent soixante sept correspondances des omnibus de Paris... Paris, l'auteur, (1844). 130 × 85 mm. — B.N., Impr., Lk⁷. 6272.

H.-t. : Plan.

Ce petit guide indique avec précision les trajets des omnibus, les heures des premiers et derniers départs, l'emplacement exact des arrêts. Tout autour du plan sont représentés les différents types des voitures en circulation.

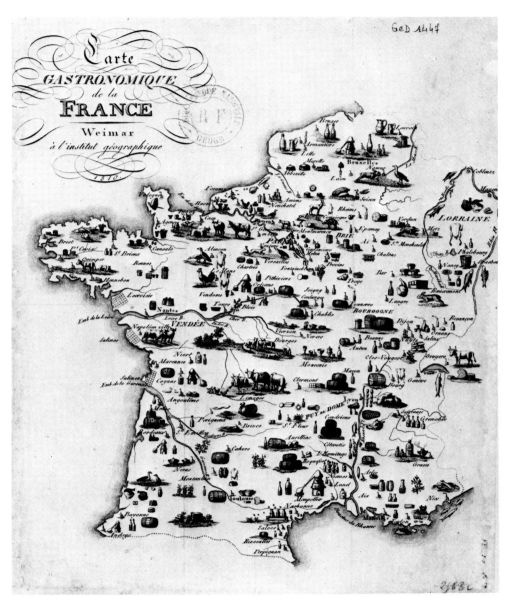

Index des Noms de Personnes et des Institutions, Index géographique, Index des objets

(les chiffres indiquent les numéros du catalogue)

Index des Noms de Personnes et des Institutions

(les noms des auteurs sont imprimés en petites capitales)

Abercromby, Ralph, 80.
ACADÉMIE DES SCIENCES, 107-109, 139, 146-147.
Académie des sciences, 104, 132, 167.
Alexandre Ier, empereur de Russie, 97.
ALLÈGRE, 164.
Amiot, Joseph, 49.
ANGELO, Jacopo d', 12-13.
ANVILLE, J.-B. Bourguignon d', 48, 120, 123-125, 127, 137.
Anville, J.-B. Bourguignon d', 126.
Argenson, Marc-Pierre, comte d', 73, 75-76.
AUBERT, L., 87.
Audin, J.M.V., 220.
AVELINE, 123.
BACLER D'ALBE, Louis-Albert Ghislain, 95.
Bacler d'Albe, Louis-Albert Ghislain, 96.
Bacon, Francis, 151.
Barbié du Bocage, Jean-Denis, 168.
BARBIER, ingénieur géographe, 70-71.
BEATUS DE LIEBANA, 3.
BEAULIEU, Sébastien de Pontaut, seigneur de, 61, 63.
Beaulieu, Sébastien de Pontaut, seigneur de, 62.
BÈDE LE VÉNÉRABLE, 1.
BEHAIM, Martin, 14.
BEREY, Claude-Auguste, 119.
BEREY, Nicolas, 200.
Berey, Nicolas, 201.
BERTHELOT, François, 113.
Berthier, Jean-Baptiste, 170.

Berthier, Louis-Alexandre, 95.
BERTIUS, Petrus, 59, 156.
Berwick, James Fitz-James, duc de, 72.
BION, Nicolas, 160.
BLAEU, Willem Janszoon, 153-154.
Bonaparte, 94-95.
Borda, fermier général, 149.
Bordeaux, Henri de Bourbon, duc de, 177.
BORDIER, 206.
BORDIGA, frères, 95.
BOUGAINVILLE, Louis-Antoine, comte de, 23, 25-26.
Bougainville, Louis-Antoine, comte de, 24, 27-28, 78-93, 168.
BOUGUER, Pierre, 137-138.
Bouillé, François, marquis de, 89, 93.
BOURGOIN, P., 124.
BRADLEY, James, 139.
Braun, Georg, 209.
BREYDENBACH, Bernhard von, 193.
BRION DE LA TOUR, Louis, 204.
BROSSARD, 142.
BRY, Theodor de, 56-57.
BUACHE, Philippe, 121, 139, 186.
Buache, Philippe, 169, 216.
BUACHE DE LA NEUVILLE, Jean-Nicolas, 32.
Buffier, Claude, 167.
BULLET, Charles Pierre Joseph, 51.
BYRON, John, 90.
CAILLIÉ, René, 55.
CALMET DE BEAUVOISIN, Marie-Antoine, 97.
Camus, 131.
Cassini (famille), 131, 134.
CASSINI, Henri, comte de, 110.
CASSINI, Jacques-Dominique, comte de, 147.
Cassini, Jacques-Dominique, comte de, 169.
CASSINI, Jean-Dominique, 111, 114, 118.

Cassini, Jean-Dominique, 110.
CASSINI DE THURY, César-François, 147.
Cassini de Thury, César-François, 214.
Cavelier de La Salle, René-Robert, 43.
CAVERIO, Nicolay de, 16.
Celsius, Anders, 131.
CHANALET-VALPETRE, Joseph, 187.
Charles VIII, 198.
Chaulnes, Honoré d'Albert, duc de, 60.
CHAZELLES, Jean Mathieu de, 113.
Chevalier, François, 126.
Chevert, François de, 78-79.
Clairaut, Alexis Claude, 131.
COCHIN, N., 61, 63, 79.
Colbert, Jean-Baptiste, 42.
Coligny, Gaspard de Châtillon, 60.
COLOMB, Christophe, 15.
Condé, Louis de Bourbon, prince de, 61, 63.
Conti, Louis-François de Bourbon, prince de, 76-77, 86.
CORDIER, Louis, 183.
Cornwallis, Charles Mann, 92.
COULON, Louis, 212.
Cousin, Jean, 151.
COYPEL, Charles-Antoine, 123.
CREPY, 184.
DALENCÉ, Joachim, 105.
DANLOS aîné, 191.
DAULLÉ, J., 131.
Davout, Louis-Nicolas, 97.
DELION, 188-189.
DELISLE, Guillaume, 112, 119, 122, 124, 186.
DELISLE, Joseph Nicolas, 46.
DELLA BELLA, Stefano, 61.
Denis, Louis, 216-217.
DESBRULINS, 121.
Des Hayes, 116.

Index géographique

Index des objets

BIBLIOGRAPHIE*

CHAPITRE I

Visions médiévales du monde

BRINCKEN (A.-D. von den). — Zur Universalkartographie des Mittelalters. *In :* Methoden in Wissenschaft und Kunst des Mittelalters (Miscellanea mediaevalia, Bd 7), Berlin, 1970, pp. 249-278.

CORTAMBERT (E.). — Quelques-uns des plus anciens monuments géographiques du Moyen âge conservés à la Bibliothèque Nationale. *In :* Bulletin de la Société de géographie, 1877, pp. 337-363.

CRONE (G. R.). — The World map by Richard of Haldingham in Hereford Cathedral. — London, Royal Geographical Society, 1954. 30 p.

DAINVILLE (François de). — La *Gallia* dans la mappemonde de Saint-Sever. *In :* Actes du 93e Congrès national des sociétés savantes, Tours, 1968, pp. 391-404.

DEGENHART (Bernhard) et SCHMITT (Annegrit). — Marino Sanudo und Paolino Veneto. — Tübingen, E. Wasmuth, 1973. 137 p. (Extr. de : Römisches Jahrbuch für Kunstgeschichte. 14.)

al IDRISI. — Géographie d'Edrisi. Trad. de l'arabe en français d'après deux manuscrits de la Bibliothèque du Roi... par P. Amédée Jaubert. — Paris, Impr. Royale, 1836-1840. 2 vol. (Recueil de voyages et de mémoires publiés par la Société de géographie. 5-6.)

KEUNING (Johannes). — The History of geographical map projections until 1600. *In :* Imago mundi, 12, 1955, pp. 1-24.

KIMBLE (George H.T.). — Geography in the Middle Ages. — London, Methuen, 1938. XII-274 p.

KRATCHKOVSKY (I.). — Les Géographes arabes des xie et xiie siècles en Occident. *In :* Annales de l'Institut d'études orientales, Faculté des lettres et sciences humaines, Université d'Alger, t. 17-19, 1960-1961, pp. 1-72. (Trad. par M. Canard des pp. 272-310 du t. 4 des Œuvres choisies de Kratchkovsky, Moscou, Léningrad, 1957.)

Mappemondes A. D. 1200-1500, catalogue préparé par la Commission des cartes anciennes de l'Union géographique internationale. Réd. en chef M. Destombes. — Amsterdam, N. Israel, 1964. XXXII-322 p. (Monumenta cartographica vetustioris aevi. 1.)

MILLER (Konrad). — Mappae Arabicae. — Stuttgart, 1926-1931. 14 fasc. en 3 vol. dont 1 de cartes.

MILLER (Konrad). — Mappaemundi, die ältesten Weltkarten. — Stuttgart, impr. J. Roth, 1895-1898. 6 fasc.

PTOLÉMÉE (Claude). — Géographie de Ptolémée. Traduction latine de Jacopo d'Angiolo de Florence. Reproduction réduite des cartes et plans du ms. latin 4822 de la Bibliothèque Nationale. [Avec une notice d'H. Omont.] — Paris, Catala frères, 1925. 6 p. et pl.

ROSIEN (Walter). — Die Ebstorfer Weltkarte. — Hannover, 1952. 87 p. (Veröffentlichungen des Niedersächsisches Amt für Landesplanung und Statistik. Reihe A, II. 19.)

WRIGHT (John Kirtland). — The Geographical lore of the time of the Crusades. — New York, American Geographical Society, 1925. XII-563 p.

CHAPITRE II

L'Autorité et l'Expérience

ALMAGIA (R.). — Il Mappamondo di G.A. Vavassore. *In :* Rivista geografica italiana, t. 27, 1920, pp. 17-30.

BOURDON (L.). — André Homem, cartographe portugais en France. — Coimbra, Junta de Investigaçôes do Ultramar, 1973. 44 p. (Agrupamento de estudos de cartografia antiga. 79.)

---

* Cette bibliographie contient les principaux ouvrages ou articles utilisés pour la rédaction des différentes parties. Toutefois, à partir du chapitre II, on n'a pas répété les références déjà données dans la bibliographie des chapitres précédents.

CRONE (G.R.). — Globe de Martin Behaim. *In :* Mappemonde A.D. 1200-1500, Amsterdam, 1964, pp. 234-235.

DAVIES (A.). — Behaim, Martellus and Colomb. *In :* Geographical journal, 1977, pp. 451-459.

FALEIRO (F.). — Tratado del esphera y del arte del marear, con el regimiento de las alturas... — Munich, Obernetter, 1915. IV-102 p. (Histoire de la science nautique portugaise à l'époque des grandes découvertes. 4.)

FONCIN (M.), DESTOMBES (M.) et LA RONCIÈRE (M. de). — Catalogue des cartes nautiques sur vélin conservées au Département des Cartes et Plans. — Paris, Bibliothèque Nationale, 1963. XVI-317 p. (Importante bibliographie.)

GALLOIS (L.). — Les Géographes allemands de la Renaissance. — Paris, Leroux, 1890. XX-267 p. (Bibliothèque de la Faculté des lettres de Lyon. 13.)

LA RONCIÈRE (M. de). — Les Cartes marines de l'époque des grandes découvertes. *In :* Revue d'histoire économique et sociale, t. 45, 1967, n° 1, pp. 15-28.

MARCEL (G.). — Reproductions de cartes et de globes relatifs à la découverte de l'Amérique du XVIe au XVIIIe s. — Paris, Leroux, 1894. 147 p. (Recueil de voyages et de documents pour servir à l'histoire de la géographie.)

PTOLÉMÉE (Claude). — Cosmographia, Roma, 1478, with an introd. by R.A. Skelton. — Amsterdam, Theatrum orbis terrarum, 1966. (Theatrum orbis terrarum, a series of atlases in fac. sim., 2nd series. 6.)

PTOLÉMÉE (Claude). — Geographia, Strassburg, 1513, with an introd. by R.A. Skelton. — Amsterdam, Theatrum orbis terrarum, 1966. (Theatrum orbis terrarum, a series of atlases in fac. sim., 2nd series. 4.)

SCHILDER (G.). — Australia unveiled. — Amsterdam, Theatrum orbis terrarum, 1976. XII-424 p.

Le Pacifique au XVIIIe siècle

BOUGAINVILLE (L.-A. de). — Bougainville et ses compagnons autour du monde, 1766-1769 : journaux de navigation établis et commentés par Étienne Taillemite. — Paris, Impr. nationale, 1977. 2 vol., XVI-517, 581 p. (Publications de la Sorbonne. Voyages et découvertes.)

BROSSARD (M.-R. de). — Rendez-vous avec Lapérouse à Vanikoro. — Paris, Éd. France-Empire, 1964. 303 p.

GAZIELLO (C.). — Recherches sur quelques aspects du voyage de Lapérouse : une expédition de découvertes à la fin du XVIIIe siècle, son organisation, éléments de sa réalisation. — Paris, 1977. (Thèse. École des Chartes.)

MILET-MUREAU (L.-M.-A. Destouff, baron de). — Voyage de La Pérouse autour du monde, publié conformément au décret du 22 avril 1791... — Paris, Impr. de la République, an V-1797. 4 vol. et 1 atlas.

La pénétration des continents

ANVILLE (J.-B. Bourguignon d'). — Nouvel atlas de la Chine et de la Tartarie chinoise et du Thibet contenant... la Corée... — La Haye, Scheureer, 1737.

AZARD-MALAURIE (M.M.). — Commentaires et réflexions sur quelques documents de l'exposition « L'Amitié franco-canadienne » 1967. *In :* Revue d'histoire de l'Amérique française, t. 21, n° 4, pp. 757-773.

AZARD-MALAURIE (M.M.). — La Nouvelle-France dans la cartographie française ancienne. *In :* La Vie des arts, Montréal, n° 46, pp. 21-28.

BAGROW (Leo). — A History of the cartography of Russia up to 1600. — Wolfe Island, Walker press, 1975. 140 p.

BOULENGER (Jacques). — Le Voyage de René Caillié à travers l'Afrique 1824-1828. — Paris, Plon, 1932, XXVIII-240 p. (Nouvelle Bibliothèque des voyages.)

BRUCE (James). — Travels to discover the source of the Nile, in the years 1768, 1769, 1770, 1771, 1772 and 1773... — Edinburgh, J. Ruthven, 1790. 5 vol.

CAILLIÉ (René). — Journal d'un voyage à Temboctou et à Jenné, dans l'Afrique centrale, précédé d'observations faites chez les Maures Braknas, les Nalous et d'autres peuples pendant les années 1824, 1825, 1826, 1827, 1828. Avec une carte itinéraire et des remarques géographiques par M. Jomard, membre de l'Institut. — Paris, Impr. royale, 1830. 3 vol. et 1 atlas.

DU BUS (Charles). — Edme-François Jomard et les origines du cabinet des cartes *In :* Bulletin de la Section de géographie, 1931. 129 p.

DU HALDE (R.P.). — Description géographique, chronologique, historique et physique de l'empire de la Chine et de la Tartarie chinoise. — Paris, Mercier, 1735. 4 vol.

Histoire universelle des missions catholiques... publiée sous la direction de Monseigneur S. Delacroix. — Monaco, Éditions de l'Acanthe, 1956. 4 vol.

ISNARD (Albert). — Joseph-Nicolas Delisle... — Paris, Impr. nationale, 1915. 135 p.

JARAY (Gabriel Louis). — L'Empire français d'Amérique (1534-1803). — Paris, Colin, 1938. 376 p.

KŒMAN (C.). — Abraham Ortelius, sa vie et son « Theatrum orbis terrarum ». — Lausanne, Sequoia, 1964. 64 p.

MARGRY (Pierre). — Découverte par mer des bouches du Mississipi et établissements de Lemoyne d'Iberville sur le golfe du Mexique (1694-1703). — Paris, Maisonneuve, 1881. 653 p.

Notice des ouvrages de M. d'Anville... Précédé de son éloge. — Paris, Delance, 1802. 120 p.

PARK (Mungo). — Voyage dans l'intérieur de l'Afrique fait en 1795, 1796 et 1797 par M. Mungo Park envoyé par la Société d'Afrique établie à Londres, avec les éclaircissements sur la géographie de l'intérieur de l'Afrique par le major Rennell. Traduit de l'anglais sur la 2e édition... — Paris, Dentu, an VIII, 2 vol.

PLATTNER (Félix-Alfred). — Quand l'Europe cherchait l'Asie, Jésuites missionnaires, 1541-1785. — Tournai, Casterman, 1954. 303 p.

RENNELL (Major). — Construction de la carte d'Afrique. In : Voyages de MM. Lédyard et Lucas en Afrique, Paris, 1804, pp. 271-312.

ROCHEMONTEIX (Camille de). — Joseph Amiot et les derniers survivants de la mission française à Pékin. — Paris, Picard, 1915. LXIII-564 p.

VISME (Jacques de). — Un favori des dieux, Jean-Benjamin de La Borde (1734-1794). — Paris, E. Figuière, 1935. 189 p.

CHAPITRE III

L'Espace contesté

AUGOYAT (Colonel A.M.). — Aperçu historique sur les fortifications, les ingénieurs et sur le corps du génie en France. — Paris, C. Tanera, 1860-1864. 3 vol.

BARNETT (Correlli). — Bonaparte. — London, Allen & Unwin, 1978. 224 p.

BERTHAUT (Colonel). — Les Ingénieurs géographes militaires, 1624-1831, étude historique. — Paris, Imprimerie du Service géographique, 1902. 2 vol.

BIBLIOTHÈQUE NATIONALE. Département des Estampes. — Inventaire du fonds français. Graveurs du XVIIIe siècle. — Paris, 1930- .

BRION (M.). Ed. Machiavel (Nicolas). — Œuvres. — Paris, Club des éditeurs, 1957. 432 + 80 + XV p. (Hommes et faits de l'histoire.)

BRUZEN de LA MARTINIÈRE. — Le Grand dictionnaire géographique, historique et critique... — Paris, Les Libraires associés, 1768. 6 vol.

BUVIGNIER-CLOUËT (M.). — Chevert, lieutenant-général des armées du Roi, 1695-1769... — Verdun, impr. de Renvé-Lallemant, 1888. IV-300 p.

CALMON-MAISON. — L'Amiral d'Estaing (1729-1794). — Paris, Calman-Lévy, 1910. 513 p.

DAINVILLE (François de). — Cartes anciennes du Languedoc, XVIe-XVIIIe siècle. — Montpellier, Société languedocienne de géographie, 1961. 228 p.

FONCIN (Myriem). — Une Carte manuscrite du Vivarais en 1626, par Pierre Bertius... — Paris, Bibliothèque Nationale, 1965. [7 p.] (Ministère de l'Éducation nationale. Comité des travaux historiques et scientifiques. Actes du 89e Congrès des sociétés savantes, Lyon, 1964. Section de géographie.)

FONCIN (Myriem). — L'Histoire d'une collection de cartes réunies pour Louis XIV. — Paris, Librairie d'Argences, 1960. [17 p.]. (Extr. de : Mélanges... Frantz Calot.)

FRANÇOIS (J.), CARDELLA (M.) et MARGOLLÉE. — Discours prononcé le 14 juillet 1909 à l'inauguration du monument élevé à la mémoire de Bougainville... — Papeete, Impr. du Gouvernement, 1909. 23 p.

FRŒHLICH (André). — The Manuscript maps of the Pyrenees by Roussel and La Blottière... — S'Gravenhage, Mouton (1960). [10 p.] (Extr. de : Imago Mundi, XV, 1960.)

GISCARD d'ESTAING (E.). — La Maison d'Estaing. — Clermont-Ferrand, G. de Bussac, 1950. 196 p.

GRASSE (A.F.A. de). — Notice biographique sur l'amiral comte de Grasse... — Paris, Impr. E.J. Bailly, 1840. 45 p.

JAL (A.). — Glossaire nautique, répertoire de termes de marine anciens et modernes... — Paris, F. Didot, 1848. 2 vol.

KERALLAIN (R. de). — Bougainville à l'escadre du Cte d'Estaing, guerre d'Amérique, 1778-1779... — 1927. Pp. 155-206. (Extr. de : Journal de la Société des américanistes de Paris. Nlle série. T. XIX, 1927.)

KERALLAIN (R. de). — Bougainville à l'armée du comte de Grasse, guerre d'Amérique, 1781-1782. — 1928. — 70 p. (Extr. de : Journal de la Société des américanistes de Paris. Nlle série. T. XX, 1928.)

MACHIAVEL (N.). — L'Art de la guerre. — Paris, Michaud, 1823. 415 p. (T. IV des Œuvres complètes de Machiavel traduites par J.V. Peries.)

MARTIN-ALLANIC (J.-E.). — Bougainville navigateur, les découvertes de son temps... — Paris, Presses universitaires de France, 1964. 2 vol. (Thèse. Lettres. Paris.)

MASSON (P.), MURACCIOLE (J.). — Napoléon et la Marine. — Paris, J. Peyronnet et Cie, 1968. 326 p.

METTRIER (H.). — Les Mémoires de La Blottière et de Roussel. — Toulouse, Bureaux de la Revue des Pyrénées, 1904. 15 p. (Extr. de : Revue des Pyrénées. T. XVI, 1904.)

NAPOLÉON. — Proclamations, ordres du jour et bulletins de la Grande Armée... Introduction par Jean Tulard. — Paris, Union générale d'éditions, 1964. 184 p.

PERNETY (Dom). — Journal historique d'un voyage fait aux îles Malouines en 1763 et 1764 pour les reconnoître et y former un établissement... — Berlin, E. de Bourdeaux, 1769. 2 vol.

PERRAULT (C.). — Les Hommes illustres qui ont paru en France pendant le siècle. — Paris, A. Dezaillier, 1701. 2 vol.

SAINT-SIMON (Louis de). — Œuvres complettes de Louis de Saint-Simon,... pour servir à l'histoire des cours de Louis XIV, de la Régence et de Louis XV... — Strasbourg, J.-G. Treuttel ; Paris, Onfroy, 1791.

SIX (G.). — Dictionnaire biographique des généraux et amiraux français de la Révolution et de l'Empire (1792-1814)... — Paris, G. Saffroy, 1934. 2 vol.

TAILLEMITE (E.). — Dictionnaire de la Marine... — Paris, Seghers, 1962. 380 p.

THIÉRY (M.). — Bougainville, soldat et marin. — Paris, Roger, 1930. 315 p. (La Vie des grands découvreurs.)

VANNEREAU (M.A.). — Catalogue de l'exposition des cartes anciennes du Languedoc. — Paris, Impr. Nationale, 1962. 17 p. (Comité des travaux historiques et scientifiques. Actes du 86e congrès national des sociétés savantes.)

VANNEREAU (M.A.). — Places et provinces disputées du Nord de la France, exposition de cartes et plans du XVe au XIXe siècle, catalogue. — Paris, Bibliothèque Nationale, 1976. 46 p. (Comité des travaux historiques et scientifiques. 101e Congrès national des sociétés savantes, Lille, 22-26 mars 1976.)

VAUBAN. — Le Directeur général des fortifications... — A La Haye, chez H. Van Bulderen, 1685. 144 p.

WADDINGTON (R.). — Louis XV et le renversement des alliances, préliminaires de la guerre de Sept ans, 1754-1756. — Paris, Firmin-Didot et Cie, 1896. 533 p.

WINSOR (J.). Ed. Narrative and critical history of America... — London, 1886. 8 vol.

CHAPITRE IV

L'Espace mesuré

Actes de la Journée Maupertuis, Créteil, 1er décembre 1973. — Paris, Vrin, 1975. 207 p.

ALLEN (W.D.). — The Sources for G. Delisle's Carte des pays voisins de la mer Caspienne of 1723. In : Imago Mundi, t. XIII, 1956, pp. 137-150.

ANVILLE (J.-B. Bourguignon d'). — Considérations générales sur l'étude et les connoissances que demande la composition des ouvrages de géographie. — Paris, 1777. 112 p.

ANVILLE (J.-B. Bourguignon d'). — Proposition d'une mesure de la Terre. — Paris, Chaubert, 1735. XLII-148-11 p.

BERTHAUT (Colonel). — La Carte de France, étude historique, 1750-1898. T. I. — Paris, Service géographique de l'armée, 1898. XVIII-341 p.

BIGOURDAN (G). — Sur diverses mesures d'arcs de méridien faites dans la première moitié du XVIIIe siècle. In : Bulletin astronomique, 1901, 1902, 1903, passim.

BROC (Numa). — La Géographie des philosophes, géographes et voyageurs français au XVIIIe siècle. — Paris, Ophrys. 1975. 600 p.

CASSINI de THURY (César-François). — Description géométrique de la France. — Paris, J.-Ch. Desaint, 1783. 210 p.

CASSINI de THURY (César-François). — La Méridienne de l'Observatoire de Paris. — Paris, Guérin, 1744. VI-292-CCLII p.

DAINVILLE (François de). — La Carte de Cassini et son intérêt géographique. In : Bulletin de l'Association des géographes français, nos 251-252, mai-juin 1955, pp. 138-147.

DAINVILLE (François de). — Cartes anciennes de l'Église de France, historique, répertoire, guide d'usage. — Paris, J. Vrin, 1956.

DAINVILLE (François de). — How did Oronce Fine draw his large map of France. In : Imago Mundi, t. XXIV, 1970, pp. 49-55.

DAUMAS (Maurice). — Les Instruments scientifiques aux XVIIe et XVIIIe siècles. — Paris, Presses universitaires de France, 1953. 420 p.

DELISLE (Guillaume). — Introduction à la géographie avec un traité de la sphère. — Paris, E.-F. Savoye, 1746. 2 vol.

DELAMBRE (Jean-Baptiste-Joseph). — Histoire de l'astronomie au XVIIIe siècle. — Paris, Bachelier, 1827. LII-796 p.

DRAPEYRON (Ludovic). — Enquête à instituer sur l'exécution de la grande carte topographique de France, de Cassini de Thury. In : Revue de géographie, t. XXXVIII, janvier-juin 1896, pp. 1-16.

DRAPEYRON (Ludovic). — La Vie et les travaux géographiques de Cassini de Thury. *In :* Revue de géographie, t. XXXIX, décembre 1896.

EMMANUEL (Marthe). — La France et l'exploration polaire. — Paris, Nouvelles éditions latines, 1959. 399 p.

Enseignement et diffusion des sciences en France au XVIIIe siècle. — Paris, Hermann, 1964. 782 p.

FONTENELLE (Bernard Le Bouyer de). — Œuvres. T. V et VI. Éloges des académiciens. — Paris, M. Brunet, 1742. 2 vol.

FORDHAM (Herbert George). — Some notable surveyors and map-makers of the 16th, 17th and 18th centuries and their work, a study in the history of cartography. — Cambridge, University press, 1929. XII-99 p.

GALLOIS (Lucien). — L'Académie des sciences et les origines de la carte de Cassini. *In :* Annales de géographie, t. XVII, 1909, pp. 193-310.

GALLOIS (Lucien). — La Grande carte de France d'Oronce Fine. *In :* Annales de géographie, t. XLIV, juillet 1935, pp. 337-348.

GALLOIS (Lucien). — Les Origines de la carte de France, la carte d'Oronce Fine. *In :* Bulletin de géographie historique et descriptive, t. VI, 1891, pp. 18-34.

GALLOIS (Lucien). — Régions naturelles et noms de pays, étude sur la région parisienne. — Paris, A. Colin, 1908. 356 p.

Histoire de l'Académie royale des sciences avec les Mémoires de mathématique. — Paris, Impr. royale, 1666- .

Histoire et prestige de l'Académie des sciences, 1666-1966. (Exposition, décembre 1966-mai 1967, catalogue.) — Paris, Musée du Conservatoire national des arts et métiers, 1967. 262 p.

HOMET (Commandant Jean-Marie). — La Contribution du Père Feuillée à l'astronomie de position. *In :* Navigation, vol. XXIV, no 95, juillet 1976, pp. 336-342.

Journal des scavans. — Paris, 1665- .

LA CONDAMINE (Charles-Marie de). — Journal du voyage fait par ordre du Roi à l'équateur. — Paris, Impr. royale, 1741. XXVI-280-XV p.

MAUPERTUIS (Pierre-Louis Moreau de). — Elemens de géographie. — (Paris), 1740. II-143 p.

MAUPERTUIS (Pierre-Louis Moreau de). — La Figure de la Terre déterminée par les observations... faites par ordre du Roy au cercle polaire. — Paris, Impr. royale, 1738. XXVIII-184 p.

MAURY (Colonel L.). — La Carte de Cassini. *In :* Bulletin des ingénieurs géographes, nos 13-14, décembre 1961, pp. 86-117.

Mercure de France. — 1726.

Notice des ouvrages de M. d'Anville... précédée de son Eloge. — Paris, Delancé, 1802. 120 p.

Notice sur le Service hydrographique de la Marine. *In :* Annales hydrographiques, t. XXXIV, 1914. 134 p.

Observatoire de Paris, trois siècles d'astronomie, 1667-1967. (Catalogue de l'exposition.) — Paris, 1967. VIII-80 p.

OLMSTED (J.-W.). — Recherches sur la biographie d'un astronome et géodésien méconnu : Jean Picard, 1620-1682. *In :* Revue d'histoire des sciences, t. XIX, no 3, 1976, pp. 213-222.

PASTOUREAU (Mireille). — Le Premier atlas mondial français, « Les Cartes générales de toutes les parties du Monde » de Nicolas Sanson d'Abbeville, 1658. *In :* Revue française d'histoire du livre, no 18, 1er trimestre 1978, 21 p.

PERRIER (Général Georges). — La Figure de la Terre, les grandes opérations géodésiques. *In :* Revue de géographie annuelle, t. II, 1908, pp. 201-226.

Recueil d'observations faites en plusieurs voyages par ordre de Sa Majesté pour perfectionner l'astronomie et la géographie... par Messieurs de l'Académie royale des sciences. — Paris, Impr. royale, 1693.

SANDLER (Christian). — Die Reformation der Kartographie um 1700. — München, Berlin, R. Oldenbourg, 1905. 30 p., et atlas.

VAISSIÈRE (Pierre de). — Saint-Domingue : la société et la vie créoles sous l'ancien régime, 1629-1789. — Paris, 1909. VIII-387 p.

VANNEREAU (Marie-Antoinette). — L'Œuvre cartographique des Cassini. *In :* La Cartographie au XVIIIe siècle et l'œuvre du comte de Ferraris, 1726-1814, Colloque international, Spa, 8-11 septembre 1976, Actes, pp. 227-234.

WOLF (Charles). — Histoire de l'Observatoire de Paris, de sa fondation à 1793. — Paris, Gauthier-Villars, 1902. XII-392 p.

CHAPITRE V

L'Espace quotidien

ALIPRANDI (Laura), ALIPRANDI (Giorgio) et POMELLA (Massimo). — Le Grandi Alpi nella cartografia dei secoli passati, 1482-1865... Les Grandes Alpes dans la cartographie. — Ivrea, Priuli e Verlucca, 1974. 472 p.

ARBELLOT (Guy). — La Grande mutation des routes de France au milieu du XVIIIe siècle. *In :* Annales, économie, sociétés, civilisations, 3, mai-juin 1973, pp. 705-791.

BONNEROT (Jean). — « La Guide des chemins de France » par Charles Estienne, éditée par Jean Bonnerot. — Paris, H. Champion, 1932. 2 vol.

DAINVILLE (François de). — La Géographie des humanistes. — Genève, Slatkine reprints, 1969. XVIII-567 p. (Réimpression de l'édition de Paris, 1940.)

DAVIES (Hugh William). — Bernhard von Breydenbach and his journey to the Holy Land, 1483-4, a bibliography... — London, J. and J. Leighton, 1911. XXXII-57 p.

DESTOMBES (Marcel). — Catalogue des cartes gravées au xve siècle. In : Rapport de la Commission pour la Bibliographie des cartes anciennes, fasc. II, 1952, 96 p.

DRAPEYRON (Ludovic). — Les Deux Buache et l'éducation géographique de trois rois de France (Louis XVI, Louis XVIII, Charles X) avec documents inédits, toponymie et topographie... — Paris, Institut géographique de Paris ; Ch. Delagrave, 1888. 80 p. (Les Origines et la réforme de l'enseignement géographique en France. — Extr. de : la Revue de géographie.)

DRAPEYRON (Ludovic). — Jean-Antoine Rizzi-Zannoni, géographe italien (1736-1814). In : La Revue de géographie, t. XLI, 1897, pp. 401-413.

DUBY (Georges) et MANDROU (Robert). — Histoire de la civilisation française. 2e éd. — Paris, A. Colin, 1958. 2 vol.

FONCIN (Myriem) et LA RONCIÈRE (Monique de). — Les Globes de Blaeu à la Bibliothèque Nationale. In : Comité des travaux historiques et scientifiques, Actes du 87e Congrès national des sociétés savantes, Poitiers, 1962, Section de géographie, 1963, pp. 75-89.

FORDHAM (George). — Les Routes de France, étude bibliographique sur les cartes routières et les itinéraires et guides routiers de France. — Genève, Slatkine-Mégariotis reprints, 1975. 168 p. (Réimpression de l'édition de Paris de 1929.)

KŒMAN (Cornelis). — Atlantes neerlandici, bibliography of terrestrial, maritime and celestial atlas and pilot books published in the Netherlands up to 1880. — Amsterdam, Theatrum orbis terrarum, (1967-1969). 5 vol.

LAVIS-TRAFFORD (M.-A. de). — L'Évolution de la cartographie de la région du Mont-Cenis et de ses abords aux xve et xvie siècles, étude critique des méthodes de travail des grands cartographes du xvie siècle : Fine, Gastaldi, Ortelius, Mercator, La Guillotière et Magini ainsi que de Jacques Signot et de Boileau de Bouillon. — Chambéry, l'auteur, 1950. 127 p.

Le Livre dans la vie quotidienne. (Catalogue de l'exposition de la Bibliothèque Nationale, 1975, par Albert Labarre et Pierre Gasnault.) — Paris, Bibliothèque Nationale, 1975. XII-181 p.

MARSY (Comte de). — Les Pèlerins normands en Palestine (xve-xviie siècle). — Caen, H. Delesques, 1896. 38 p. (Lecture faite à la Société des antiquaires de Normandie le 13 déc. 1894.)

MARTIN (Henri-Jean). — Livre, pouvoir et société à Paris au xviie siècle (1598-1701). — Genève, Droz, 1969. 2 vol.

Les Routes de France depuis les origines jusqu'à nos jours. — Paris, Association pour la diffusion de la pensée française, 1959. 171 p. (Colloques. Cahiers de civilisation.)

Une Route de poste, la route d'Espagne. (Catalogue de l'exposition du Musée postal, 28 mai au 26 juin 1977.) — Colombes, impr. Degouet, 1977. 151 p.

VIGUERIE (Jean de). — L'Institution des enfants, l'éducation en France, xvie-xviiie siècle. — Paris, Calmann-Lévy, 1978. 333 p.

WAUWERMANS. — Histoire de l'école cartographique belge et anversoise du xvie siècle. — Amsterdam, Meridian, 1904. 2 vol. (Réimpression de l'édition originale, 1895.)

TABLE DES ILLUSTRATIONS

TABLE DES MATIÈRES